2016
海门统计年鉴
HAIMEN STATISTICAL YEARBOOK

海 门 市 统 计 局
国家统计局海门调查队 编
HAIMEN MUNICIPAL STATISTICS BUREAU
STATE STATISTICS BUREAU HAIMEN INVESTIGATION TEAM

中国统计出版社
China Statistics Press

图书在版编目(CIP)数据

海门统计年鉴. 2016 / 海门市统计局, 国家统计局海门调查队编. -- 北京 : 中国统计出版社, 2017.8
ISBN 978-7-5037-8246-6

Ⅰ. ①海… Ⅱ. ①海… ②国… Ⅲ. ①统计资料–海门–2016–年鉴–汉、英 Ⅳ. ①C832.534-54

中国版本图书馆 CIP 数据核字(2017)第 187265 号

海门统计年鉴–2016

作　　者/ 海门统计局　国家统计局海门调查队
责任编辑/ 陈越月
装帧设计/ 海门日报印务中心
出版发行/ 中国统计出版社
地　　址/ 北京市丰台区西三环南路甲 6 号　邮政编码/100073
电　　话/ 邮购(010)63376909　书店(010)68783171
网　　址/ http://csp.stats.gov.cn
印　　刷/ 南通华民彩印有限公司
经　　销/ 新华书店
开　　本/ 890mm×1240mm　1/16
字　　数/ 140 千字
印　　张/ 32.25
版　　别/ 2017 年 8 月第 1 版
版　　次/ 2017 年 8 月第 1 次印刷
定　　价/ 260.00 元

如有印装差错，由本社发行部调换。

编者说明

一、《海门统计年鉴-2016》是一部全面、系统地反映海门市2016年以及历史主要年份国民经济和社会发展情况的资料性年刊和工具书。

二、《年鉴》分为十九部分：综合；国民经济核算；人口、就业；价格指数；人民生活；财政、金融；固定资产投资；对外经济；能源、资源、环境保护；农业；工业；建筑业；交通、邮电；国内贸易；教育、科技；文化、卫生、体育；其他社会事业；城市建设；县域交流。

三、《年鉴》资料大部分来自年度统计报表，一部分来自抽样调查。每部分后附有《主要统计指标解释》。

四、《年鉴》根据统计制度的变化，作了一些调整和改进，并努力与前几年版本在编辑体系、内容结构、指标体系、统计口径等方面保持连贯性。读者在使用历史数据时凡与本年鉴有出入的，均以本年鉴为准。

五、《年鉴》中国民经济分类按2011年国家标准《国民经济行业分类》(GB/T4754-2011)执行。

六、《年鉴》表中"空格"表示无该项统计数据；"#"表示其中数的主要项。

感谢广大读者多年来对《年鉴》出版工作的支持和帮助，欢迎继续提出宝贵意见，使《年鉴》的形式和内容更趋完善。

《海门统计年鉴-2016》编辑部

2017年8月

地区生产总值（亿元）
GDP(100 million yuan)

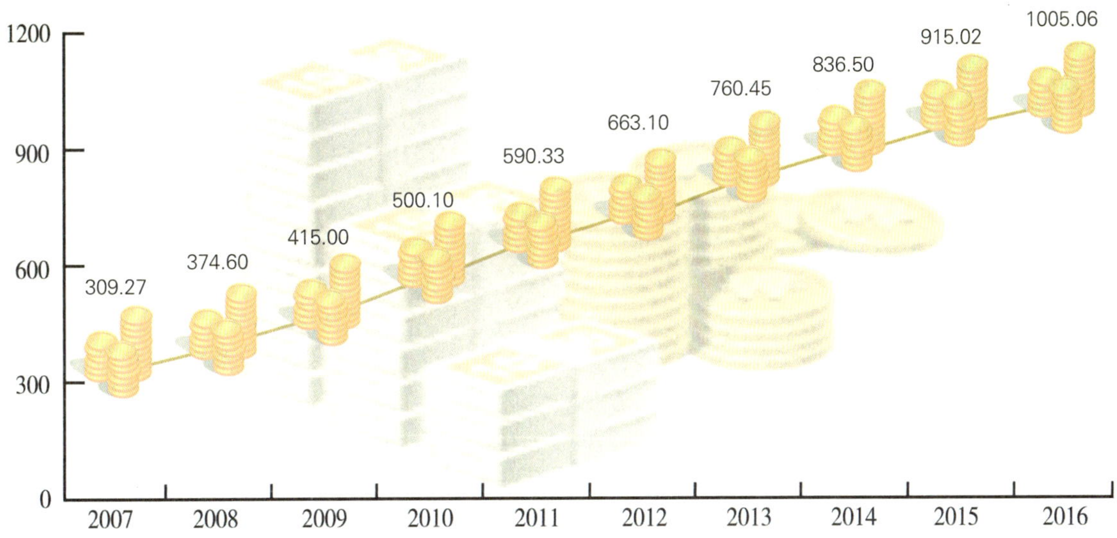

三次产业构成（%）
Composition of Three Industries(%)

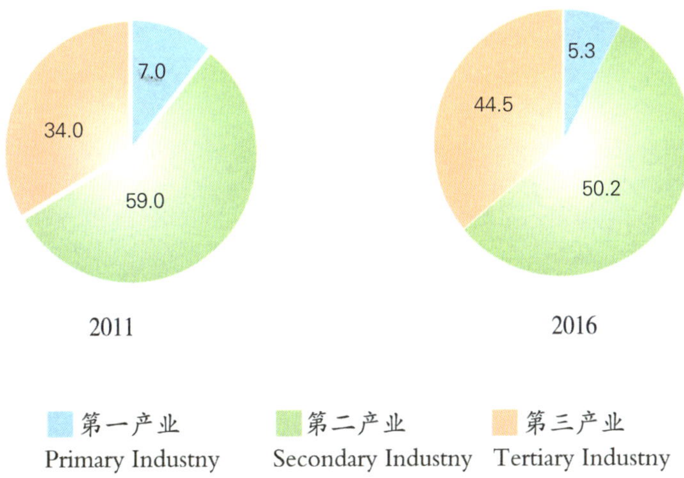

一般公共预算收入（亿元）
General public Budget Revenue(100 million yuan)

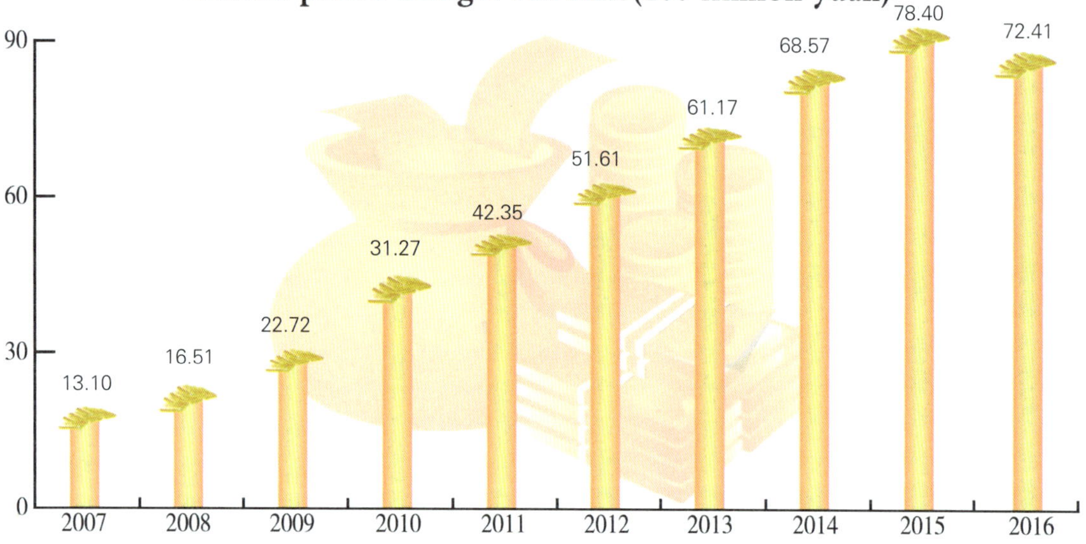

一般公共预算支出（亿元）
General Public Budget Expenditure(100 million yuan)

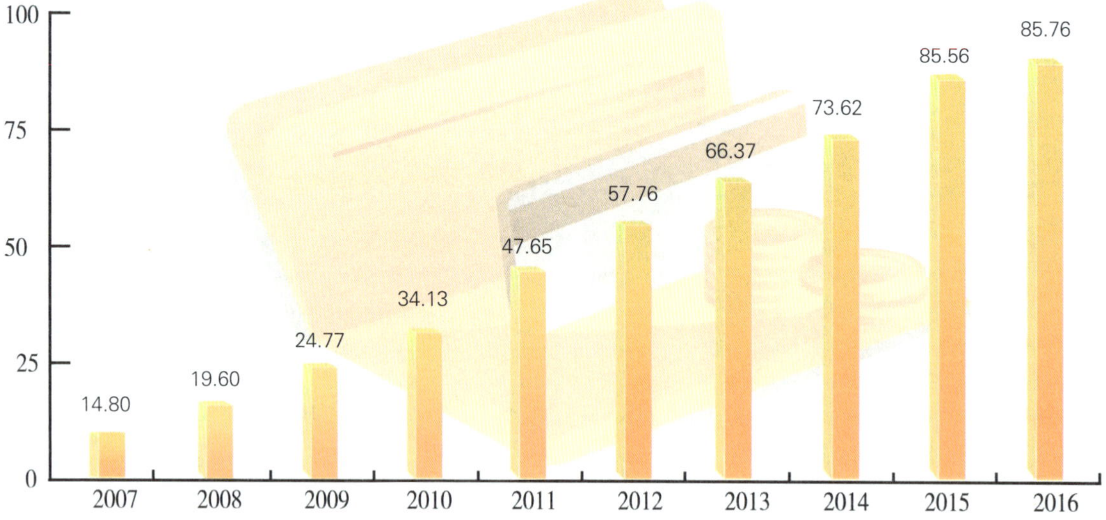

人均地区生产总值（元）
Per Capita GDP(yuan)

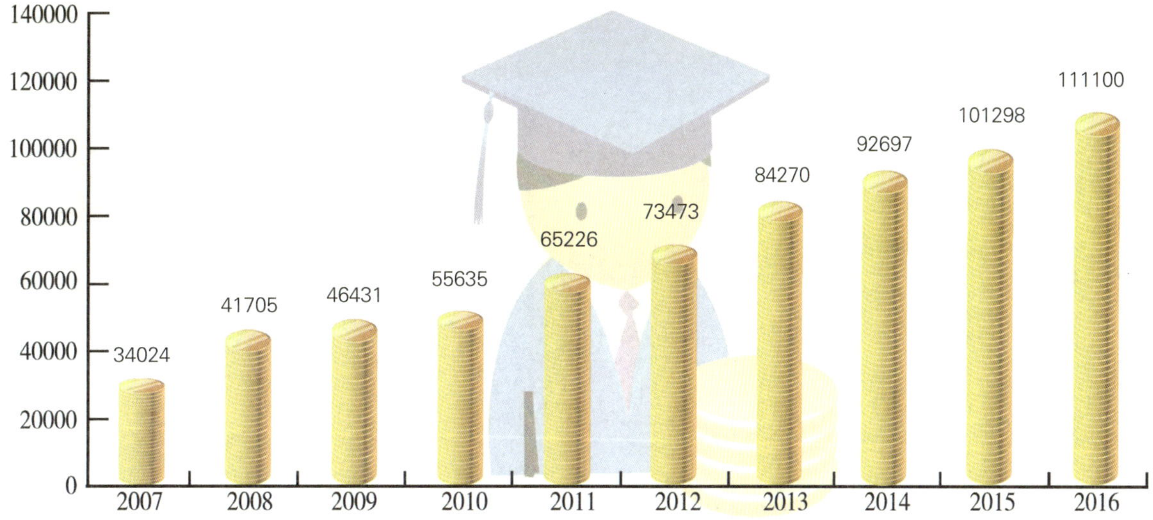

人均一般公共预算收入（元）
Per Capita General public Budget Revenne(yuan)

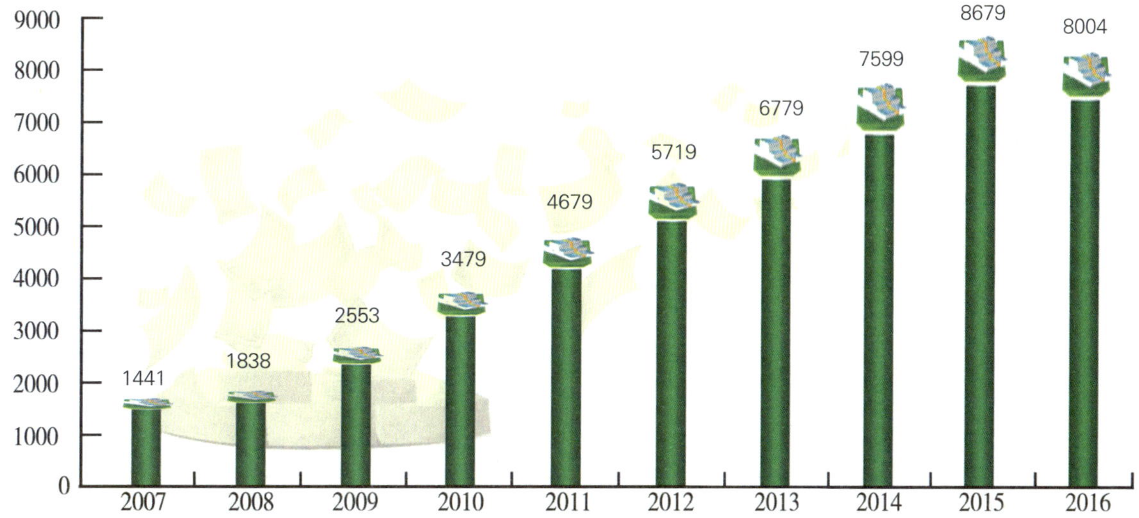

一般公共预算收入占GDP的比重（%）
Ratio of Local Public Budget Revenue to GDP(%)

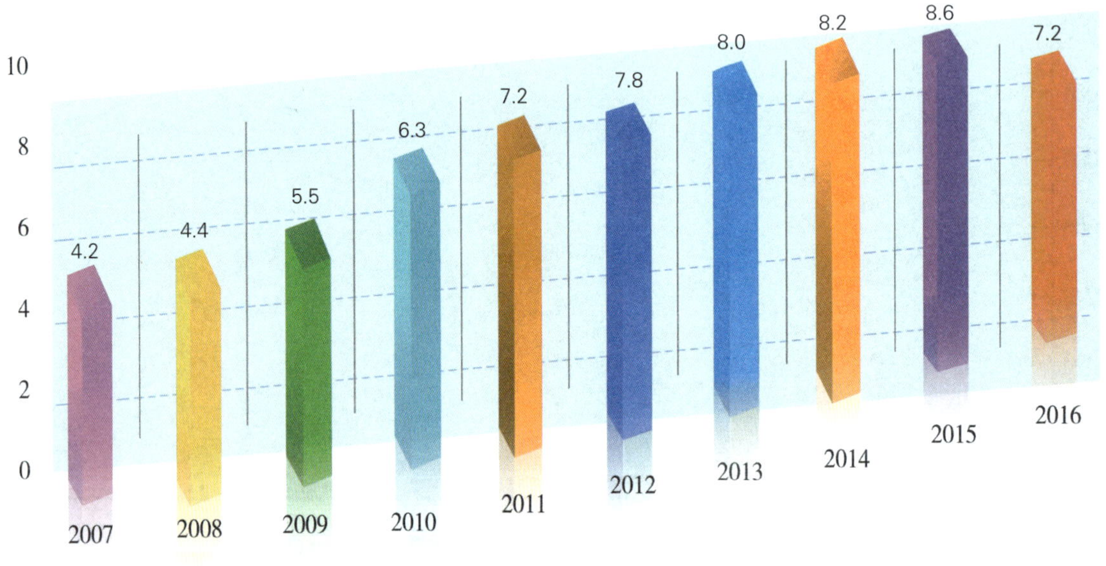

城镇化率（%）
Urbanization Rate(%)

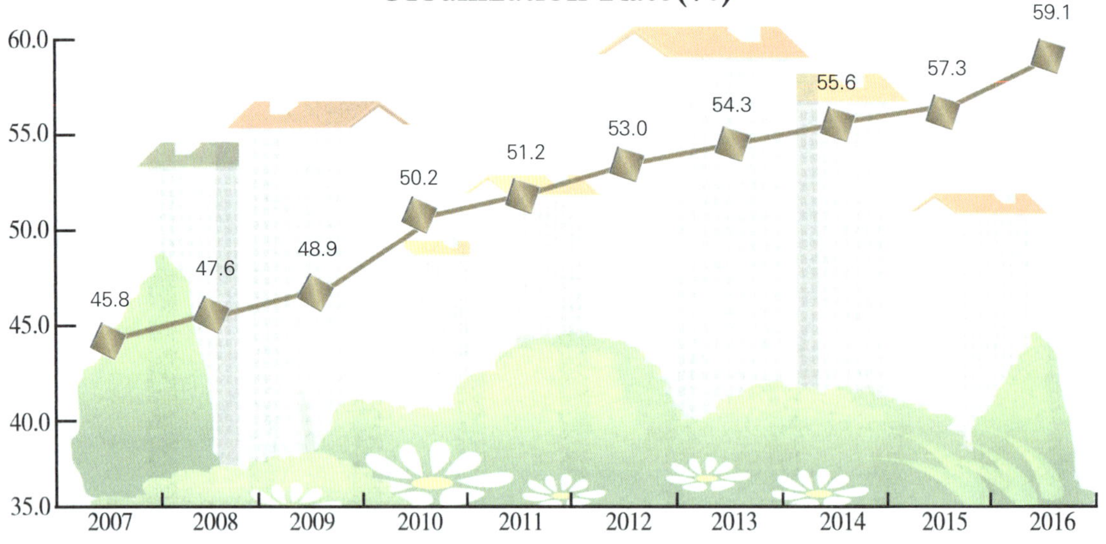

农林牧渔业现价总产值（亿元）

Total Output Value of Farming, Forestry, Husbandry and Fishery(100 million yuan)

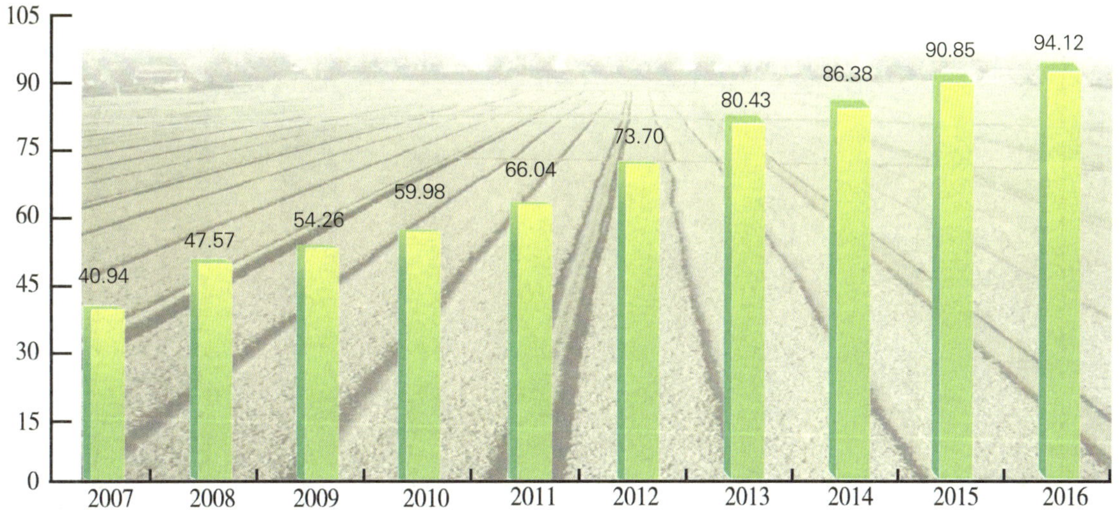

规模以上工业总产值（亿元）

Total Outpnt of Industries Above Designated Size(100 million yuan)

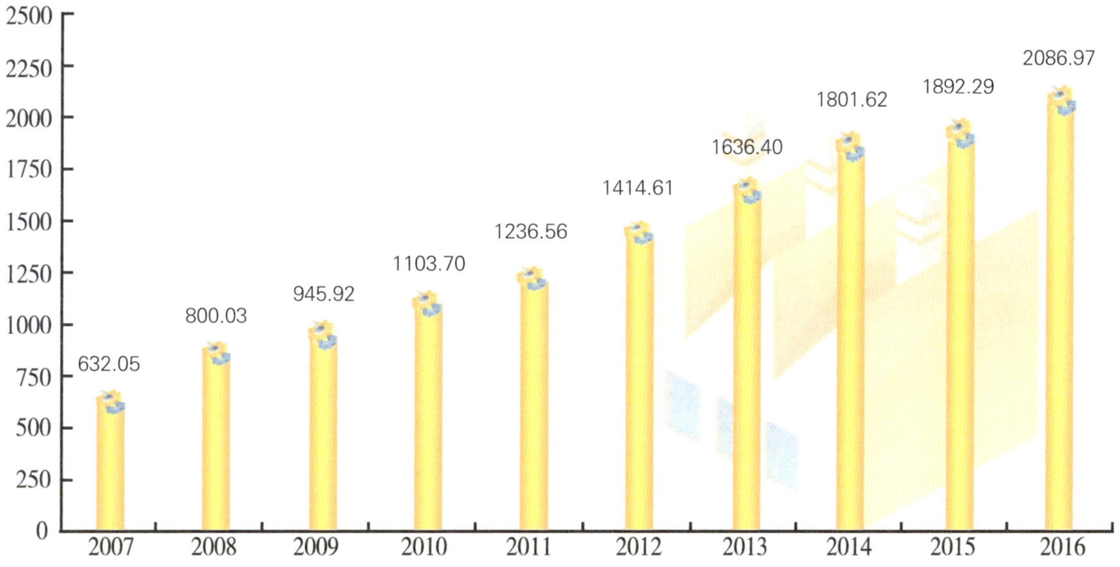

高新技术产业产值占比（%）

Ratio of High and New Technology Industries to Output Value of Industries Above Designated Size(%)

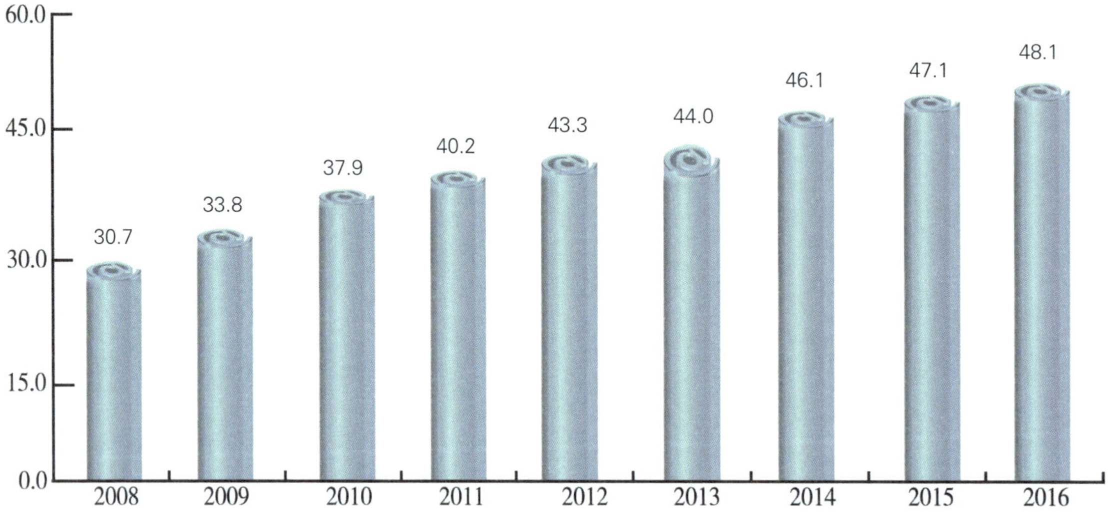

注：该指标为高新技术产业产值占规模以上工业总产值的比重。

单位GDP能耗（吨标煤/万元）

Energy Comsuption Per Capita GDP(SCE/10,000 yuan)

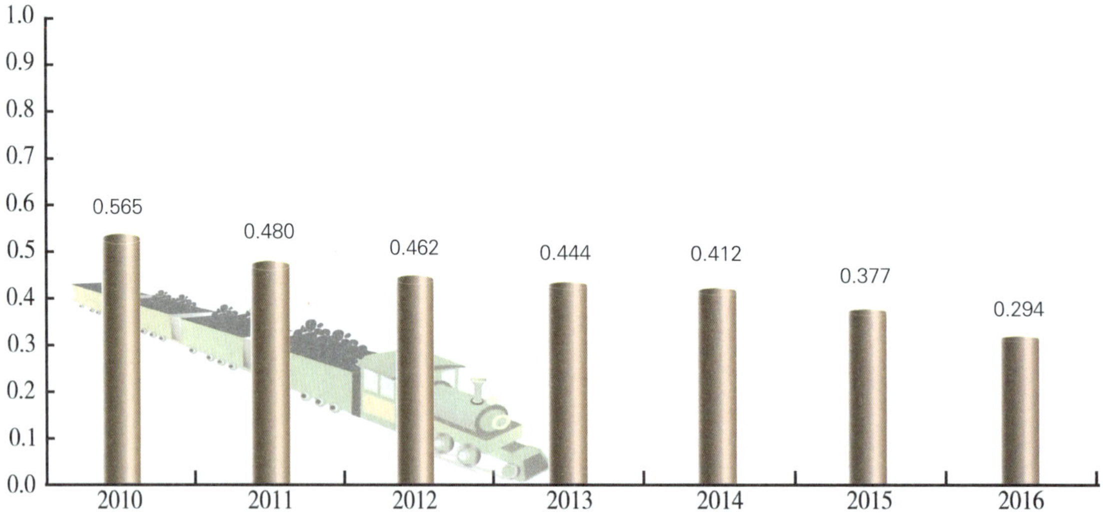

固定资产投资额（亿元）
Fixed-Asset Investment(100 million yuan)

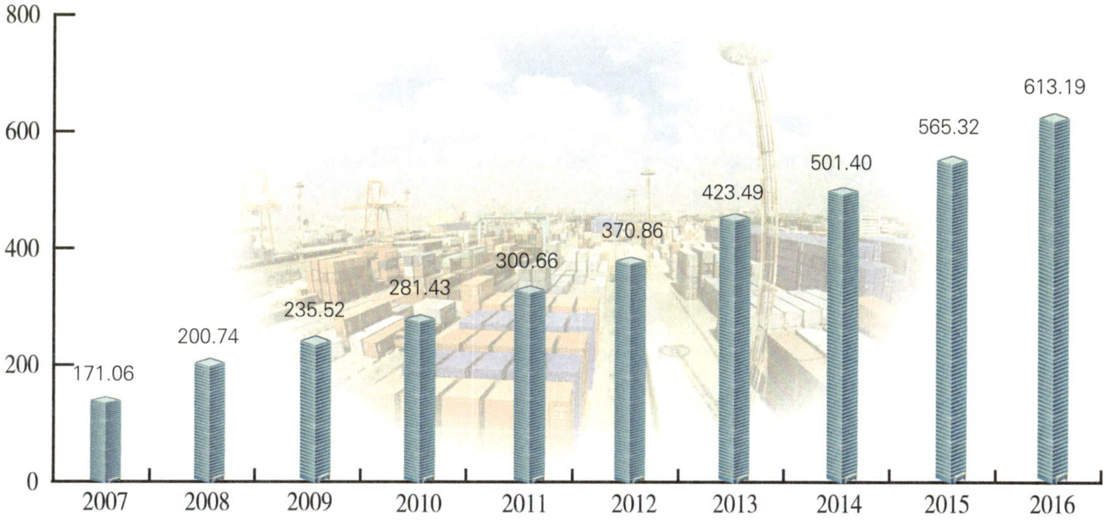

工业固定资产投资额（亿元）
Industrial Fixed-Asset Investment(100 million yuan)

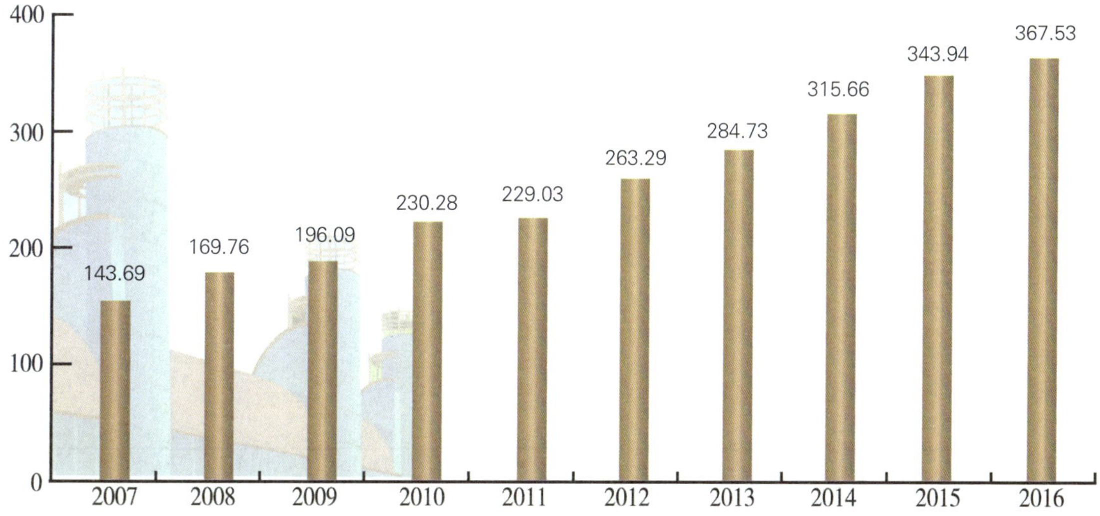

第三产业固定资产投资额（亿元）
Fixed Asset Investment in Tertiary Industries(100 million yuan)

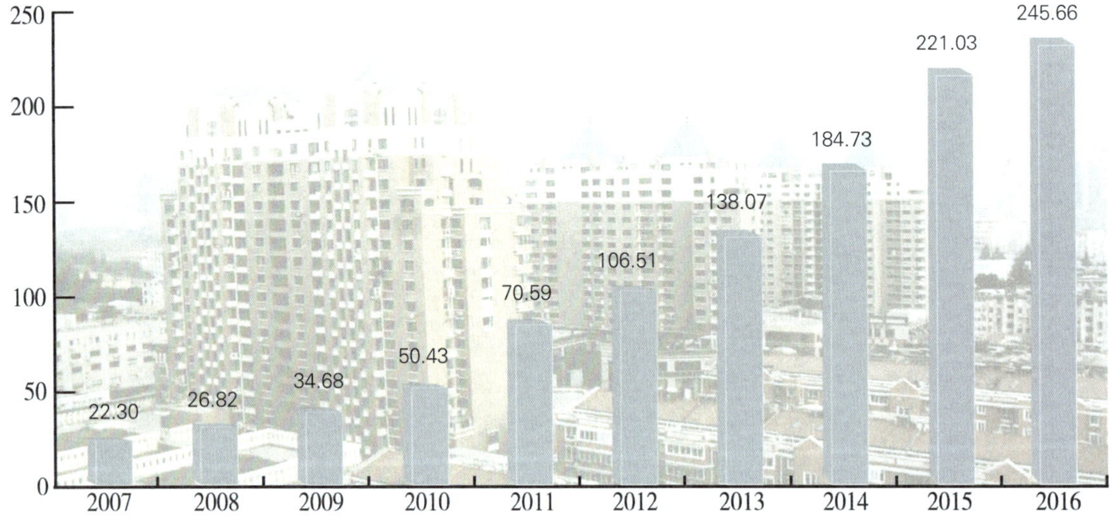

社会消费品零售总额（亿元）
Retail Sales Social Consume Goods(100 million yuan)

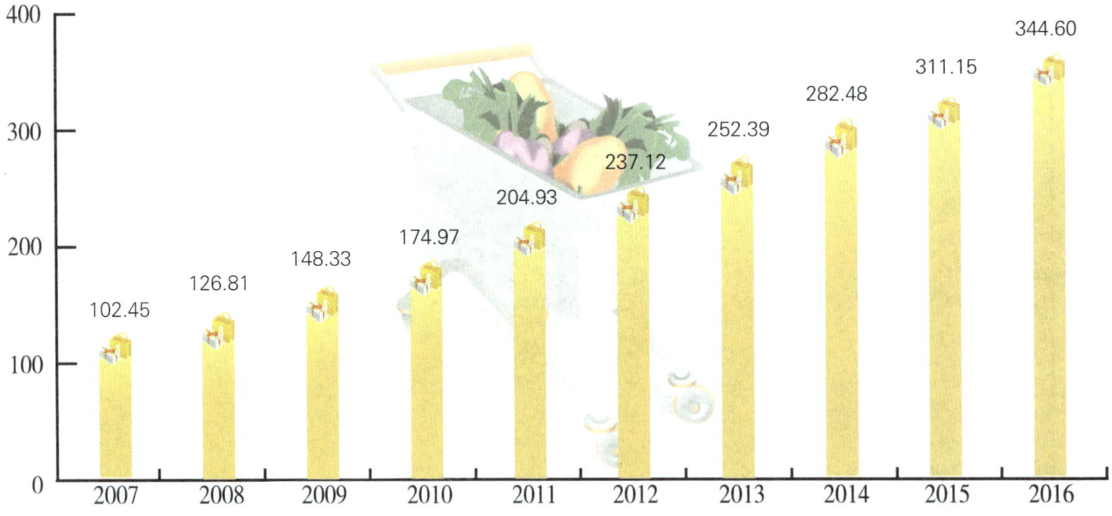

进出口总值（亿美元）
Total Output of Imports & Exports(100 million USD)

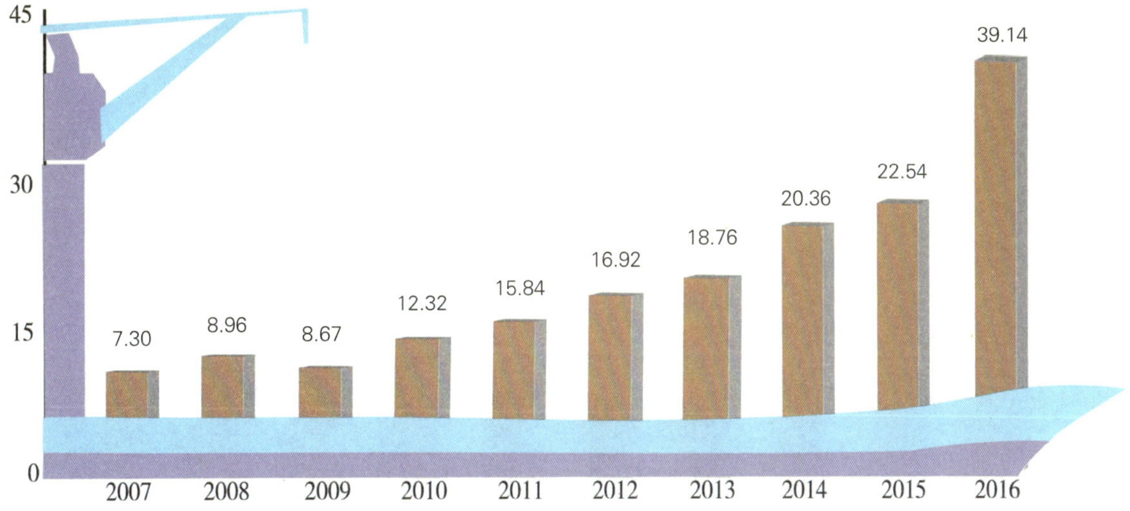

出口总值（亿美元）
Total Output of Exports(100 million USD)

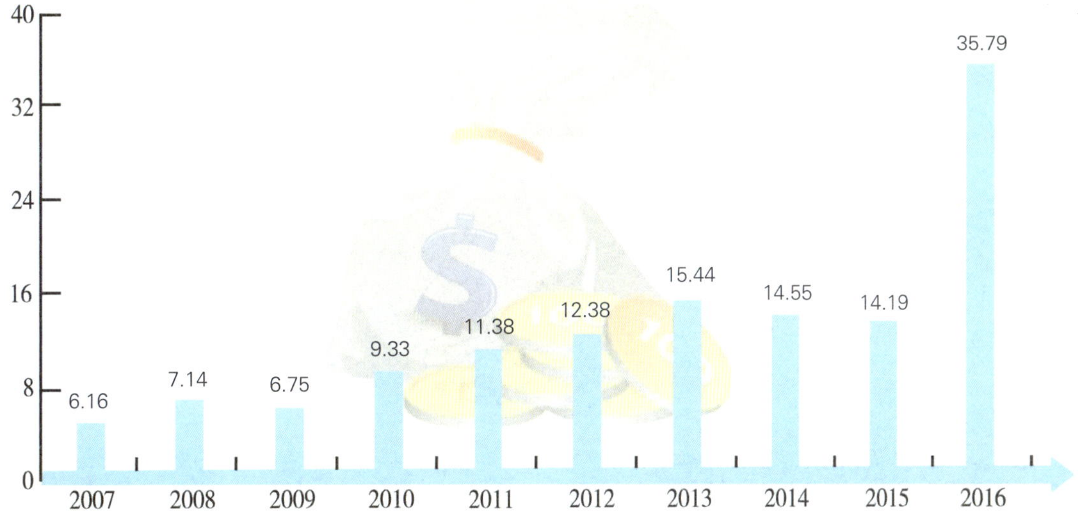

实际利用外资（亿美元）

Actually Utilized Foreign Investment(100 million USD)

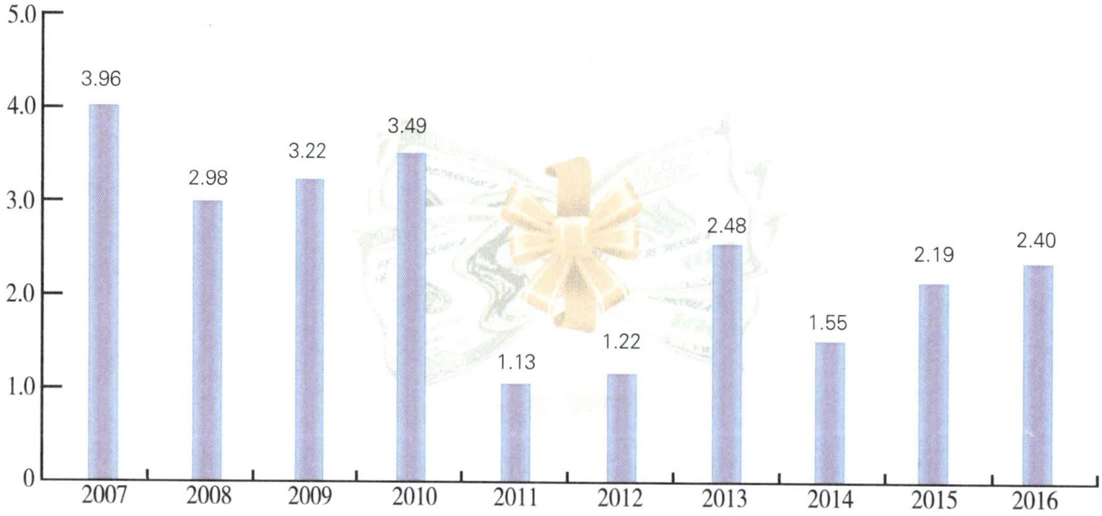

全社会研发投入（R&D）占GDP的比重（%）

Ratio of Social R&D Investment to GDP(%)

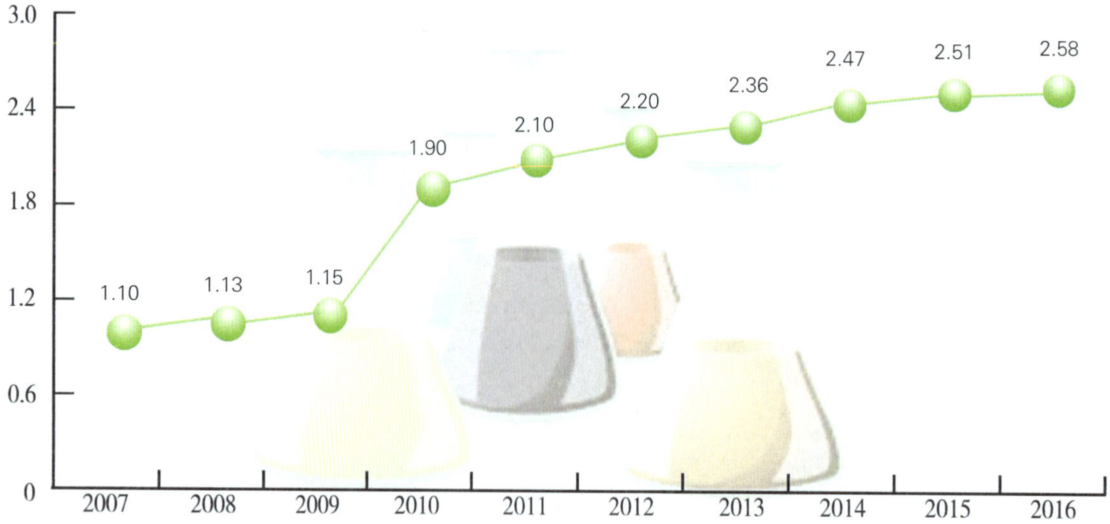

金融机构本外币存款余额（亿元）

Deposit Balance of Domestic and Foreign Currency in Financial Institues(100 million yuan)

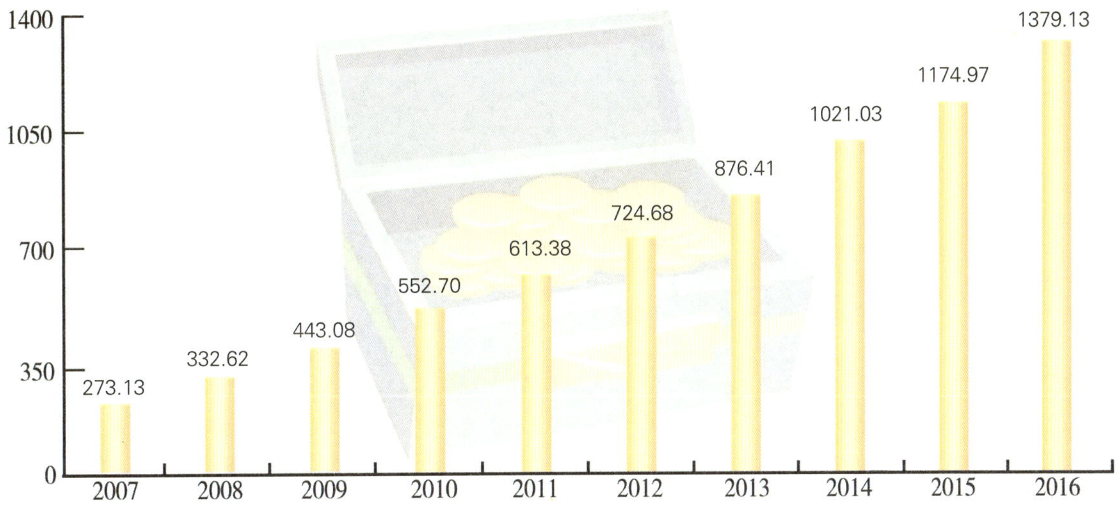

金融机构本外币贷款余额（亿元）

Loan Balance of Domestic and Foreign Currency in Financial Institues(100 million yuan)

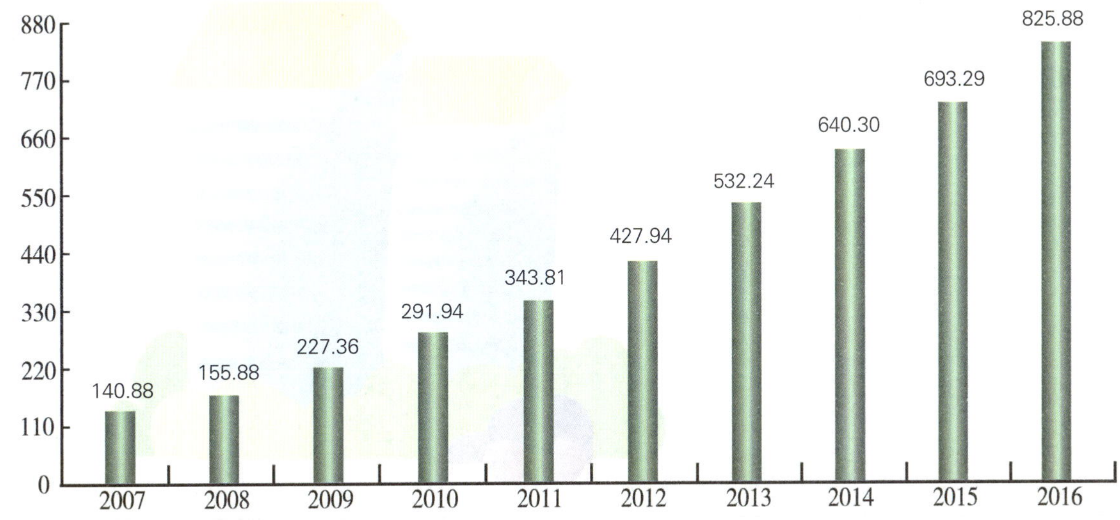

本外币储蓄存款余额（亿元）
Savings Balance of Domestic and Foreign Currency(100 million yuan)

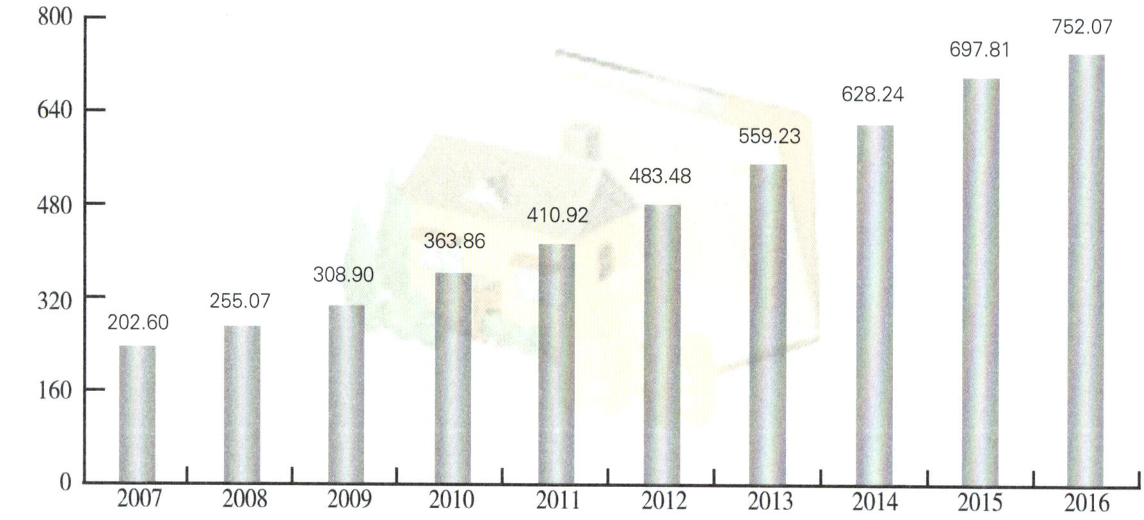

人均储蓄存款（元）
Per Capita Savings(yuan)

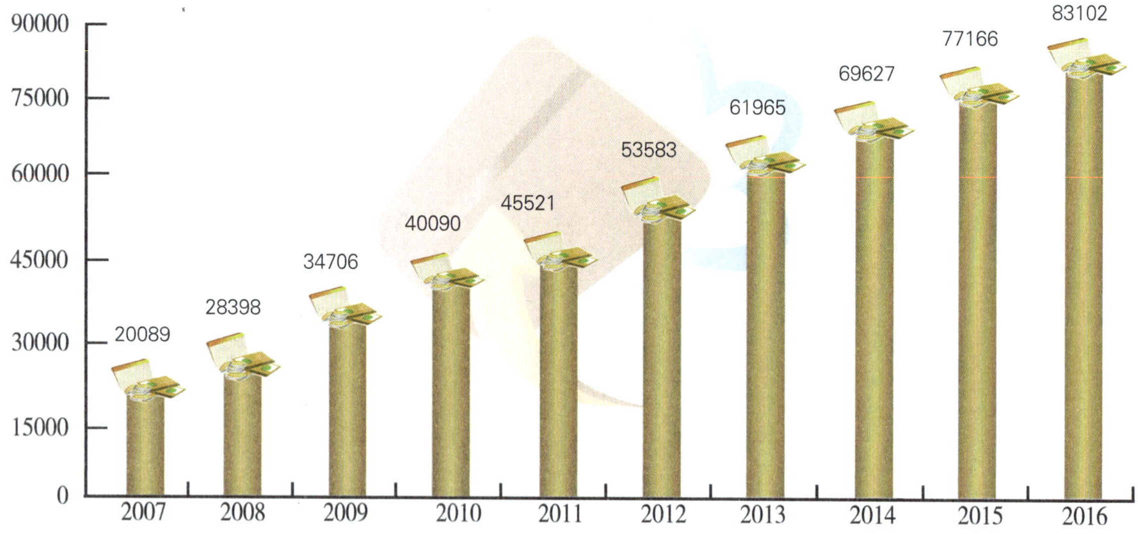

城镇居民人均可支配收入（元）
Urban Per Capita Disposable Income(yuan)

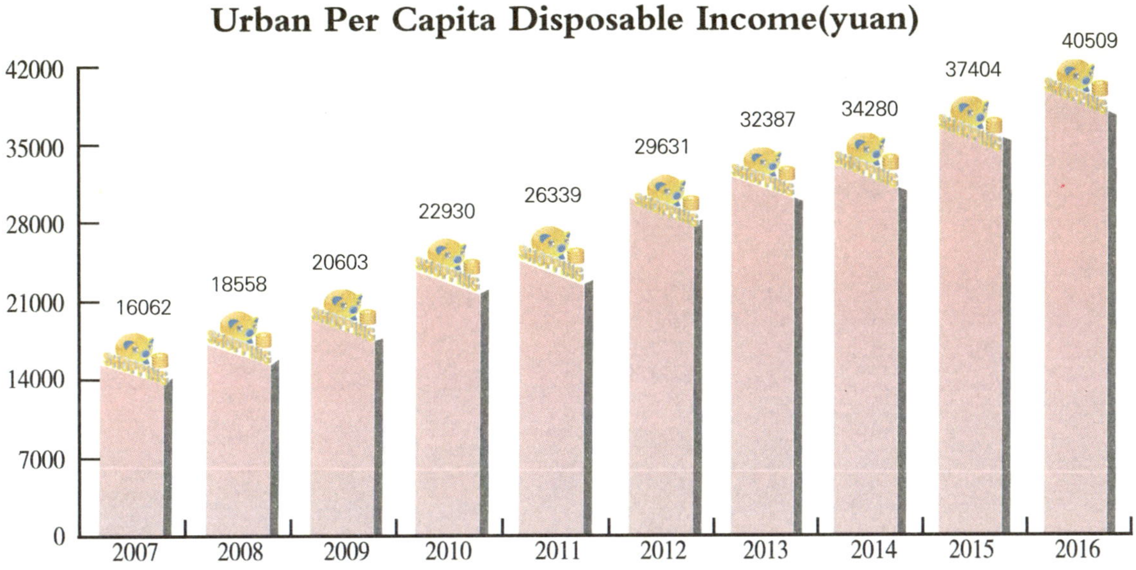

农村居民人均可支配收入（元）
Rural Per Capita Net Income(yuan)

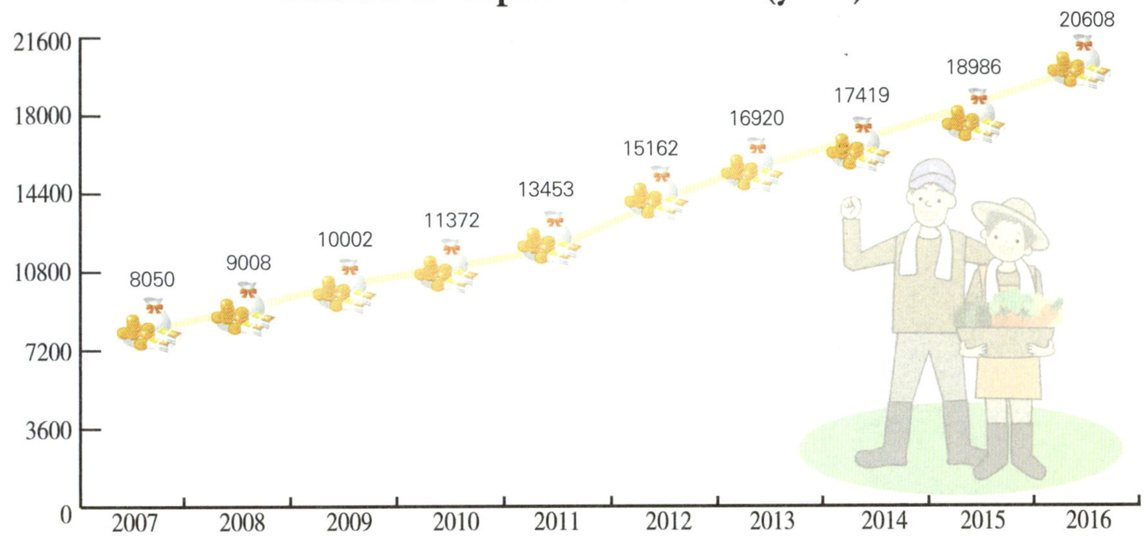

目　录

第一篇　综合

第二篇　国民经济核算

第三篇　人口　就业

第四篇 价格指数

第五篇 人民生活

第六篇 财政 金融

第七篇 固定资产投资

第八篇 对外经济

第九篇 能源 资源 环境保护

第十篇 农业

第十一篇 工业

第十二篇 建筑业

第十三篇 交通 邮电

第十四篇 国内贸易

第十五篇 教育 科技

第十六篇 文化 卫生 体育

第十七篇 其他社会事业

第十八篇　城市建设

第十九篇　县域交流

2016年海门市国民经济和社会发展统计公报

海门市统计局

(2017年3月15日)

2016年,面对复杂多变的国内外形势和繁重艰巨的改革发展稳定任务,全市上下按照市委、市政府决策部署,以提高发展质量效益为中心,坚持稳中求进总基调,科学统筹稳增长、促改革、调结构、惠民生、防风险等各项工作,全市经济社会保持平稳健康发展态势,实现了"十三五"良好开局。

一、综合

综合实力稳步提升。经初步核算,全年实现地区生产总值1005.06亿元,比上年增长9.4%。其中,第一产业增加值53.28亿元,同比与去年持平;第二产业增加值504.53亿元,增长9.3%;第三产业增加值447.25亿元,增长10.8%。人均地区生产总值111100元,比上年增长9.3%。

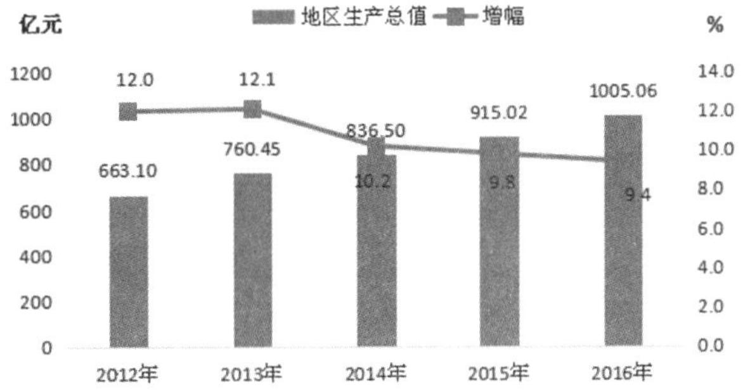

2012–2016年地区生产总值

产业结构继续优化。全市三次产业结构演进为5.3:50.2:44.5。服务业占GDP的比重比上年提高1.7个百分点。全年实现高新技术产业产值1003.01亿元,占规模以上工业产值比重达48.1%。全年实现新兴技术产业产值727.33亿元,占规模以上工业产值比重达34.9%。

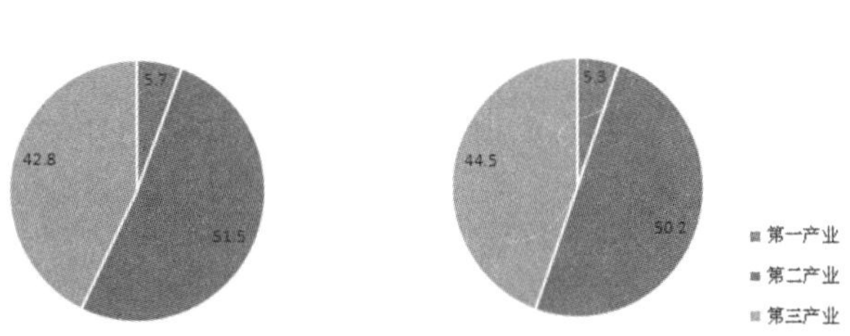

2015年三次产业占比　　2016年三次产业占比

经济活力继续增强。全年新登记私营企业2328户,比上年增长99.0%;注册资本109.20亿元,比上年增长6.2%。新登记个体工商户9893户,比上年增长80.1%。年末全市共有规模以上工业企业621家,限额以上批零住餐贸易企业250家,重点服务业企业269家,资质以上建筑业企业176家,房地产企业88家。全年新增城镇就业人数 10018 人,新增转移农村劳动力 4228 人。年末城镇化率为 59.10%,比上年提高 1.78 个百分点。

消费价格温和上涨。全年居民消费价格比上年上涨 2.0%。分类别看，食品烟酒上涨 4.0%，衣着上涨 0.7%,居住上涨 2.1%,生活用品及服务上涨 2.6%,交通和通信下降 0.4%,教育文化和娱乐上涨 1.1%,医疗保健上涨 0.1%,其他用品和服务上涨 3.6%。在食品中,粮食上涨 4.3%,鲜菜上涨 9.9%,畜肉上涨 7.8%,水产品上涨 2.4%,蛋下降 0.1%,鲜果上涨 12.5%。

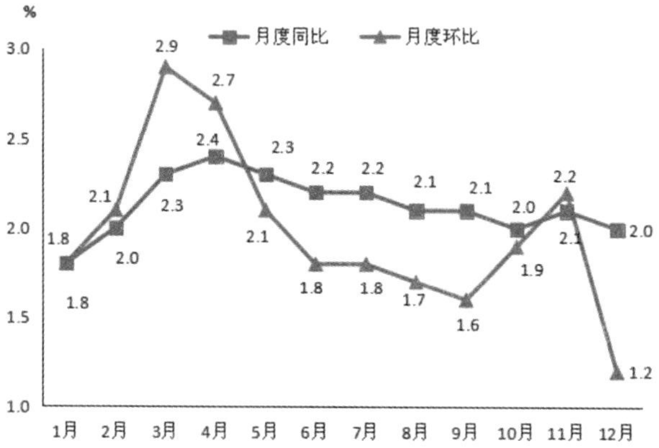

2016 年居民消费价格月底涨幅

表 1　分类价格比上年上涨幅度情况

指标名称	涨幅(%)
1.商品零售价格总指数	1.9
2.居民消费价格总指数	2.0
一、食品烟酒	4.0
其中:粮食	4.3
鲜菜	9.9
畜肉	7.8
水产品	2.4
蛋	-0.1
鲜果	12.5
二、衣着	0.7
三、居住	2.1
四、生活用品及服务	2.6
五、交通和通信	-0.4
六、教育文化和娱乐	1.1
七、医疗保健	0.1
八、其他用品和服务	3.6
服务项目	1.5

二、农林牧渔业

农业生产总体平稳。全年粮食总产量 19.16 万吨,比上年减少 0.3 万吨,下降 1.5%。其中:夏粮 4.53 万吨,下降 4.2%;秋粮 14.63 万吨,下降 0.7%。全年粮食播种面积 39940 公顷,比上年增加 700 公顷;棉花面积 8500 公顷,比上年减少 640 公顷;油料面积 26820 公顷,比上年减少 1210 公顷;蔬菜面积 31040 公顷,比上年增加

4849公顷。

林牧渔业总体稳定。全年新增造林面积936公顷，林木覆盖率达24.0%。全年猪牛羊禽肉产量43154吨，下降0.4%；禽蛋总产量43605吨，下降0.4%；牛奶总产量4758吨，增长1.4%。

现代农业加快推进。高标准农田比重达54.6%，家庭农场635个，农民合作社1310个。农村产权交易市场实现区镇全覆盖。全市新增设施农业面积478公顷，总量达20500公顷。年末农业机械总动力38.19万千瓦，增长2.9%。

表2　主要农副产品产量情况

指标名称	单位	产量	比上年增长(%)
粮食	吨	191627	-1.5
棉花	吨	10593	-0.5
油料	吨	85772	-7.0
瓜果	吨	113336	0.1
禽蛋产量	吨	43605	-0.4
水产品	吨	81321	-7.8
生猪存栏	万头	10.03	-0.1
生猪出栏	万头	14.16	-0.8
羊存栏	万只	46.11	0.3
羊出栏	万只	47.92	-0.1
家禽存栏	万羽	320.55	-0.4
家禽出栏	万羽	1332.64	-1.0

三、工业和建筑业

工业运行保持稳定。全年实现规模以上工业增加值463.28亿元，比上年增长10.0%。全市规模工业企业实现销售收入2057.10亿元，增长9.6%；实现利税324.11亿元，增长4.2%，其中，利润总额219.72亿元，增长6.5%。

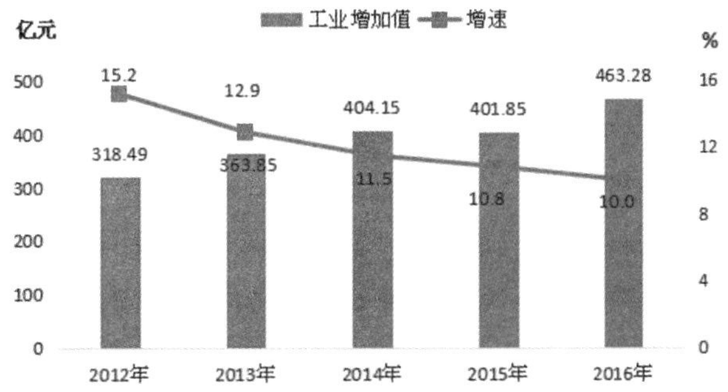

2012–2016年工业增加值及增速

表3　部分工业品产量情况

产品名称	计量单位	产量	比上年增长(%)
纱	吨	37653	-1.4
布	万米	8195	19.5
印染布	万米	148258	4.8
服装	万件	2230	5.9

产品名称	计量单位	产量	比上年增长(%)
中成药	吨	3777	50.7
水泥	吨	3607074	10.0
商品混凝土	立方米	2124055	4.5
日用玻璃制品	吨	46759	11.0
石墨及炭素制品	吨	5769	8.0
钢材	吨	167165	-1.4
铜材	吨	81692	-0.2
钢丝绳	吨	51917	1.2
锻件	吨	10158	-1.6
气体压缩机	台	602809	22.7
风机	台	1250	6.3
电动手提式工具	台	1216071	32.5
金属紧固件	吨	19954	10.5
光缆	芯千米	1239849	14.7

建筑业稳定发展。年末全市拥有资质以上建筑业企业176家,其中,特级资质建筑企业3家,一级资质建筑企业28家,二级资质建筑企业57家。全市建筑业施工人数达31.09万人。建筑企业全年完成建筑业总产值1551.47亿元,增长2.5%。全年施工面积1.46亿平方米,增长6.7%;竣工面积3996.08万平方米,增长17.8%。全年获得鲁班奖2项、参建鲁班奖2项、国优工程2项、参建国优工程2项、詹天佑奖2项、中国钢结构金奖1项、中国安装之星奖1项、全国建筑工程装饰奖4项。

四、固定资产投资

固定资产投资平稳增长。全年完成固定资产投资613.19亿元,比上年增长8.5%。其中,民间投资536.93亿元,增长10.8%。工业投资367.53亿元,增长6.9%。服务业投资245.66亿元,增长11.1%。完成基础设施投资45.43亿元。全年房地产投资49.77亿元,商品房施工面积411.83万平方米,其中,住宅施工面积335.39万平方米。全市商品房竣工面积149.55万平方米,其中,住宅竣工面积117.81万平方米。全市商品房销售面积122.82万平方米,增长45.9%,其中,住宅销售面积109.42万平方米,增长50.2%。

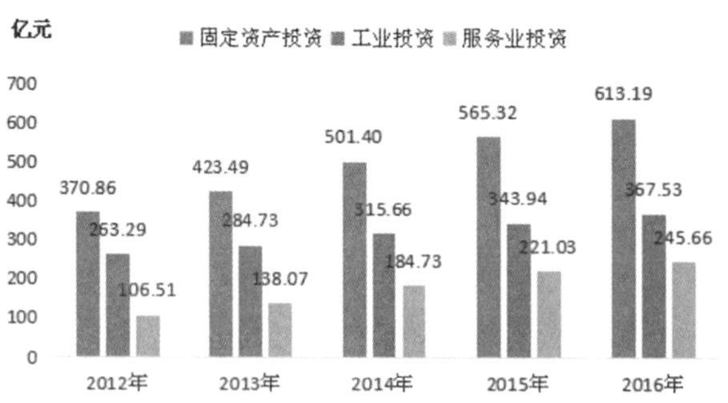

2012-2016年固定资产投资

五、国内贸易

消费品市场平稳运行。全年实现社会消费品零售总额344.60亿元,同比增长10.8%。其中,城镇消费品零售额231.99亿元,增长10.7%;农村消费品零售额112.61亿元,增长10.8%。分行业看,批发和零售业消费品零售额317.46亿元,同比增长10.6%;住宿和餐饮业消费品零售额27.14亿元,同比增长12.6%。

大众消费平稳增长。在限额以上商品零售额中，汽车类零售额比上年下降12.7%，石油及制品类增长1.2%，粮油食品类增长5.1%，烟酒类下降17.7%，服装鞋帽针织品类增长6.8%，日用品类增长6.3%，金银珠宝类下降12.3%，家用电器和音像器材类下降1.9%。

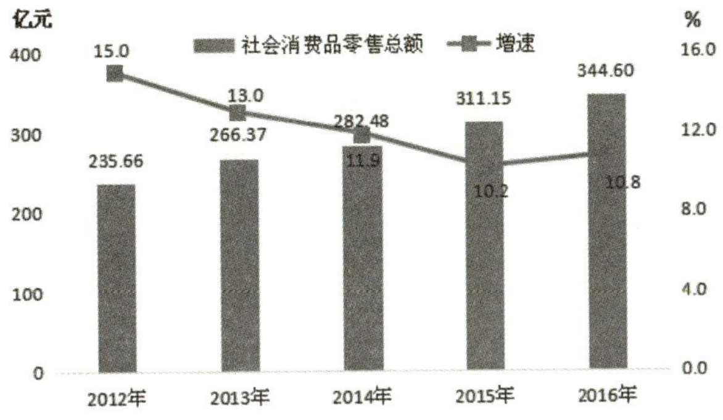

2012-2016年社会消费品零售总额

六、开放型经济

对外贸易较快增长。全年进出口总额39.14亿美元，同比增长73.7%。其中，出口总额35.79亿美元，增长152.3%；进口总额3.36亿美元，下降59.8%。出口结构进一步优化。机电产品、高新技术产品出口额分别为15.03亿美元、5.08亿美元，占出口总额比重分别为42.0%、14.2%。对亚洲、欧洲、北美洲的出口额分别为19.59亿美元、5.40亿美元和3.66亿美元。

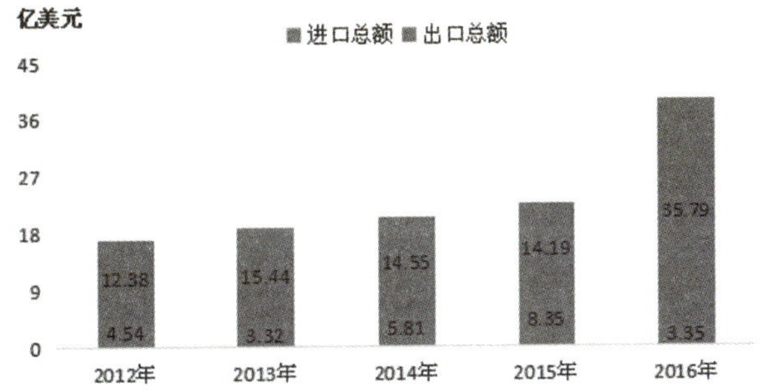

2012-2016年进出口总额

外经合作总体平稳。全年新批外资项目33个，新批增资项目7个，其中千万美元以上项目19个。新批协议外资5.89亿美元，增长4.7%；实际到账注册外资3.17亿美元，增长21.7%。新签对外承包劳务合同额4.33亿美元，下降12.9%；完成对外承包劳务营业额7.25亿美元，下降2.9%；新派劳务人员1346人，比上年减少1040人；年末在外劳务人员5852人，比上年减少823人。新批境外投资企业18家，境外投资中方协议投资额1.4亿美元，下降3.4%。

七、交通运输、邮政电信业和旅游业

交通运输能力提升。全年完成公路货物运输量794万吨，增长5.6%，公路货物周转量124875万吨公里，增长4.9%；水路货物运输量11.1万吨，增长5.1%，水运货物周转量8162万吨公里，增长8.8%。公路客运量397万人，下降5.8%，旅客周转量38889万人公里，下降7.5%。市内等级公路2481.48公里，其中，一级公路334.82公里，二级公路135.04公里，三级公路215.66公里，四级公路1795.96公里。

汽车保有量快速增长。年末汽车保有量为16.63万辆，增长18.5%，其中，小型汽车16.27万辆，增长18.7%。年末全市个人汽车保有量为15.47万辆，增长19.0%。

邮电通信加快调整。全年实现邮政业务收入1.82亿元，比上年增长10.5%。全年电信业务总收入2.07亿元，下降1.4%。本地电信固定电话用户数20.14万户，比上年减少3.1万户。年末移动电话用户数95.43万户，比上年增加2.89万户。年末互联网用户104.38万户(含手机用户)，比上年增加16.27万户。

旅游产业加快形成。海门共有4A级景区1家,3A级景区1家,2A级景区1家。旅游星级饭店7家。省星级乡村旅游区8家,省工业旅游点1家。有旅行社6家,旅行社营业部18家。全年接待游客348.83万人次,比上年增长18.1%,其中,国际旅游者人数10.13万人次,增长10.1%。旅游总收入达32.06亿元,增长18.3%,其中,旅游外汇收入达1136.32万美元,增长9.0%。

八、财政、金融

财政收入政策性下降。受营改增政策因素影响，全年实现一般公共预算收入72.41亿元，比上年下降7.6%。其中,增值税9.00亿元,增长64.2%,营业税16.34亿元,下降52.5%,企业所得税4.64亿元,下降10.5%,契税5.11亿元,增长87.2%。

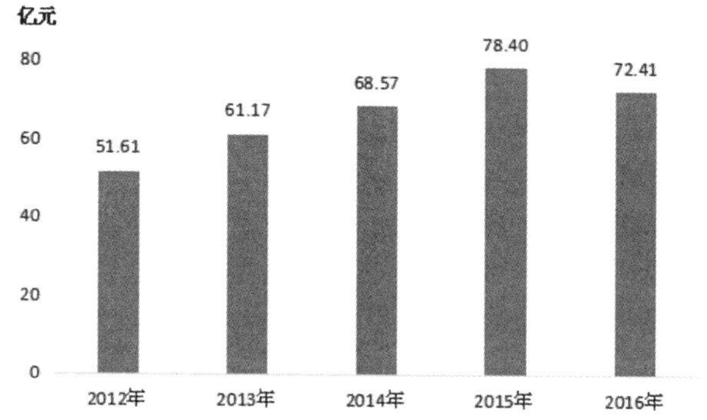

2012–2016年一般公共预算收入

全年一般公共预算支出85.76亿元,比上年增长0.2%。一般公共预算支出中,教育支出18.26亿元,比上年下降9.1%;公共安全支出5.08亿元,增长28.2%;社会保障和就业支出9.22亿元,增长23.7%;城乡社区事务支出74.50亿元,增长19.5%;科学技术支出2.12亿元,下降17.7%。

金融市场运行稳定。年末全市共有各类商业银行21家,各项存款余额1379.13亿元,比年初增加204.16亿元,增长17.4%。其中,居民储蓄存款余额752.07亿元,比年初增加54.26亿元,增长7.8%;企业存款余额585亿元,增长27.4%。年末金融系统各项贷款余额825.88亿元,增长19.1%,其中短期贷款341.35亿元,下降0.6%;中长期贷款442.19亿元,增长43.5%。个人消费贷款114.97亿元,其中,短期贷款11.04亿元,中长期贷款103.93亿元。

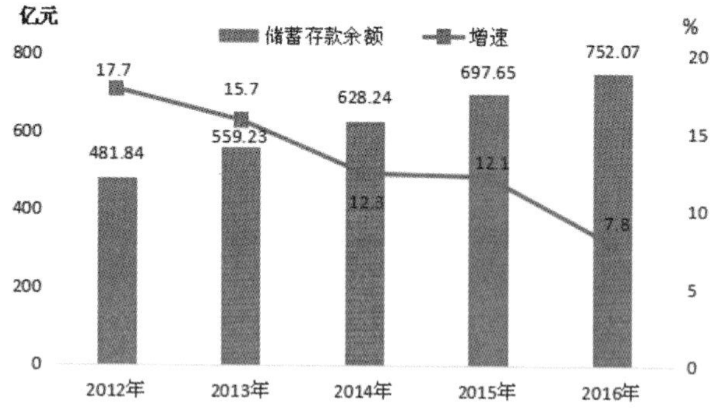

2012–2016年居民储蓄存款余额

表4　年末金融机构本外币存贷款情况

指标名称	绝对数(亿元)	比年初增加(亿元)	比上年增长(%)
各项存款余额	1379.13	204.16	17.4
# 企业存款	585.00	125.81	27.4
储蓄存款	752.07	54.26	7.8

指标名称	绝对数(亿元)	比年初增加(亿元)	比上年增长(%)
各项贷款余额	825.88	132.59	19.1
# 短期贷款	341.35	–2.07	–0.6
中长期贷款	442.19	133.94	43.5
# 个人消费贷款	114.97	42.67	59.0

九、科学技术和教育

科技创新能力不断提升。全年新增高新技术企业 31 家,新建省级工程技术研究中心 4 家、企业研究生工作站 4 家。万人有效发明专利达 16.5 件。海门产业技术研究院正式运行。2 个项目获江苏省科学技术奖一等奖,2 件专利获中国专利优秀奖。被国家知识产权局正式批准为国家知识产权示范城市。新引进国家“千人计划”专家、长江学者等顶尖人才 6 名,新增高技能人才 7154 名,每万名劳动力中拥有高技能人才 804 名。

教育事业全面协调发展。全市共有普通中学 34 所,在校生 33001 人。其中,高中 7 所,在校生 10698 人;初中 27 所,在校生 22303 人。职业中学 1 所,在校生 6304 人。小学 40 所,在校生 47415 人。特殊教育学校 1 所,在校生 131 人。各级各类幼儿园 57 所,在园生 21174 人。全市教职工数 9059 人,其中,专职教师 8332 人。教育办学条件不断改善,新建、加固校舍 5.72 万平方米,新建塑胶化操场 7 片。张謇职业技术学校二期投入使用,海门港新区实验学校建成启用,数字化校园创建通过南通市级验收。高考本一、本二上线率分别达 31.0% 和 81.4%,比上年提高 2.4 和 3.7 个百分点,持续名列全省前茅。

十、文化、卫生和体育

公共文化服务日益完善。全市年末共有文化馆(站)13 个,公共图书馆 10 个、藏书 103.7 万册。举办各类文化展览会 60 次,组织文艺活动 115 次。有专业技术表演团体 24 个,演出 360 场次,观众 7 万人次。有专业技术表演团体 24 个,演出 360 场次,观众 7 万人次。文化惠民成效明显。公共文化服务体系建设全省领先。全市万人拥有公共文化设施面积达 2300 平方米,江苏省江海博物馆完成结构封顶,科技馆土建主体结构封顶。20%的行政村(社区)建成 2000 平方米健身广场及室内健身用房,公共文化设施覆盖率达 95%以上。8 个公共区域实现免费 WiFi 服务全覆盖。张謇垦牧公园等 6 个项目入选国家文化产业重点项目库,文化产业增加值占比超 5%。全市有线电视用户累计达 22.38 万户,开通有线电视频道 202 套,光缆总长度达 6619 公里。广播和电视人口覆盖率均达 100%。全年出版《海门日报》298 期,《海门日报》期发行量达 2.6 万份。

卫生事业健康发展。全市共有卫生机构 376 个。其中:医院 9 个,卫生院 14 个,社区卫生服务中心 5 个,疾病预防控制中心、妇幼保健所各 1 个。共有卫生技术人员 4681 人,其中:执业医师和执业助理医师 1753 人,注册护士 1584 人,药师、技师、检验和其他人员 1304 人。全市拥有医疗标准床位 3694 张。全年总诊疗病人 511.52 万人次。全年统筹新型农村合作医疗基金 4.82 亿元,参保人数达 67.35 万人,参保率 99.99%,覆盖全市所有行政村。全年新型农村合作医疗基金补偿金额达 4.44 亿元,得保人次达 203.61 万人次。全市人均预期寿命达 80.76 岁。卫生服务体系健全率为 100%。

体育事业持续发展。年末共有体育场地 2917 个,其中系统内 5 个。全市人均体育活动面积 2.65 平方米。全市共有等级运动员 420 人,其中二级 34 人,三级 386 人。全市共有等级裁判员 601 人,其中一级以上 55 人,二级 284 人,三级 262 人。全市共有三级以上社会体育指导员 2580 名,其中国家级 9 名,一级 87 名,二级 720 名,三级 1764 名。全年举办大型全民健身活动和比赛 220 场(次),参加各类健身活动达 35 万人。成功承办第七届“环太湖”国际公路自行车赛、第五届“朗姿珂缔缘杯”国际青少年足球邀请赛、中日青少年围棋比赛、江苏省“气排球之乡”比赛、江苏省青少年自行车场地锦标赛等重要赛事。

十一、城市建设和环境保护

城市功能持续完善。全年城市维护建设资金支出 26.47 亿元,比上年增加 1.78 亿元。人均拥有道路面积达 21.12 平方米。优化合并 5 条城市公交线路,开通 6 个区镇 10 条镇村公交线路,完成 119 只公交候车亭建设改造工程。实施了二期公共自行车项目,建设站点 26 个,投放自行车 570 辆。年内新增建成区绿化面积

51.8 公顷，建成区绿化覆盖率达 42.3%。市区新增园林绿地面积 4.19 公顷，园林绿地面积达 325.44 公顷。全年新安装路灯 423 盏，路灯盏数达 2.72 万盏。城区污水日处理能力保持在 12 万立方米，年污水处理总量达 2648 万立方米。年内新增供水管道 110.4 公里，新增用户 7646 户，全年供水总量达 3524.89 万立方米，售水量为 2891.69 万立方米。全市天然气供气管道长度 473 公里，用气人口达 19.34 万人。

*生态建设成效明显。*市区环境质量保持稳定，环境空气主要污染物年平均值二氧化硫为 0.018 毫克/立方米，二氧化氮为 0.022 毫克/立方米，PM2.5 为 0.045 毫克/立方米。全年环境空气质量指数达到良好以上的天数为 279 天，占全年天数的 76.2%。区域环境噪声平均值为 54.4 分贝，交通干线噪声平均值为 64 分贝。深入实施大气污染防治及水环境整治工程，地表水好于Ⅲ类水质比例达 70%以上。林木覆盖率和城镇绿化覆盖率分别达 24%和 32.5%，获评国家生态文明建设示范市。

十二、人民生活和社会保障

*人口总量保持稳定。*年末全市户籍人口 100.10 万人，比上年末增加 0.06 万人。全年出生人口 6870 人，人口出生率为 6.9‰；死亡人口 6915 人，人口死亡率为 6.9‰；人口自然增长率为-0.04‰。年末常住人口 90.50 万人，比上年末增加 0.07 万人。

表 5 2016 年年末户籍人口数及其构成

指标名称	年末数(人)	比重(%)
全市总人口	1000978	100
# 城镇人口	591578	59.1
农村人口	409400	40.9
# 男性	492143	49.2
女性	508835	50.8
# 出生人口	6870	–
# 死亡人口	6915	–
# 18 岁以下	115162	11.5
18–34 岁	190445	19.0
35–59 岁	411079	41.1
60 岁以上	284292	28.4

*居民收入稳步增长。*根据城乡一体化住户抽样调查，全年全市居民人均可支配收入 30093 元，比上年增长 9.2%。按常住地分，城镇居民人均可支配收入 40509 元，比上年增长 8.3%；农村居民人均可支配收入 20608 元，比上年增长 8.5%。全市居民人均消费支出 19853 元，比上年增长 7.7%，其中，城镇居民人均消费支出 25928 元，增长 5.6%；农村居民人均消费支出 14570 元，增长 11.0%。城镇居民人均住房面积 47.5 平方米，农村居民人均住房面积 63 平方米。

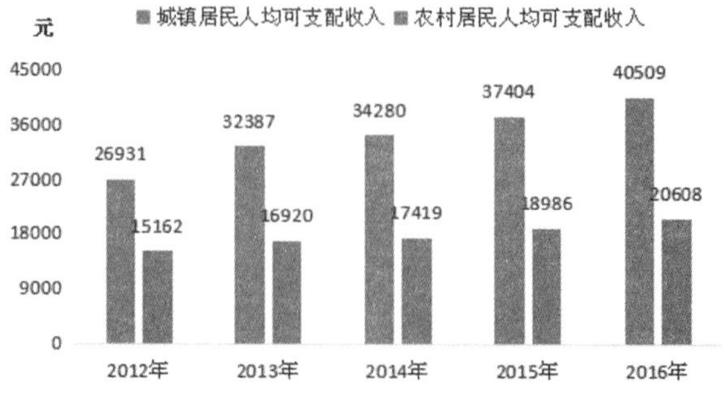

2012–2016 年城乡居民人均可支配收入

社保体系逐步完善。城乡基本养老保险覆盖率为98.27%,养老保险基金收入21.43亿元,增长7.9%。其中，城镇职工养老保险参保人数15.8万人，增长1.2%；城乡居民基本养老保险参保人数47.16万人，下降0.5%。城乡基本医疗保险覆盖率为98.95%,医疗保险收入11.99亿元,增长10.8%。其中,城镇职工基本医疗保险参保19.63万人，增长1.9%；城镇居民基本医疗保险参保3.75万人，下降1.3%。失业保险覆盖率为98.72%,城镇失业保险参保12.09万人,增长1.1%。年末城镇登记失业率为1.82%,城镇失业人员实现再就业3041人。

社会福利不断健全。全市享受城乡最低生活保障人数为7279人,其中城镇448人,农村5190人;提供最低生活保障资金3330万元,其中城镇245万元,农村3085万元。城乡医疗救助资金1975万元,比上年增长24.8%。年末全市拥有各类有证养老机构42个,社区服务站(中心)、社区托老设施488个,共有床位10953张,收养近6000人次。

注：

(1)本公报使用的数据为快报数。(2)地区生产总值、规模以上工业增加值及其分类项目增长速度按可比价计算,为实际增长速度;其他指标除特殊说明外,按现价计算,为名义增长速度。

资料来源：

本公报中私营企业、个体工商户、就业、农业、建筑业、对外贸易、交通、汽车拥有量、邮电、旅游、财政、金融、科技、教育、文化、卫生、体育、住建、环保、人口、居民收入、社会保障、民政等相关数据均来源于部门。

第一篇 综合

Chapter 1

General Survey

责任编辑:周海燕　卢　静

1-1 行政区划(2016年)

单位:个

地区	居委会	村委会	村民小组
全市合计	**62**	**231**	**8668**
海门开发区	3	8	229
海门工业园区	5	24	926
海门港新区	5	39	1378
临江新区	1	17	562
海门高新区	30	19	1098
三厂工业园区	3	9	419
常乐镇	3	23	897
悦来镇	4	35	1199
四甲镇	3	21	738
余东镇	2	17	641
正余镇	2	17	543
海永镇	1	2	38

1-2 气象情况(2016 年)

指标	单位	数值	指标	单位	数值
各种天气日数			**风力**		
阴天	日	145	大风天数	天	3
降水	日	141	最大风力	等级	6
雷暴	日	17	最大风速	公尺/秒	11.2
雾	日	48	最大风速方向		东北东
结冰	日	27	日期	月/日	3/8
降霜	日	39	最多风向		东
降雪	日	6	频率	%	14
日照时数	**小时**	**1794.0**	**气温**		
占可日照时数	%	41	最高气温	℃	38.3
降水			日期	月/日	7/27
一日间最大雨量	毫米	81.7	最低气温	℃	-9.3
日期	月/日	9/16	日期	月/日	1/24
最大连续降水量	毫米	157.4	全年平均气温	℃	16.6
日数	日	7	**相对湿度**		
起止时间	月/日	7/1-7/7	年平均	%	80
最长连续无雨天数	天	21	年最小	%	18
起止时间	月/日	3/10-3/30	日期	月/日	5/17
全年总雨量	毫米	1724.4			

1-3 分月气象情况(2016年)

指标	平均气温(℃)	降水量(毫米)	日照时数(小时)	平均相对湿度(%)	平均风力(米/秒)
全年	**16.6**	**1724.4**	**1794.0**	**80**	**2.4**
1月	3.2	50.8	106.6	75	2.4
2月	6.0	25.3	188.3	68	2.4
3月	10.1	38.2	150.8	73	2.5
4月	16.0	153.0	162.5	80	2.6
5月	19.8	118.2	139.4	80	2.7
6月	23.6	434.7	100.8	86	2.4
7月	28.9	258.3	182.5	82	2.5
8月	28.7	19.5	291.3	78	2.5
9月	23.7	227.7	170.1	83	2.2
10月	19.4	262.2	61.5	88	2.2
11月	12.0	92.6	105.8	84	2.1
12月	7.8	43.9	134.4	78	2.0

1-4 主要年份国民

指标名称	单位	1978	1980	1990	2000
人口					
年末总户数	万户	26.55	27.87	35.15	36.68
年末户籍人口	万人	96.98	97.56	102.41	103.57
男	万人	47.55	48.04	50.95	51.28
女	万人	49.43	49.52	51.46	52.29
出生人口	人	13783	10663	15491	11259
死亡人口	人	6248	6571	7317	5934
年末常住人口	万人	—	—	—	—
城镇	万人	—	—	—	—
农村	万人	—	—	—	—
劳动力					
年末从业人员	万人	—	—	—	—
# 在岗职工	万人	—	5.61	8.20	5.90
# 第一产业	万人	—	—	—	—
第二产业	万人	—	—	—	—
第三产业	万人	—	—	—	—
国民经济核算					
地区生产总值	亿元	2.74	3.49	15.23	107.51
第一产业	亿元	1.42	1.57	5.29	16.48
第二产业	亿元	0.75	1.18	6.65	57.42
工业	亿元	0.67	1.07	5.93	47.65
建筑业	亿元	0.08	0.12	0.71	9.78
第三产业	亿元	0.47	0.73	3.3	33.60
人均地区生产总值	元	283	358	1493	10374
财政					
一般公共预算收入	亿元	—	—	1.33	2.93
一般公共预算支出	亿元	—	0.18	0.77	3.43
人均一般公共预算收入	元	—	—	—	—
一般公共预算收入占 GDP 比重	%	—	—	8.73	0.03
人民生活					
在岗职工平均工资	元	469	689	1833	8690
全体居民人均可支配收入	元	—	—	—	—
城镇居民人均可支配收入	元	—	—	1647	7276

经济主要指标

2005	2010	2011	2012	2013	2014	2015	2016
37.67	38.40	38.35	38.30	38.37	38.49	38.43	37.74
101.36	99.86	99.99	99.97	100.06	100.16	100.04	100.10
50.13	49.29	49.32	49.26	49.27	49.30	49.20	49.21
51.23	50.57	50.67	50.71	50.79	50.86	50.84	50.88
7280	7900.00	6441.00	6448.00	6092.00	7209.00	7026	6870
7353	7266.00	8179.00	9099.00	8288.00	8094.00	9275	6915
—	90.76	90.27	90.23	90.25	90.23	90.43	90.50
—	45.38	46.22	47.88	48.98	50.19	51.83	53.49
—	45.38	44.05	42.35	41.27	40.04	38.60	37.01
—	64.49	66.49	67.29	66.60	65.90	65.20	64.70
5.68	6.48	6.46	6.53	29.12	32.69	33.02	33.32
—	13.26	13.42	19.60	18.60	17.80	16.70	16.50
—	29.39	31.69	31.43	31.70	31.70	31.50	31.20
—	21.84	21.38	16.26	16.30	16.40	17.00	17.00
211.52	500.10	590.33	663.10	760.45	836.50	915.02	1005.06
22.71	37.29	41.39	46.50	46.31	49.07	51.80	53.28
124.31	301.95	348.22	377.60	409.32	443.16	471.59	504.53
102.92	247.14	284.61	315.74	338.81	365.88	390.45	420.99
21.38	54.81	63.61	61.85	70.51	77.28	81.14	83.54
64.50	160.86	200.71	239.00	304.82	344.27	391.63	447.25
22761	55635	65226	73473	84270	92697	101298	111100
7.63	31.27	42.35	51.61	61.17	68.57	78.40	72.41
9.21	34.13	47.65	57.76	66.37	73.62	85.56	85.76
—	3479	4679	5719	6779	7599	8679	8004
0.04	6.3	7.2	7.8	8.0	8.2	8.6	7.2
17576	36173	42354	48578	53494	60795	66053	69252
—	—	—	—	—	25262	27554	30093
12203	22930	26339	26931	32387	34280	37404	40509

指标名称	单位	1978	1980	1990	2000
城镇居民人均住房建筑面积	平方米	—	—	10.3	24.2
农村居民人均可支配收入	元	—	—	928	4455
农村居民人均住房建筑面积	平方米	—	—	22.1	41.8
物价					
居民消费价格总指数	—	—	—	105.4	101.9
商品零售价格总指数	—	—	—	—	99.3
固定资产投资					
固定资产投资完成额	亿元	0.03	0.12	2.00	33.70
# 工业	亿元	—	—	—	8.64
服务业	亿元	—	—	—	—
# 房地产开发投资额	亿元	—	—	—	1.76
房屋施工面积	万平方米	—	—	—	—
房屋竣工面积	万平方米	—	—	—	—
农业					
农林牧渔业总产值(现价)	亿元	—	—	8.53	32.46
农业	亿元	—	—	5.64	20.58
林业	亿元	—	—	0.03	0.11
牧业	亿元	—	—	1.69	4.37
渔业	亿元	—	—	1.17	7.39
农林牧渔服务业	亿元	—	—	—	—
主要农产品产量					
粮食	万吨	26.74	26.98	28.90	26.22
棉花	万吨	2.60	1.63	0.98	0.30
油料	万吨	0.58	0.50	4.01	10.17
水产品	万吨	1.21	1.30	2.01	6.20
生猪年末存栏数	万头	24.90	20.03	5.88	6.20
规模以上工业					
工业企业数	个	—	—	—	216
工业总产值	亿元	—	—	—	89.11
# 高新技术产业产值	亿元	—	—	—	—
新兴产业产值	亿元	—	—	—	—
民营工业产值	亿元	—	—	—	—

续表 1

2005	2010	2011	2012	2013	2014	2015	2016
34.8	37.8	38.7	39.3	42.0	43.0	45.0	47.5
6558	11372	13453	15162	16920	17419	18986	20608
45.9	52.0	57.0	57.1	59.0	60.0	60.0	63.0
101.1	103.4	105.9	101.5	102.3	101.6	101.5	102.0
100.8	104.4	105.7	101.5	101.2	101.0	100.6	101.9
118.87	281.43	300.66	370.86	423.49	501.40	565.32	613.19
100.03	230.28	229.03	263.29	284.73	315.66	343.94	367.53
—	50.43	70.59	106.51	138.07	184.73	221.03	245.66
6.91	23.50	28.44	36.43	40.07	43.71	39.34	49.77
—	561.07	570.42	561.07	389.18	551.54	517.04	622.09
—	304.77	310.83	304.77	167.52	308.01	269.24	255.87
38.07	59.98	66.04	73.70	80.43	86.38	90.85	94.12
18.01	29.66	32.68	36.85	39.88	42.78	45.53	46.93
0.21	0.47	0.49	0.54	0.59	0.72	1.04	1.05
6.97	10.47	11.22	10.30	11.53	11.64	12.26	12.57
10.22	15.02	16.06	18.00	19.62	21.09	21.28	21.80
2.65	4.37	5.59	8.01	8.80	10.15	10.74	11.77
17.72	18.73	17.84	19.33	18.38	18.96	19.46	19.16
0.90	1.17	1.29	1.31	1.15	1.07	1.06	1.06
9.40	9.68	9.45	9.28	9.54	9.10	9.23	8.58
7.00	8.08	8.20	8.71	8.70	9.43	9.57	9.25
6.84	9.25	9.33	9.46	9.66	9.91	10.04	10.03
387	918	587	571	585	626	648	621
336.66	1103.70	1236.56	1414.61	1636.40	1801.62	1892.29	2086.97
—	328.55	413.06	612.10	720.00	831.25	892.05	1003.01
—	261.27	336.08	358.41	483.17	592.83	626.58	727.33
—	611.15	715.26	931.73	1035.30	1108.36	1149.75	1286.52

指标名称	单位	1978	1980	1990	2000
主营业务收入	亿元	—	—	—	70.00
利税总额	亿元	—	—	—	4.11
利润总额	亿元	—	—	—	1.24
主要工业产品产量					
纱	万吨	0.46	0.56	1.18	1.73
布	亿米	0.02	0.03	0.17	0.28
水泥	万吨	1.54	2.28	6.90	3.56
交通					
全社会旅客运输量	万人次	—	—	74	1097
全社会货物运输量	万吨	180	176	344	592
货物周转量	万吨公里	10454	11620	12827	43795
货物吞吐量	万吨	—	—	—	—
邮电和旅游业					
邮政业务收入	万元	—	—	—	—
电信业务收入	万元	—	—	—	—
年末固定电话用户	万户	0.04	0.05	0.17	17.53
年末移动电话用户	万户	—	—	—	6.13
国际互联网用户	万户	—	—	—	1.35
旅游总收入	亿元	—	—	—	0.03
旅游总人数	万人次	—	—	—	0.46
国内外贸易					
社会消费品零售总额	亿元	1.07	1.82	6.37	38.62
进出口总值	亿美元	—	—	—	1.10
# 进口总值	亿美元	—	—	—	0.28
出口总值	亿美元	—	—	—	0.82
新批协议注册外资	亿美元	—	—	—	0.58
实际到账注册外资	亿美元	—	—	—	0.13
新签对外劳务承包合同额	亿美元	—	—	—	0.47
对外劳务承包完成营业额	亿美元	—	—	—	0.49
房地产					
房地产开发投资额	亿元	—	—	0.07	1.76
商品房施工面积	万平方米	—	—	—	30.30

注：国际互联网用户数2013年前为电信数据。

续表 2

2005	2010	2011	2012	2013	2014	2015	2016
326.40	1094.45	1215.90	1401.89	1626.38	1784.61	1877.27	2057.10
30.86	153.63	196.62	231.02	271.66	295.82	311.70	324.11
18.59	100.28	132.97	153.03	179.49	195.77	206.49	219.72
6.75	5.82	4.84	5.69	6.13	5.20	3.62	3.77
1.07	1.18	1.07	0.53	0.73	0.68	0.69	0.82
146.00	324.85	275.42	325.47	338.18	342.38	327.82	360.71
776	1026	1117	1525	1564	705	702	397
537	1035	1144	1168	1313	640	656.00	804.97
32026	69895	74360	81637	94360	96119	100568	133037
—	403.46	528.35	595.45	649.39	681.16	640.97	661.03
—	12377	10117	11835	13652	15963	16461	18169
—	—	22199	23000	23888	23427	21433	20743
33.40	31.53	39.99	34.41	34.10	33.93	27.21	23.59
28.64	66.81	88.93	94.33	98.31	82.58	93.63	128.13
1.83	8.80	11.36	10.87	11.36	63.84	88.11	108.28
0.83	9.30	12.60	15.80	18.98	21.79	27.11	32.06
23.40	100.80	132.80	168.20	209.70	241.20	295.37	348.83
75.22	174.97	204.93	237.12	252.39	282.48	311.15	344.60
3.95	12.32	15.84	16.92	18.76	20.36	22.54	39.14
0.67	2.99	4.46	4.54	3.32	5.81	8.35	3.35
3.28	9.33	11.38	12.38	15.44	14.55	14.19	35.79
7.11	5.87	1.87	3.07	5.41	6.15	6.08	5.92
2.54	3.49	1.13	1.22	2.48	1.55	2.19	2.40
0.81	1.86	2.06	2.11	2.50	4.52	4.97	4.33
1.10	3.27	3.73	4.57	5.30	6.65	7.46	7.25
6.91	23.50	28.44	36.43	40.07	43.71	39.34	49.77
90.19	291.76	338.76	289.87	368.75	456.04	397.29	411.83

指标名称	单位	1978	1980	1990	2000
商品房竣工面积	万平方米	—	—	—	21.72
商品房销售面积	万平方米	—	—	—	26.53
金融					
金融机构本外币存款余额	亿元	0.76	0.97	10.69	9.76
# 储蓄存款余额	亿元	0.33	0.41	8.18	79.37
金融机构本外币贷款余额	亿元	1.20	1.46	8.18	40.59
人均储蓄存款(按常住人口计算)	元	29	42	800	7664
用电					
全社会用电量	亿千瓦时	0.87	1.29	3.46	6.80
# 工业用电量	亿千瓦时	0.63	0.80	2.71	4.01
城乡居民生活用电	亿千瓦时	0.02	0.05	0.30	1.54
万元 GDP 能耗	吨标煤/万元	—	—	—	—
万元 GDP 能耗增幅	%	—	—	—	—
万元 GDP 电耗	千瓦时/万元	—	—	—	—
万元 GDP 电耗增幅	%	—	—	—	—
科技					
全社会研发投入	亿元	—	—	—	—
专利授权量	件	—	—	—	16
# 发明专利	件	—	—	—	—
全社会研发投入(R&D)占 GDP 比重	%	—	—	—	—
社会事业					
学校数	个	771	699	463	432
教职工数	人	6601	8019	9142	8936
专任教师数	人	6601	8019	8800	7516
毕业生数	人	62092	35927	24475	27051
在校学生数	人	194725	203833	136347	151859
卫生机构数	个	134	42	42	44
# 医院、卫生院	个	39	39	36	38
卫生技术人员数	个	1559	1510	2240	2659
# 医生	个	—	874	1012	1293
卫生机构床位数	张	2068	2044	2141	2271
每千人拥有医生数	人	—	—	—	—

续表 3

2005	2010	2011	2012	2013	2014	2015	2016
53.56	65.20	170.22	57.25	97.42	119.60	80.25	149.55
51.79	80.25	88.78	70.06	99.01	74.55	81.68	107.02
215.90	552.70	613.38	724.68	876.41	1021.03	1174.97	1379.13
167.40	363.86	410.92	483.48	559.23	628.24	697.81	752.07
100.63	291.94	343.81	427.94	532.24	640.30	693.29	825.88
16477	40090	45521	53583	61965	69627	77166	83102
14.84	26.01	28.85	31.39	34.58	35.12	36.04	38.60
11.24	18.9	21.02	22.36	23.78	24.55	25.02	25.91
2.06	3.72	4.01	4.66	5.64	5.35	5.58	6.48
—	0.565	0.480	0.462	0.444	0.412	0.377	0.294
—	−3.75	−3.67	−3.73	−3.89	−7.15	−6.45	−4.27
—	590.010	515.090	500.469	491.961	453.220	423.510	385.410
—	−0.69	−0.95	−2.84	−1.70	−7.87	−6.57	−2.16
—	9.00	11.82	14.60	17.58	20.40	22.95	25.90
57	4167	4167	6907	1549	627	2401	2534
—	31	31	43	43	66	147	205
—	1.90	2.10	2.20	2.36	2.47	2.51	2.58
150	132	134	121	123	124	128	134
8419	8483	8430	8314	8225	8824	9093	9059
7539	7492	7468	7427	3755	7876	8247	8332
37965	28350	25923	25609	20009	22405	21759	21262
139234	119783	115292	111286	82119	106709	107564	108025
219	237	423	419	412	405	384	376
36	38	30	32	24	24	25	23
2779	3367	3285	3495	3648	3800	4039	4681
1372	1469	1530	1607	1569	1673	1687	1753
2257	3095	3195	3383	3410	3480	3539	3694
—	—	—	—	1.80	1.95	2.05	2.07

1-5 主要年份国民经济

指标	1978 年	1980 年	1990 年	2000 年	2005 年
人口					
年末户籍人口	100.4	100.3	100.7	99.9	99.5
男	100.4	100.4	100.6	99.7	99.5
女	100.4	100.2	100.8	100.0	99.6
年末常住人口	—	—	—	—	—
城镇	—	—	—	—	—
农村	—	—	—	—	—
劳动力					
年末从业人员	—	—	—	—	—
国民经济核算					
地区生产总值	—	117.1	108.6	110.1	123.0
第一产业	—	109.8	96.0	102.9	106.9
第二产业	—	124.2	116.1	113.4	120.8
工业	—	125.9	115.4	112.5	121.7
第三产业	—	121.7	118.7	108.3	135.0
人均地区生产总值	—	116.6	108.0	110.2	135.2
财政					
一般公共预算收入	—	—	103.9	121.6	118.8
一般公共预算支出	—	—	—	104.1	111.8
人均一般公共预算收入	—	—	—	—	—
人民生活					
在岗职工平均工资	112.2	112.6	109.3	113.0	115.6
城镇居民人均可支配收入	—	—	106.0	108.0	114.4
城镇居民人均住房建筑面积	—	—	107.0	131.7	105.2
农村居民人均可支配收入	—	—	108.8	103.5	111.3
农村居民人均住房建筑面积	—	—	105.0	100.5	100.7
固定资产投资					
固定资产投资完成额	—	240.0	71.9	112.0	147.2
# 工业	—	—	—	—	—
服务业	—	—	—	—	—
# 房地产开发	—	—	—	88.4	118.5
房屋施工面积	—	—	—	—	—
房屋竣工面积	—	—	—	—	—
农业					
主要农产品产量					

主要指标发展速度

2010年	2011年	2012年	2013年	2014年	2015年	2016年	“十二五”平均发展速度	2012-2016年平均发展速度
100.0	100.1	100.0	100.1	100.1	99.9	100.1	100.0	100.0
100.0	100.1	99.9	100.0	100.0	99.8	100.0	100.0	100.0
100.0	100.2	100.1	100.2	100.2	100.0	100.1	100.1	100.1
102.0	99.5	100.0	100.0	100.0	100.2	100.1	99.9	100.1
104.3	101.9	103.6	102.3	102.5	103.3	103.2	102.7	103.0
99.9	97.1	96.1	97.4	97.0	96.4	95.9	96.8	96.6
—	103.1	101.2	99.0	98.9	98.9	99.2	100.2	99.5
114.3	112.0	112.0	114.6	110.2	109.8	109.4	111.2	111.2
104.0	104.1	104.6	99.6	103.7	102.6	100.0	103.7	102.1
115.7	112.1	111.5	108.4	110.6	110.2	109.3	111.4	110.0
115.3	112.7	113.2	107.3	111.2	110.2	109.7	111.9	110.3
117.9	113.7	114.4	127.5	110.8	110.3	110.8	112.3	114.6
119.8	117.2	112.6	114.7	110.0	109.8	109.3	110.7	111.3
137.6	135.4	121.9	118.5	112.1	114.3	92.4	120.2	111.3
137.8	139.6	117.4	118.6	110.9	116.2	100.2	120.2	112.4
136.3	134.5	122.2	118.5	112.1	114.2	92.2	120.1	111.3
108.7	117.1	114.7	110.1	113.6	108.6	104.8	112.8	110.3
111.3	114.9	112.5	109.3	105.9	109.1	108.3	110.3	109.0
99.5	102.4	101.6	106.9	102.4	104.7	105.6	103.5	104.2
113.7	118.3	112.7	111.6	102.9	109.0	108.5	110.8	108.9
99.8	109.6	100.2	103.3	101.7	100.0	105.0	102.9	102.0
119.5	106.8	123.3	114.2	118.4	112.7	108.5	115.0	115.3
117.4	99.5	115.0	108.1	110.9	109.0	106.9	108.4	109.9
145.4	140.0	150.9	129.6	133.8	119.7	111.1	134.4	128.3
118.4	121.0	128.1	110.0	109.1	90.0	126.5	110.9	111.8
115.8	101.7	98.4	69.4	141.7	93.7	120.3	98.4	101.7
163.3	102.0	98.1	55.0	183.9	87.4	95.0	97.6	96.2

指标	1978 年	1980 年	1990 年	2000 年	2005 年
粮食	134.1	99.0	112.7	92.1	83.0
棉花	143.6	54.7	82.4	83.3	112.5
油料	200.0	119.0	128.1	125.6	97.7
水产品	81.8	100.0	93.9	100.6	102.2
生猪年末存栏数	98.8	91.5	71.7	107.3	102.7
规模以上工业					
工业总产值	—	—	—	113.6	138.4
# 高新技术产业产值	—	—	—	—	—
# 新兴产业产值	—	—	—	—	—
# 民营工业产值	—	—	—	—	—
主营业务收入	—	—	—	98.0	139.6
利税总额	—	—	—	109.9	100.0
利润总额	—	—	—	185.1	100.0
主要工业产品产量					
纱	143.8	101.8	88.7	113.1	147.4
布	100.0	150.0	73.9	90.3	107.0
水泥	114.9	114.0	86.5	85.4	100.0
交通					
全社会旅客运输量	—	—	35.9	109.7	165.1
全社会货物运输量	116.1	117.8	98.9	104.6	88.8
货物周转量	105.6	110.2	79.1	100.2	82.6
货物吞吐量	—	—	—	—	—
邮电和旅游业					
邮政业务收入	—	—	—	—	—
电信业务收入	—	—	—	—	—
旅游总收入	—	—	—	100.0	115.3
旅游总人数	—	—	—	2300.0	120.0
国内外贸易					
社会消费品零售总额	—	—	103.7	108.3	115.6
进出口总值	—	—	—	122.2	123.1
# 进口总值	—	—	—	107.7	134.0
出口总值	—	—	—	128.1	121.0
新批协议注册外资	—	—	—	170.6	126.5

续表 1

2010 年	2011 年	2012 年	2013 年	2014 年	2015 年	2016 年	“十二五”平均发展速度	2012-2016 年平均发展速度
99.4	95.2	108.4	95.1	103.2	102.6	98.5	100.8	101.5
100.0	110.3	101.6	87.8	93.0	99.1	100.0	99.8	96.1
100.5	97.6	98.2	102.8	95.4	101.4	93.0	99.1	98.1
101.8	101.5	106.2	100.0	108.4	101.5	96.7	103.4	102.5
101.9	100.9	101.4	102.1	102.6	101.3	99.9	101.7	101.5
116.0	122.1	115.0	114.8	109.2	108.2	110.3	111.4	111.5
132.5	135.8	112.2	121.6	116.6	111.9	112.7	122.0	114.9
—	130.9	122.8	132.5	124.6	114.8	116.1	119.1	122.0
—	117.0	130.3	111.1	107.1	103.7	109.7	113.5	112.0
116.5	121.0	115.8	113.6	108.9	108.5	109.6	111.4	111.2
129.1	137.5	117.7	116.5	109.3	106.2	104.2	115.2	110.6
135.3	141.8	115.4	117.4	109.2	106.6	106.5	115.5	110.9
91.4	107.2	119.4	107.7	85.1	71.6	104.1	90.9	95.1
121.6	98.2	49.8	139.6	86.7	103.3	118.8	89.8	94.8
101.5	85.8	118.2	103.9	101.2	95.7	110.0	100.2	105.5
117.9	108.8	136.6	102.6	45.1	99.6	56.6	92.7	81.3
127.1	110.5	102.1	112.4	48.7	102.5	56.6	91.3	93.2
138.7	106.4	109.8	115.6	101.9	104.6	122.7	107.5	112.3
—	131.0	112.7	109.1	104.9	94.1	103.1	109.7	104.6
83.4	81.7	117.0	115.4	116.9	103.1	110.4	105.9	112.4
—	—	103.6	103.9	98.1	91.5	96.8	99.1	98.7
114.8	135.5	125.4	120.1	114.8	124.4	118.3	123.9	120.5
115.5	131.7	126.7	124.7	115.0	122.5	118.1	124.0	121.3
115.5	118.0	118.0	113.0	115.7	106.4	110.8	112.2	111.0
142.1	128.6	106.8	110.9	108.5	110.7	173.7	112.8	119.8
156.3	148.7	101.8	73.1	175.0	143.7	40.2	122.7	94.5
138.1	122.1	108.8	124.7	94.2	97.5	252.3	108.8	125.8
99.0	31.9	164.2	176.2	113.7	98.9	97.4	100.7	125.9

指标	1978 年	1980 年	1990 年	2000 年	2005 年
实际到账注册外资	—	—	—	325.0	171.6
新签对外劳务承包合同额	—	—	—	97.9	147.3
对外劳务承包完成营业额	—	—	—	111.4	119.6
房地产					
商品房施工面积	—	—	—	88.8	133.4
商品房竣工面积	—	—	—	95.6	180.9
商品房销售面积	—	—	—	137.2	189.1
金融					
金融机构本外币存款余额	124.6	77.0	138.1	108.9	113.5
# 储蓄存款	183.3	120.6	141.8	109.0	116.0
金融机构本外币贷款余额	121.2	95.4	115.4	101.5	119.2
人均储蓄存款(按常住人口计算)	100.0	100.0	100.0	109.1	116.5
用电					
全社会用电量	114.5	126.5	112.0	111.3	122.1
# 工业用电量	118.9	114.3	106.7	117.9	124.9
城乡居民生活用电	100.0	166.7	115.4	102.7	108.4
科技					
全社会研发投入	—	—	—	—	—
专利授权量	—	—	—	—	—
# 发明专利	—	—	—	—	—
社会事业					
学校数	97.6	96.7	91.0	93.3	80.6
教职工数	101.6	104.1	102.0	97.7	101.1
专任教师数	101.6	104.1	101.9	85.4	107.0
毕业生数	110.5	75.1	94.1	102.3	100.2
在校学生数	95.1	96.9	96.6	101.6	94.7
中学	92.6	97.3	101.8	108.4	96.4
小学	103.0	92.5	96.6	101.2	94.3
卫生机构数	128.8	30.0	100.0	93.6	111.2
# 医院、卫生院	105.4	100.0	97.3	92.7	100.0
卫生技术人员数	106.3	94.3	106.7	99.9	100.6
# 医生	—	—	1.0	1.0	1.0
卫生机构床位数	99.6	101.1	101.2	100.0	103.0

续表 2

2010 年	2011 年	2012 年	2013 年	2014 年	2015 年	2016 年	“十二五”平均发展速度	2012–2016 年平均发展速度
108.6	31.1	107.0	203.3	62.5	141.3	109.5	90.2	116.3
118.5	110.8	102.4	118.5	180.8	110.0	87.1	121.7	116.0
130.8	114.1	122.5	116.0	127.4	110.5	97.2	117.9	114.2
112.8	116.1	85.6	127.2	123.7	87.1	103.7	106.4	104.0
100.7	261.1	33.6	170.2	122.8	67.1	186.4	104.2	97.4
96.4	110.6	78.9	141.3	75.3	109.6	131.0	100.4	103.8
124.7	111.0	118.1	120.9	116.5	115.7	117.4	116.3	117.7
117.8	112.9	117.7	115.7	112.3	111.1	107.8	113.9	112.8
128.4	117.8	124.5	124.4	120.3	108.3	119.1	118.9	119.2
117.8	112.8	117.7	115.6	112.2	110.8	107.7	114.0	112.8
113.9	110.9	108.8	110.2	101.6	102.6	107.1	106.7	106.0
112.0	111.2	106.4	106.4	103.2	101.9	103.6	105.8	104.3
118.8	107.8	116.2	121.0	94.9	104.3	116.2	108.4	110.1
136.6	131.3	123.5	120.4	116.0	112.5	112.9	120.6	117.0
308.2	100.0	165.8	22.4	40.5	364.4	105.5	88.7	90.5
114.8	100.0	138.7	100.0	153.5	216.7	139.5	135.8	145.9
98.5	101.5	90.3	101.7	100.8	103.2	104.7	99.4	100.0
98.3	99.4	98.6	98.9	107.3	103.0	99.6	101.4	101.4
98.4	99.7	99.5	50.6	209.7	104.7	101.0	101.9	102.2
91.2	91.4	98.8	78.1	112.0	97.1	97.7	94.8	96.1
98.1	96.3	96.5	73.8	129.9	100.8	100.4	97.9	98.7
93.1	91.7	91.5	92.2	93.6	96.4	99.2	93.1	94.5
97.9	100.1	100.2	101.9	102.2	102.1	100.4	101.3	101.4
100.0	178.5	99.1	98.3	98.3	94.8	97.9	110.1	97.7
100.0	78.9	106.7	75.0	100.0	104.2	92.0	92.0	94.8
100.7	97.6	106.4	104.4	104.2	106.3	115.9	103.7	107.3
97.5	104.2	105.0	97.6	106.6	100.8	103.9	102.9	102.8
100.0	103.2	105.9	100.8	102.1	101.7	104.4	102.7	102.9

1-6 主要年份国民经济

指标	1978 年	1980 年	1990 年	2000 年
人口与就业				
人口				
性别结构				
男	49.0	49.2	49.8	49.5
女	51.0	50.8	50.2	50.5
城乡结构				
城镇	4.7	5.9	22.5	35.2
农村	95.3	94.1	77.5	64.8
就业				
产业结构				
第一产业	—	—	—	—
第二产业	—	—	—	—
第三产业	—	—	—	—
宏观经济				
国民核算				
地区生产总值产业结构				
第一产业	51.8	45.0	34.7	15.3
第二产业	27.4	33.8	43.7	53.4
第三产业	20.8	21.2	21.6	31.3
投资				
产业结构				
第一产业	—	—	—	—
第二产业	—	—	—	—
第三产业	—	—	—	—
所有制结构				
国有投资	—	—	—	—
民营投资	—	—	—	—
港澳台及外商投资	—	—	—	—
财政				
财政支出结构				
卫生	—	—	—	7.6
教育	—	—	—	28.5
进出口				
出口地区结构				
亚洲	—	—	—	—

和社会发展结构指标

单位:%

2005 年	2010 年	2011 年	2012 年	2013 年	2014 年	2015 年	2016 年
49.5	49.4	49.3	49.3	49.2	49.2	49.2	49.2
50.5	50.6	50.7	50.7	50.8	50.8	50.8	50.8
42.8	52.9	52.1	60.6	65.7	68.5	70.4	59.1
57.2	47.1	47.9	39.4	34.3	31.5	29.6	40.9
—	20.6	20.2	29.1	27.9	27.0	25.6	25.5
—	45.6	47.7	46.7	47.6	48.1	48.3	48.2
—	33.9	32.1	24.2	24.5	24.9	26.1	26.3
10.7	7.4	7.0	7.0	6.1	5.9	5.7	5.3
58.8	60.4	59.0	57.0	53.8	53.0	51.5	50.2
30.5	32.2	34.0	36.0	40.1	41.2	42.8	44.5
—	0.3	0.3	0.3	0.2	0.2	0.1	0.0
—	81.8	76.2	71.0	67.2	63.0	60.8	59.9
—	17.9	23.5	28.7	32.6	36.8	39.1	40.1
—	3.3	6.4	8.7	8.5	12.7	12.9	2.6
—	84.4	81.8	84.6	84.6	80.9	84.7	87.6
—	12.3	11.8	6.7	6.9	6.4	2.4	9.8
5.4	4.2	3.6	5.4	5.2	5.6	6.0	7.0
15.3	15.1	14.6	15.7	16.5	15.9	13.9	12.3
—	33.9	33.7	34.6	40.7	40.9	43.0	54.7

指标	1978 年	1980 年	1990 年	2000 年
欧洲	—	—	—	—
北美洲	—	—	—	—
非洲	—	—	—	—
拉丁美洲	—	—	—	—
出口方式结构				
一般贸易	—	—	—	—
加工贸易	—	—	—	—
产业经济				
农业				
农林牧渔业产值结构				
农业	—	—	66.1	63.4
林业	—	—	0.4	0.3
牧业	—	—	19.8	13.5
渔业	—	—	13.7	22.8
农林牧渔服务业	—	—	—	—
规模以上工业				
产值所有制结构				
国有企业	—	—	—	—
集体企业	—	—	—	—
股份合作企业	—	—	—	—
港澳台及外商投资企业	—	—	—	—
其他类型企业	—	—	—	—
产值轻重结构				
轻工业	—	—	—	—
重工业	—	—	—	—
高新技术产业产值占比	—	—	—	—
新兴产业产值占比	—	—	—	—
民营工业产值占比	—	—	—	—
运输业				

续表 1

单位:%

2005 年	2010 年	2011 年	2012 年	2013 年	2014 年	2015 年	2016 年
—	21.7	20.2	17.6	16.7	18.5	18.0	15.1
—	22.6	20.7	20.1	18.2	18.2	18.8	10.2
—	12.2	14.0	16.3	16.1	13.7	10.7	10.2
—	7.9	9.6	9.0	6.5	6.6	7.0	7.5
—	88.1	86.1	85.6	88.2	88.3	89.6	30.6
—	11.7	12.4	12.7	10.2	10.4	6.9	5.1
47.3	49.4	49.5	50.0	49.6	49.5	50.1	49.9
0.6	0.8	0.7	0.7	0.7	0.8	1.1	1.1
18.3	17.5	17.0	14.0	14.3	13.5	13.5	13.4
26.8	25.0	24.3	24.4	24.4	24.4	23.4	23.2
7.0	7.3	8.5	10.9	10.9	11.8	11.8	12.5
—	0.0	0.0	0.0	0.1	0.5	0.0	0.3
—	0.8	0.7	0.4	0.3	0.2	0.0	0.2
—	3.0	3.0	1.5	1.1	0.8	0.1	0.9
—	44.3	44.9	43.9	35.4	37.7	38.2	37.3
—	51.9	51.4	54.2	63.0	60.8	61.6	61.3
—	31.9	30.7	30.8	30.6	27.3	24.3	23.5
—	68.1	69.3	69.2	69.4	72.7	75.7	76.5
—	—	—	—	44.0	46.1	47.1	48.1
—	—	—	—	29.5	32.9	33.1	34.9
—	55.4	57.8	65.9	63.3	61.5	60.8	61.6

指标	1978年	1980年	1990年	2000年
货物量结构				
公路				
水路				
金融业				
存款余额结构				
单位存款	—	—	—	6.2
储蓄存款	—	—	—	86.7
贷款余额结构				
短期贷款	—	—	—	71.4
中长期贷款	—	—	—	—
新增贷款结构				
短期贷款	—	—	—	—
中长期贷款	—	—	—	—
贸易业				
社会消费品零售额行业结构				
批发零售业	95.9	96.7	93.6	96.0
住宿餐饮业	3.7	2.8	2.3	3.2
社会事业				
教育				
在校学生结构				
中学生	36.3	27.3	28.3	29.6
小学生	67.2	52.9	55.9	53.7
卫生机构构成				
医院、卫生院	29.1	92.9	85.7	86.4
卫生技术人员构成				
医生	—	57.9	45.2	48.6
人民生活				
城镇居民恩格尔系数	—	—	52.4	42.5
农村居民恩格尔系数	—	—	43.8	37.1

续表 2

单位:%

2005 年	2010 年	2011 年	2012 年	2013 年	2014 年	2015 年	2016 年
	99.6	99.0	99.0	97.7	97.7	97.8	98.6
	0.4	1.0	1.0	2.3	2.3	2.2	1.4
14.5	19.9	31.3	31.8	34.9	37.4	29.6	30.7
77.5	66.2	67.2	67.1	64.4	61.5	59.4	54.5
73.8	53.7	55.5	58.1	60.4	54.2	49.5	41.3
12.0	44.9	42.7	37.7	36.8	41.1	44.5	53.5
—	—	27.5	65.2	67.6	66.4	-6.3	-1.6
—	—	72.5	34.8	32.4	33.6	84.9	101.0
92.2	93.1	91.9	91.7	91.5	92.2	92.3	92.1
7.6	6.9	7.1	7.6	8.5	7.8	7.7	7.9
40.4	39.8	37.9	35.9	33.9	32.3	30.9	30.5
45.6	37.0	38.4	39.9	41.6	43.4	43.9	43.9
16.4	16.0	7.1	7.6	5.8	5.9	6.5	6.1
49.4	43.6	46.6	46.0	43.0	44.0	41.8	37.4
38.7	35.3	35.0	34.8	35.1	29.8	29.4	29.3
41.8	37.3	37.0	37.1	37.0	29.8	29.6	29.3

1-7 主要年份主要人均指标

指标	单位	2010	2011	2012	2013	2014	2015	2016
地区生产总值	元	55635	65226	73473	84270	92697	101298	111100
一般公共预算收入	元	3479	4679	5719	6779	7599	8679	8004
财政支出	元	6165	9273	11261	11784	14808	16020	16474
固定资产投资完成额	元	31646	33215	41093	46929	55563	62584	67782
社会消费品零售总额	元	19327	22639	26112	29518	31303	34446	38092
进出口总额	美元	1351	1750	1875	2079	2256	2498	4327
主要农产品产量								
粮食	公斤	206	198	214	204	210	215	212
肉类	公斤	—	—	—	—	—	48	48
水产品	公斤	89	91	97	96	105	106	102
禽蛋	公斤	—	—	—	—	—	48	48
农林牧渔业总产值	元	6673	7296	8167	8913	9572	10057	10404
在岗职工平均工资	元	36173	42354	48578	53494	60795	66053	69252
城镇居民人均可支配收入	元	22930	26339	29631	32387	34280	37404	40509
城镇居民消费性支出	元	14438	16555	18996	20877	22830	24555	25928
农村居民人均可支配收入	元	11372	13453	15162	16920	17419	18986	20608
农村生活消费性支出	元	8289	9685	10917	12361	12081	13124	14570
储蓄存款	元	40090	45521	53583	61965	69627	77166	83102
每千人拥有								
固定电话用户	户	347	443	381	378	376	301	223
在校学生数	人	132	128	123	91	118	119	119
# 中学生	人	52	48	44	41	38	37	36
卫生技术人员	人	3.71	3.64	3.87	4.04	4.21	4.47	5.17
# 医生	人	—	—	—	1.80	1.95	2.05	2.07
卫生机构床位数	张	3.41	3.54	3.75	3.78	3.86	3.91	4.08

1-8 海门的一天(2016 年)

指标	单位	海门的一天
地区生产总值	亿元	2.75
第一产业	亿元	0.15
第二产业	亿元	1.38
第三产业	亿元	1.23
农林牧渔业总产值	亿元	0.26
规模以上工业增加值	亿元	1.27
规模以上工业主营业务收入	亿元	5.64
规模以上工业利税总额	亿元	0.89
主要工农业产品产量		
粮食	吨	524.93
棉花	吨	29.04
油料	吨	234.79
水产品	吨	253.59
肉类	吨	118.23
发电量	万千瓦时	83.55
纱	吨	103.29
布	万米	22.47
水泥	万吨	0.99
固定资产投资额	亿元	1.68
工业	亿元	1.01
服务业	亿元	0.67
# 房地产开发	亿元	0.14
建筑业总产值	亿元	4.25
社会消费品零售总额	亿元	0.94
批发零售业	亿元	0.87
住宿餐饮业	亿元	0.07
进出口总额	亿美元	0.11
# 出口	亿美元	0.10
新批协议注册外资	亿美元	0.02
实际到账注册外资	亿美元	0.01
一般公共预算收入	亿元	0.20
财政总支出	亿元	0.41
一般公共预算支出	亿元	0.24
金融机构本外币存款余额	亿元	3.78
# 本外币储蓄存款	亿元	2.06
金融机构本外币贷款余额	亿元	2.26

1-9 海门国民经济主要指标占南通全市比重(2016年)

指标名称	单位	南通市	海门市	海门占南通的比重(%)
年末常住人口	万人	730.20	90.50	12.4
城镇人口	万人	470.03	53.49	11.4
地区生产总值	亿元	6768.20	1005.06	14.8
第一产业	亿元	366.08	53.28	14.6
第二产业	亿元	3170.30	504.53	15.9
第三产业	亿元	3231.82	447.25	13.8
农林牧渔业总产值(现价)	亿元	691.56	94.12	13.6
规模以上工业企业数	个	5027	621	12.4
规模以上工业增加值	亿元	3330.36	463.28	13.9
规模以上工业主营业务收入	亿元	14683.61	2057.10	14.0
规模以上工业利税总额	亿元	1741.36	324.11	18.6
主要工农业产品产量				
粮食	万吨	325.20	19.16	5.9
棉花	万吨	2.38	1.06	44.5
油料	万吨	35.82	8.57	23.9
水产品	万吨	89.03	9.25	10.4
肉类	万吨	47.45	4.32	9.1
发电量	亿千瓦时	407.31	3.05	0.7
纱	万吨	62.19	3.77	6.1
布	亿米	34.61	0.82	2.4
水泥	万吨	1098.17	360.71	32.8

1-9 续表

指标名称	单位	南通市	海门市	海门占南通的比重(%)
固定资产投资额	亿元	4811.95	613.19	12.7
工业	亿元	2406.36	367.53	15.3
服务业	亿元	2396.13	245.66	10.3
# 房地产开发	亿元	584.14	49.77	8.5
建筑业总产值	亿元	6619.39	1551.47	23.4
社会消费品零售总额	亿元	2632.87	344.60	13.1
批发零售业	亿元	2406.78	317.46	13.2
住宿餐饮业	亿元	226.09	27.14	12.0
进出口总额	亿美元	308.59	39.14	12.7
# 出口	亿美元	230.11	35.79	15.6
新批协议注册外资	亿美元	60.55	5.92	9.8
实际到账注册外资	亿美元	23.87	2.40	10.1
一般公共预算收入	亿元	590.18	72.41	12.3
一般公共预算支出	亿元	750.05	85.76	11.4
金融机构本外币存款余额	亿元	11330.57	1379.13	12.2
金融机构本外币贷款余额	亿元	6896.58	825.88	12.0
从业人员平均工资	元	69654	68992	99.0
全体居民人均可支配收入	元	30084	30093	100.0
城镇居民人均可支配收入	元	39247	40509	103.2
农村居民人均可支配收入	元	18741	20608	110.0

1-10 分区镇国民经济和

区、镇	土地总面积(平方公里)	耕地面积(亩)	年末总户数(户)
总计	**1148.70**	**799668**	**377436**
海门开发区	69.18	35797	31890
海门工业园区	99.71	76489	36009
海门港新区	155.58	126149	55310
临江新区	75.14	63849	21523
海门高新区	81.82	52226	61166
三厂工业园区	34.09	24319	19031
常乐镇	98.47	80267	28772
悦来镇	141.90	116172	42721
四甲镇	97.20	85837	30479
余东镇	68.68	56523	23270
正余镇	62.72	53615	22208
海永镇	9.10	7380	2652

社会发展主要指标(2016 年)

年末总人口(人)			户平均人口(人)	年平均人口(人)
合计	男	女		
1000978	**492143**	**508835**	**2.63**	**1000692**
86633	42251	44382	2.65	86300
92746	45550	47196	2.55	92839
145957	72054	73903	2.64	145783
52756	25733	27023	2.45	52886
166164	81038	85126	2.72	165523
52321	25567	26754	2.71	52574
75913	37490	38423	2.56	76184
106482	52807	53675	2.49	106568
85589	42677	42912	2.74	85758
63015	31034	31981	2.67	63091
61390	30172	31218	2.73	61404
6026	2880	3146	2.36	5810

区、镇	地区生产总值(万元)		
		一产增加值	二产增加值
总计	**10050621**	**625674**	**5272404**
海门开发区	2047614	21707	1079021
海门工业园区	1238530	58060	662043
海门港新区	1162538	146077	672616
临江新区	384186	45746	217057
海门高新区	2016449	44742	854476
三厂工业园区	570005	19724	374088
常乐镇	654431	59620	359711
悦来镇	635798	84561	335066
四甲镇	390688	45518	196050
余东镇	315114	36734	128352
正余镇	594565	60051	386467
海永镇	40703	3134	7458

续表 1

	规模工业企业数(个)	规模以上工业总产值(万元)		
三产增加值			规模以上工业新兴产业产值	规模以上工业高新技术产业产值
4152543	**621**	**20869674**	**7273291**	**9945478**
946886	138	3288589	1359284	1571208
518427	104	2417936	486940	515015
343845	66	2930956	827363	1325788
121383	35	1311148	838084	956089
1117232	60	2675524	744416	1259971
176193	40	1364884	332137	383653
235100	33	1262533	339457	915201
216171	49	1643422	318866	352966
149120	22	942069	539654	783452
150027	33	602002	141397	63864
148047	39	2402644	1341702	1951970
30111	1	23976	–	–

区、镇	规模工业主营业务收入(万元)	规模工业利税(万元)	规模工业利润(万元)
总计	**20571036**	**3241082**	**2197159**
海门开发区	3255403	560104	405988
海门工业园区	2417835	446349	364211
海门港新区	2930395	498149	294140
临江新区	1283221	173776	123340
海门高新区	2660557	362279	261846
三厂工业园区	1342222	202540	132597
常乐镇	1262533	206181	144099
悦来镇	1458341	246336	135336
四甲镇	942665	127276	76009
余东镇	597339	61615	27911
正余镇	2402372	354473	230359
海永镇	14579	1024	624

续表 2

工业用地出让(公顷)	固定资产投资（万元）	工业投资	服务业投资	发明专利申请量(个)	有效发明专利拥有量(个)
102.79	**6131858**	**3675275**	**2456583**	**1444**	**1620**
22.54	1043148	787027	256121	227	273
20.25	640567	326914	313653	100	106
23.67	1282143	811279	470864	154	161
17.42	380155	255063	125092	43	137
9.35	584623	305590	279033	225	193
0.67	362857	212637	150220	158	176
–	251810	189990	61820	140	146
6.38	272685	199435	73250	100	112
–	272260	198760	73500	84	117
0.09	251110	175370	75740	132	105
1.28	287330	213210	74120	81	86
1.15	5475	–	5475	–	7

区、镇	规模以上服务业营业收入(万元)	限额以上单位零售额(万元)	进出口总值(万美元)
总计	**1404476**	**1096609**	**391443**
海门开发区	136088	232454	52780
海门工业园区	195172	137588	257806
海门港新区	199849	96767	23380
临江新区	77926	9786	13590
海门高新区	354504	345215	19201
三厂工业园区	113870	56300	8814
常乐镇	123863	30976	3484
悦来镇	48080	45006	4735
四甲镇	44787	38453	1321
余东镇	62545	64742	3426
正余镇	47793	39322	2906
海永镇	–	—	—

续表 3

出口总值	工商登记注册外资（万美元）	实际到账注册外资（万美元）	一般公共预算收入（万元）	国税收入（万元）	地税收入（万元）
357864	**58900**	**31717**	**724112**	**327408**	**537845**
36195	27182	10094	101685	71275	84733
257760	5280	2800	51231	21503	36184
18956	15000	6095	35969	18398	17839
7506	2234	2785	23317	18187	9939
16715	1739	3152	94588	70055	79038
8481	-	1020	25767	26274	13018
2767	6300	1456	27245	14423	31174
4349	500	1130	13695	11429	4161
1223	-	800	14084	12643	11194
2934	665	800	10882	8332	3030
978	-	800	11337	10714	6184
—	-	501	9008	3663	5220

1-11 分行业私营企业

指标名称	期末实有		
	合计		
	户数（万户）	从业人员（万人）	注册资本（亿元）
合计	**1.20**	**23.56**	**577.34**
农、林、牧、渔业	0.03	0.34	12.41
采矿业	0.00	0.00	0.01
制造业	0.46	8.21	200.42
电力、燃气及水的生产和供应业	0.00	0.02	1.43
建筑业	0.09	9.76	104.38
交通运输、仓储和邮政业	0.02	0.14	2.76
信息传输、计算机服务和软件业	0.02	0.12	4.89
批发和零售业	0.40	2.66	91.33
住宿和餐饮业	0.00	0.08	1.21
金融业	0.00	0.05	21.61
房地产业	0.02	0.38	35.78
租赁和商务服务业	0.07	0.62	43.87
科学研究、技术服务和地质勘查业	0.05	0.55	48.73
水利、环境和公共设施管理业	0.00	0.05	2.22
居民服务和其他服务业	0.03	0.48	4.81
教育	0.00	0.02	0.22
卫生、社会保障和社会福利业	0.00	0.02	0.12
文化、体育和娱乐业	0.01	0.05	1.15

从业人员(2016 年)

期末实有			本期开业		
城镇					
户数（万户）	从业人员（万人）	注册资本（亿元）	户数（万户）	从业人员（万人）	注册资本（亿元）
0.47	**6.51**	**230.86**	**0.23**	**1.73**	**80.60**
0.01	0.13	2.10	0.01	0.06	4.68
0.00	0.00	0.00	0.00	0.00	0.00
0.13	2.20	55.76	0.08	0.71	17.32
0.00	0.02	1.26	0.00	0.00	0.90
0.05	1.73	41.04	0.02	0.20	8.81
0.01	0.06	1.73	0.01	0.04	0.77
0.01	0.08	3.80	0.00	0.03	2.24
0.15	1.04	38.75	0.07	0.35	15.98
0.00	0.05	1.09	0.00	0.02	0.73
0.00	0.03	13.00	0.00	0.02	10.30
0.01	0.20	18.34	0.00	0.02	2.01
0.05	0.37	25.54	0.01	0.09	7.54
0.02	0.25	24.09	0.02	0.15	8.47
0.00	0.02	0.61	0.00	0.00	0.07
0.02	0.26	2.79	0.01	0.04	0.62
0.00	0.01	0.09	0.00	0.00	0.00
0.00	0.02	0.10	0.00	0.00	0.01
0.00	0.04	0.77	0.00	0.01	0.16

1-12 分行业个体

指　标名称	期末实有		
	合计		
	户数（万户）	从业人员（万人）	资金数额（亿元）
合计	**5.33**	**9.03**	**29.41**
农、林、牧、渔业	0.04	0.12	0.76
采矿业	0.00	0.00	0.00
制造业	0.93	2.57	6.54
电力、燃气及水的生产和供应业	0.00	0.00	0.00
建筑业	0.03	0.05	0.11
交通运输、仓储和邮政业	0.12	0.15	0.76
信息传输、计算机服务和软件业	0.00	0.01	0.02
批发和零售业	3.33	4.54	15.75
住宿和餐饮业	0.36	0.78	2.73
金融业	0.00	0.00	0.00
房地产业	0.00	0.01	0.02
租赁和商务服务业	0.05	0.09	0.32
科学研究、技术服务和地质勘查业	0.01	0.01	0.05
水利、环境和公共设施管理业	0.00	0.00	0.00
居民服务和其他服务业	0.44	0.66	2.02
教育	0.00	0.01	0.02
卫生、社会保障和社会福利业	0.00	0.00	0.02
文化、体育和娱乐业	0.01	0.03	0.28

从业人员(2016年)

期末实有 城镇			本期开业		
户数（万户）	从业人员（万人）	资金数额（亿元）	户数（万户）	从业人员（万人）	资金数额（亿元）
1.68	**2.82**	**10.90**	**0.97**	**2.31**	**9.07**
0.01	0.02	0.15	0.01	0.03	0.24
0.00	0.00	0.00	0.00	0.00	0.00
0.17	0.48	1.37	0.28	0.97	2.59
0.00	0.00	0.00	0.00	0.00	0.00
0.00	0.00	0.03	0.00	0.00	0.02
0.02	0.03	0.12	0.02	0.04	0.22
0.00	0.00	0.01	0.00	0.00	0.01
1.03	1.38	5.76	0.46	0.81	4.15
0.19	0.46	1.75	0.11	0.27	1.12
0.00	0.00	0.00	0.00	0.00	0.00
0.00	0.01	0.01	0.00	0.00	0.01
0.04	0.06	0.22	0.01	0.03	0.11
0.00	0.01	0.03	0.00	0.00	0.01
0.00	0.00	0.00	0.00	0.00	0.00
0.21	0.34	1.20	0.07	0.13	0.52
0.00	0.01	0.02	0.00	0.00	0.02
0.00	0.00	0.01	0.00	0.00	0.01
0.01	0.02	0.21	0.00	0.01	0.03

第二篇

国民经济核算 Chapter 2

National Economic Accounting

责任编辑:周海燕

2-1 历年地区生产总值

单位：万元

年份	地区生产总值	第一产业	第二产业	工业	建筑业	第三产业	人均地区生产总值(元)
1978	27372	14184	7495	6700	795	5693	283
1979	29780	14335	9459	8517	942	5986	307
1980	34857	15717	11820	10653	1167	7320	358
1985	77785	28590	33405	30976	2429	15790	783
1990	152333	52873	66454	59316	7138	33006	1493
1991	158113	44612	74939	64475	10464	38562	1541
1992	199978	47753	106494	95999	10495	45731	1944
1993	286509	70723	154054	136104	17950	61732	2783
1994	420778	103522	226774	197839	28935	90482	4084
1995	654534	118005	375771	305411	70360	160758	6338
1996	758815	135683	383246	314552	68694	239886	7335
1997	831323	146971	416327	354813	61514	268025	8043
1998	907798	156658	458543	386930	71613	292597	8770
1999	976756	160190	506363	423503	82860	310203	9416
2000	1075073	164834	574244	476458	97786	335995	10374
2001	1172650	178985	629162	542025	87137	364503	11346
2002	1276995	190504	695463	593560	101903	391028	12405
2003	1429704	199406	815866	675121	140745	414432	13943
2004	1719000	212409	1028900	845700	183200	477691	16841
2005	2115157	227110	1243053	1029230	213823	644994	22761
2006	2600795	248406	1521102	1271281	249821	831287	28159
2007	3092712	258431	1827895	1544881	283014	1006385	34024
2008	3746000	307600	2235900	1885300	350600	1202500	41705
2009	4150029	334286	2479700	2040800	438900	1336043	46431
2010	5001041	372939	3019515	2471417	548098	1608587	55635
2011	5903286	413915	3482236	2846117	636119	2007136	65226
2012	6630972	464998	3775976	3157442	618534	2389997	73473
2013	7604500	463090	4093200	3388100	705100	3048210	84270
2014	8364950	490663	4431636	3658836	772800	3442651	92697
2015	9150222	518000	4715945	3904505	811440	3916277	101298
2016	10050621	532800	5045283	4209883	835400	4472538	111100

注：1. 本表2013-2014年数据在全国第三次经济普查后进行了调整。

2.自2013年开始，第一产业是指农、林、牧、渔业(不含农、林、牧、渔服务业)；第二产业是指采矿业(不含开采辅助活动)，制造业(不含金属制品、机械和设备修理业)，电力、热力、燃气及水生产和供应业，建筑业；第三产业即服务业，是指除第一产业、第二产业以外的其他行业。

3.人均地区生产总值自2005年起调整为按常住人口计算。

2-2 历年地区生产总值构成

单位:%

年份	地区生产总值	第一产业	第二产业		第三产业
				工业	
1978	100.0	51.8	27.4	24.5	20.8
1979	100.0	48.1	31.8	28.6	20.1
1980	100.0	45.1	33.9	30.6	21.0
1985	100.0	36.8	42.9	39.8	20.3
1990	100.0	34.7	43.6	38.9	21.7
1991	100.0	28.2	47.4	40.8	24.4
1992	100.0	23.9	53.3	48.0	22.9
1993	100.0	24.7	53.8	47.5	21.5
1994	100.0	24.6	53.9	47.0	21.5
1995	100.0	18.0	57.4	46.7	24.6
1996	100.0	17.9	50.5	41.5	31.6
1997	100.0	17.7	50.1	42.7	32.2
1998	100.0	17.3	50.5	42.6	32.2
1999	100.0	16.4	51.8	43.4	31.8
2000	100.0	15.3	53.4	44.3	31.3
2001	100.0	15.3	53.7	46.2	31.1
2002	100.0	14.9	54.5	46.5	30.6
2003	100.0	13.9	57.1	47.2	29.0
2004	100.0	12.4	59.9	49.2	27.8
2005	100.0	10.7	58.8	48.7	30.5
2006	100.0	9.6	58.5	48.9	32.0
2007	100.0	8.4	59.1	50.0	32.5
2008	100.0	8.2	59.7	50.3	32.1
2009	100.0	8.1	59.8	49.2	32.2
2010	100.0	7.5	60.4	49.4	32.2
2011	100.0	7.0	59.0	48.2	34.0
2012	100.0	7.0	57.0	47.6	36.0
2013	100.0	6.8	53.8	44.6	40.1
2014	100.0	5.9	53.0	43.7	41.2
2015	100.0	5.7	51.5	42.7	42.8
2016	100.0	5.3	50.2	41.9	44.5

注:1.本表2013-2014年数据在全国第三次经济普查后进行了调整。

2.自2013年开始,第一产业是指农、林、牧、渔业(不含农、林、牧、渔服务业);第二产业是指采矿业(不含开采辅助活动),制造业(不含金属制品、机械和设备修理业),电力、热力、燃气及水生产和供应业,建筑业;第三产业即服务业,是指除第一产业、第二产业以外的其他行业。

2-3 海门市历年生产总值指数

按可比价计算,1978=100

年份	地区生产总值	第一产业	第二产业	工业	建筑业	第三产业	人均地区生产总值
1978	100.0	100.0	100.0	100.0	100.0	100.0	100.0
1979	108.4	101.1	125.1	126.6	112.2	103.8	108.1
1980	125.5	110.8	156.1	157.7	142.8	119.8	124.8
1985	256.8	170.8	435.0	452.4	288.2	225.1	250.5
1990	346.6	191.4	679.3	679.4	678.7	275.2	328.2
1991	346.9	163.6	741.1	717.4	946.8	287.6	327.3
1992	435.4	185.2	988.6	1004.4	850.2	357.8	410.0
1993	530.8	194.3	1299.0	1334.8	986.2	430.1	498.9
1994	658.7	213.3	1695.2	1736.6	1334.3	526.0	617.3
1995	947.9	257.2	2502.1	2427.8	3139.6	817.9	886.7
1996	1062.6	301.4	2537.1	2495.8	2860.2	1103.3	992.2
1997	1217.7	339.1	2877.1	2915.1	2459.8	1303.0	1136.1
1998	1340.7	320.8	3282.7	3308.6	2983.7	1473.7	1248.5
1999	1494.9	333.0	3762.0	3831.4	3049.3	1627.0	1389.6
2000	1660.9	347.3	4254.8	4344.8	3360.4	1809.2	1545.3
2001	1833.6	362.9	4790.9	5061.7	2836.2	1984.7	1706.0
2002	2044.5	384.3	5428.1	5750.1	3105.6	2205.0	1909.0
2003	2328.7	401.2	6475.7	6836.9	3810.6	2423.3	2182.0
2004	2698.9	425.6	7770.8	8272.6	4187.8	2745.6	2541.0
2005	3117.2	440.9	9231.7	9869.2	4853.7	3127.2	2949.0
2006	3619.1	459.0	10958.0	11882.5	5353.6	3605.6	3435.6
2007	4200.3	468.2	12953.4	14275.6	5769.6	4185.0	4001.4
2008	4786.3	488.3	14809.1	16550.9	6035.4	4839.2	4581.6
2009	5456.4	508.4	17045.3	18901.1	7290.8	5526.3	5241.4
2010	6236.7	528.7	19721.4	21792.9	8595.9	6316.6	5959.4
2011	6985.1	550.4	22107.7	24560.6	9403.9	7182.0	6626.9
2012	7823.3	575.7	24650.1	27802.6	9733.0	8216.2	7442.0
2013	8768.0	594.7	27781.6	31240.9	11136.2	9255.5	8341.6
2014	9665.8	616.7	30723.7	34725.7	12001.5	10252.1	9195.7
2015	10616.3	632.7	33847.7	38254.8	13225.1	11308.1	10090.0
2016	11614.2	632.7	36995.5	41965.5	14203.8	12529.4	11028.3

注:自2013年开始,第一产业是指农、林、牧、渔业(不含农、林、牧、渔服务业);第二产业是指采矿业(不含开采辅助活动),制造业(不含金属制品、机械和设备修理业),电力、热力、燃气及水生产和供应业,建筑业;第三产业即服务业,是指除第一产业、第二产业以外的其他行业。

2-4 海门市生产总值分行业构成(2016 年)

单位:亿元,%

指标	按当年价格计算		按 2015 价格计算		不变价增幅
	2016 年	2015 年	2016 年	2015 年	
地区生产总值	**1005.06**	**915.02**	**982.04**	**915.02**	**7.3**
第一产业	53.28	51.80	51.81	51.80	0.0
第二产业	504.53	471.59	512.08	471.59	8.6
工业	420.99	390.45	427.09	390.45	9.4
建筑业	83.54	81.14	84.98	81.14	4.7
第三产业	447.25	391.63	418.15	391.63	6.8
批发和零售业	122.87	112.57	119.53	112.57	6.2
批发业	81.29	74.33	79.36	74.33	6.8
零售业	41.58	38.24	40.16	38.24	5.0
交通运输、仓储和邮政业	22.62	21.28	22.11	21.28	3.9
住宿和餐饮业	29.83	26.15	28.15	26.15	7.7
住宿业	7.13	6.04	6.56	6.04	8.6
餐饮业	22.71	20.10	21.59	20.10	7.4
金融业	50.20	42.86	50.13	42.86	17.0
房地产业	53.64	43.37	47.02	43.37	8.4
房地产业(K 门类)	26.59	17.75	20.12	17.75	13.4
居民自有住房服务	27.05	25.63	26.91	25.63	5.0
营利性服务业	62.82	54.06	59.07	54.06	9.3
信息传输、软件和信息技术服务业					
其他营利性服务业					
非营利性服务业	99.10	85.82	86.00	85.82	0.2
公共管理、社会保障和社会组织					
其他服务行业					

2–5 分区镇地区生产总值

单位：万元

区镇	地区生产总值							
	2012	2013	2014	2015	2016			
						一产增加值	二产增加值	三产增加值
总计	**6630972**	**7400113**	**8364950**	**9150222**	**10050621**	**625674**	**5272404**	**4152543**
海门开发区	1508658	1712257	1724810	1872734	2047614	21707	1079021	946886
海门工业园区	586818	757193	1047388	1138589	1238530	58060	662043	518427
海门港新区	739334	857496	965289	1049316	1162538	146077	672616	343845
临江新区	270825	296029	326296	356093	384186	45746	217057	121383
海门高新区	1361661	1543287	1676612	1830860	2016449	44742	854476	1117232
三厂工业园区	424093	462898	502899	547052	570005	19724	374088	176193
常乐镇	408279	473887	532164	600375	654431	59620	359711	235100
悦来镇	369662	421415	507404	542881	635798	84561	335066	216171
四甲镇	266494	299830	326052	358613	390688	45518	196050	149120
余东镇	216040	242012	264103	288005	315114	36734	128352	150027
正余镇	350141	402662	470459	528470	594565	60051	386467	148047
海永镇	27695	31134	33928	37234	40703	3134	7458	30111

主要统计指标解释

国内生产总值(GDP)　指按市场价格计算的一个国家(或地区)所有常住单位在一定时期内生产活动的最终成果。国内生产总值有三种表现形态,即价值形态、收入形态和产品形态。从价值形态看,它是所有常住单位在一定时期内生产的全部货物和服务价值与同期投入的全部非固定资产货物和服务价值的差额,即所有常住单位的增加值之和;从收入形态看,它是所有常住单位在一定时期内创造并分配给常住单位和非常住单位的初次收入之和;从产品形态看,它是所有常住单位在一定时期内最终使用的货物和服务价值与货物和服务净出口价值之和。在实际核算中,国内生产总值有三种计算方法,即生产法、收入法和支出法。三种方法分别从不同的方面反映国内生产总值及其构成。对于一个地区来说,称为地区生产总值或地区 GDP。

三次产业　三产业的划分是世界上较为常用的产业结构分类,但各国的划分不尽一致。我国的三次产业划分是:

第一产业　指农、林、牧、渔业(不含农、林、牧、渔服务业)。

第二产业　指采矿业(不含开采辅助活动),制造业(不含金属制品、机械和设备修理业),电力、热力、燃气及水生产和供应业,建筑业。

第三产业　指服务业,是指除第一产业、第二产业以外的其他行业。第三产业包括:批发和零售业,交通运输、仓储和邮政业,住宿和餐饮业,信息传输、软件和信息技术服务业,金融业,房地产业,租赁和商务服务业,科学研究和技术服务业,水利、环境和公共设施管理业,居民服务、修理和其他服务业,教育,卫生和社会工作,文化、体育和娱乐业,公共管理、社会保障和社会组织,国际组织,以及农、林、牧、渔业中的农、林、牧、渔服务业,采矿业中的开采辅助活动,制造业中的金属制品、机械和设备修理业。

第三篇

人口　就业

Chapter 3

Population and Employment

责任编辑:陈　辉

3-1 主要年份年末总户数、总人口

计量单位：人、人/平方公里

年份	年 末 总户数	年 末 总人口	在年末总人口中				年平均 人口	户平均 人口	人口密度
			男	女	非农业 人 口	农 业 人 口			
1978	265484	969790	475537	494253	45845	923945	967999	3.65	844.25
1980	278700	975572	480405	495167	57670	917902	974071	3.50	849.28
1985	308407	994444	492534	501910	187664	806780	993594	3.22	865.71
1990	351488	1024068	509497	514571	230365	793703	1020611	2.90	891.50
1991	355338	1028053	512780	515273	242179	785874	1026061	2.89	894.97
1992	358209	1029680	514366	515314	260607	769073	1028867	2.87	896.39
1993	364286	1029536	513335	516201	329152	700384	1029608	2.83	896.26
1994	359617	1030923	514257	516666	339821	691102	1030230	2.86	897.47
1995	362312	1034292	515158	519134	346384	687908	1032608	2.85	900.40
1996	367805	1034573	514644	519929	343024	691549	1034433	2.81	900.65
1997	358483	1032487	511288	521199	349147	683340	1033528	2.88	898.83
1998	362501	1037857	515295	522562	355232	682625	1035172	2.86	903.51
1999	364230	1036933	514139	522794	355299	681634	1037404	2.85	902.70
2000	366841	1035655	512847	522808	364535	671130	1036296	2.82	901.59
2001	367352	1031259	510387	520872	368408	662851	1033457	2.81	897.76
2002	372132	1027528	508390	519138	365648	661880	1029394	2.76	894.51
2003	372225	1023283	506383	516900	380903	642380	1025406	2.75	890.82
2004	374650	1018238	503808	514430	422761*	595477*	1020760	2.72	886.43
2005	376731	1013646	501296	512350	434043*	579603*	1015942	2.69	813.18
2006	378532	1010560	499718	510842	444343*	566217*	1012103	2.67	801.08
2007	380033	1006475	497341	509134	460865*	545610*	1008517	2.65	788.98
2008	382377	1001276	494638	506638	476808*	524468*	1003876	2.62	781.06
2009	353555	998376	492841	505535	524463*	473913*	999826	2.83	775.14
2010	383982	998643	492948	505696	528684*	469959*	998510	2.60	790.11
2011	383518	999933	493199	506734	525014*	464575*	999288	2.60	785.84
2012	383018	999688	492563	507125	606097*	393591*	999811	2.61	785.50
2013	383720	1000580	492699	507881	657382*	343198*	1000134	2.61	785.67
2014	384944	1001634	492951	508683	686263*	315371*	1001107	2.60	785.50
2015	384309	1000405	492033	508372	704703*	295702*	1001020	2.60	787.24
2016	377436	1000978	492143	508835	711094*	289884*	1000692	2.60	787.85

注：带“*”的分别为城镇人口和农村人口。

3-2 主要年份人口自然变动情况

单位：人、%

年份	出生		死亡		自然增长率	
	人数	出生率	人数	死亡率	人数	自然增长率
1957	22797	31.2	7381	10.1	15416	21.09
1962	20487	27.4	8086	10.81	12401	16.59
1965	33130	40.62	9999	12.26	23131	28.36
1970	25617	28.35	8154	9.02	17463	19.33
1975	14746	15.5	6995	7.4	7751	8.15
1978	13783	14.23	6248	6.5	7535	7.8
1980	10663	10.95	6571	6.75	4092	4.2
1985	9446	9.51	6643	6.7	2803	2.82
1986	10696	10.74	6709	6.74	3987	4
1987	12714	12068	6803	6.78	5911	5.91
1988	13646	13.51	6594	6.53	7052	6.98
1989	14979	14.78	6669	6.58	8310	8.2
1990	15491	15.18	7317	7.17	8174	8.01
1991	11500	11.21	6867	6.69	4633	4.52
1992	10395	10.1	7253	7.05	3142	3.05
1993	9648	9.37	7349	7.14	2299	2.23
1994	10304	10	7212	7	3092	3
1995	9840	9.53	7442	7.21	2398	2.32
1996	9108	8.8	7535	7.28	1573	1.52

注：因公安部门户籍改革，2016 年出生、死亡数据为 2016 年 1－11 月份数据。

3-2 续表

单位：人、‰

年份	出生		死亡		自然增长率	
	人数	出生率	人数	死亡率	人数	自然增长率
1997	11173	10.81	7516	7.27	3657	3.54
1998	16432	15.87	7976	7.7	8456	8.16
1999	9642	9.29	7421	7.15	2221	2.14
2000	11259	10.87	5934	10.62	2374	2.29
2001	7147	6.91	6429	6.22	–3162	–3.06
2002	7563	7.35	6884	6.69	679	0.66
2003	7480	7.29	7724	7.53	–244	–0.24
2004	8053	7.89	10007	9.8	–1954	–1.91
2005	7280	7.16	7353	7.23	–73	–0.07
2006	6937	6.85	6979	6.9	–42	–0.04
2007	6898	6.84	7478	7.41	–580	–0.58
2008	5771	5.75	7399	7.37	–1628	–1.62
2009	6314	6.31	7636	7.63	–1322	–1.32
2010	7900	7.91	7266	7.28	634	0.63
2011	6441	6.45	8179	8.18	–1738	–1.74
2012	6448	6.45	9009	9.01	–2561	–2.56
2013	6092	6.09	8288	8.29	–2196	–2.2
2014	7209	7.2	8094	8.09	–885	–0.88
2015	7026	7.02	9275	9.27	–2249	–2.25
2016	6870	6.86	6915	6.94	–75	–0.07

3-3 分区镇人口基本情况

单位:人

地区	2016		2015		2014		2013		2012	
	年末总户数	年末总人口	年末总户数	年末总人口	年末总户数	年末总人口	年末总户数	年末总人口	年末总户数	年末总人口
海门市	**377436**	**1000978**	**384309**	**1000405**	**384944**	**1001634**	**383720**	**1000580**	**383018**	**999688**
海门开发区	31890	86633	33392	85967	33172	85383	32766	84248	10576	83256
海门工业园区	36009	92746	36686	92932	36732	93116	36241	93116	35887	86199
海门港新区	55310	145957	55330	145608	55456	145589	55478	145227	55546	145184
临江新区	21523	52756	21581	53015	21606	53258	21351	53481	21212	53701
海门高新区	61166	166164	60987	164882	60646	164231	60156	163207	81426	169822
三厂工业园区	19031	52321	19566	52826	19674	53242	19674	53497	19759	52863
常乐镇	28772	75913	30625	76455	30869	76902	31064	77368	31217	77698
悦来镇	42721	106482	42787	106654	43106	107534	43276	107928	43612	108429
四甲镇	30479	85589	31900	85926	32037	86168	32046	86395	32098	86541
余东镇	23270	63015	23876	63166	23963	63280	23942	63330	23968	63464
正余镇	22208	61390	22725	61418	22834	61413	22887	61354	22926	61249
海永镇	2652	6026	2450	5594	2439	5539	2419	5470	2353	5306
江心沙农场	2405	5986	2404	5962	2419	5979	2420	5959	2438	5976

3-4 主要年份职工人数及平均工资

单位:万人、万元、元

年 份	单位从业人数	在岗职工	单位从业人员劳动报酬	在岗职工工资总额	单位从业人员平均劳动报酬	在岗职工平均工资
1965	2.08	2.08	938	938	–	436
1970	2.36	2.36	980	980	–	410
1975	3.16	3.16	1384	1384	–	474
1980	5.61	5.61	3326	3326	–	689
1981	5.84	5.84	3544	3544	–	614
1982	6.12	6.12	3862	3862	–	645
1983	6.34	6.34	4105	4105	–	653
1984	6.59	6.59	5068	5068	–	791
1985	6.95	6.95	6847	6847	–	1021
1986	7.34	7.34	8751	8751	–	1209
1987	8.20	8.20	10983	10983	–	1390
1988	8.53	8.53	13289	13289	–	1609
1989	8.12	8.12	13624	13624	–	1677
1990	8.20	8.20	14782	14782	–	1833
1991	8.42	8.42	16813	16813	–	2012
1992	8.96	8.96	22155	22155	–	2509
1993	8.40	8.40	25898	25898	–	3084
1994	8.38	8.38	36499	36499	–	4364
1995	8.59	8.59	46466	46466	–	5473
1996	8.00	8.00	48920	48920	–	6241
1997	7.67	7.67	48866	48866	–	4534
1998	6.78	6.78	48282	47575	–	7071
1999	6.54	6.41	50460	49220	–	7687
2000	6.00	5.90	52656	51769	–	8690
2001	5.90	5.70	59379	57708	10032	10039
2002	5.56	5.35	63089	61253	10920	11016
2003	5.57	5.23	68985	65513	12216	12370
2004	5.66	5.29	84902	81111	14885	15204
2005	5.90	5.68	103124	99815	17457	17576
2006	6.15	5.94	126168	122828	20657	20833
2007	6.36	6.18	160542	156820	25287	25491
2008	6.45	6.23	195539	191002	30455	30797
2009	6.85	6.60	224869	218994	32830	33272
2010	6.70	6.48	241886	234630	36058	36173
2011	6.66	6.46	285737	279609	42086	42354
2012	6.88	6.53	329149	314459	47762	48578
2013	30.28	29.12	1530277	1484608	53166	53494
2014	33.73	32.69	2088154	2039537	60725	60795
2015	34.81	33.02	2212787	2157964	65567	66053
2016	34.36	33.32	2226870	2162827	68992	69252

注:2013 年由于系统并轨,故劳动工资统计口径发生变化。

3-5 分行业从业人员、

	单位数	年末人数			
		单位从业人员	其中：女性	其中：非全日制	在岗职工
	个	人	人	人	人
总计	**869**	**343601**	**51155**	**1221**	**333175**
一、按执行会计制度类别分组					
1.企业	647	323807	41574	794	315103
2.事业	141	14059	8171	309	12640
3.机关	74	5175	1184	118	4872
4.民间非营利组织	5	491	185		491
5.其他	2	69	41		69
二、按国民经济行业分组					
(一)农、林、牧、渔业	5	1214	492		1214
(二)采矿业					
(三)制造业	318	55244	26660	63	53993
(四)电力、热力、燃气及水生产和供应业	8	648	197		555
(五)建筑业	63	249715	6954	133	243841
(六)批发和零售业	63	3247	1334	26	3152
(七)交通运输、仓储和邮政业	13	1663	589	26	1466
(八)住宿和餐饮业	5	621	306		617
(九)信息传输、软件和信息技术服务业	2	459	233		453
(十)金融业	21	2643	1594	450	1670
(十一)房地产业	42	976	376		969
(十二)租赁和商务服务业	56	4422	1609	23	4376
(十三)科学研究、技术服务业	54	2513	1046	58	2368
(十四)水利、环境和公共设施管理业	21	2327	964	56	1885
(十五)居民服务、修理和其他服务业	4	82	17		71
(十六)教育	75	8017	4779	248	7506
(十七)卫生和社会工作	28	4214	2579	16	3819
(十八)文化、体育和娱乐业	11	258	151	4	243
(十九)公共管理、社会保障和社会组织	80	5338	1275	118	4977

劳动报酬(2016 年)

工资总额						从业人员平均工资	在岗职工平均工资
从业人员工资总额	在岗职工工资总额	基本工资	绩效工资	工资性津贴和补贴	其他工资		
千元	千元	千元	千元	千元	千元	元	元
22268701	**21628265**	**17988028**	**2449271**	**802249**	**388717**	**68992**	**69252**
20424072	19839025	17374337	1752098	422712	289878	66423	66349
1288583	1245301	413319	627863	127919	76200	92650	99338
541155	529048	186364	68427	251618	22639	104753	108723
11561	11561	11018	543			23546	23546
3330	3330	2990	340			48261	48261
39539	39539	37606	1487	422	24	31182	31182
3123776	3062311	2277208	536022	145830	103251	57043	57262
44382	40326	28858	3972	6896	600	68385	72269
16098673	15632565	14317224	976525	174572	164244	68801	68464
149739	145972	99946	25000	13321	7705	46130	46296
84897	75121	54834	16797	3490		51051	50895
29416	29224	23043	3907	463	1811	46692	46684
36082	35830	9650	22645	3149	386	78954	79446
244989	216362	57270	129732	28806	554	94227	130496
108697	108411	86493	8264	11451	2203	109353	109839
274160	272320	220047	17451	27227	7595	63595	63850
173923	165549	139392	13359	10904	1894	69625	70506
93189	78534	56213	5580	12953	3788	40962	42821
6972	6345	3851	941	963	590	86074	90643
809016	795807	264674	434180	52155	44798	101444	106009
381195	369194	112721	181547	50310	24616	91854	98242
16556	15957	9571	1841	4315	230	65698	67329
553500	538898	189427	70021	255022	24428	104002	108561

3-6 城镇失业人数及职业介绍求职人数(2016年)

指标	单位	数值
一、城镇失业人员		
城镇失业人员	人	8189
# 本年新增失业人数	人	4722
# 女性	人	2400
去年结余失业人数	人	3467
本年安置各类失业人数	人	3041
本年末结余失业人数	人	3529
# 女性	人	1850
二、城镇失业职工		
城镇失业职工人数	人	5198
# 本年新增失业职工人数	人	3035
去年结转失业职工人数	人	2163
本年失业职工再就业人数	人	3041
本年结余的失业职工人数	人	2157
三、年末从业人员总数	**人**	**187393**
四、登记失业率	**%**	**1.82**
五、职业介绍工作		
职业介绍机构数	个	28
# 劳动保障部门数	个	1
其他组织部门数	个	27
职业介绍人数	人	23959
# 劳动保障部门办	人	20030
登记招聘人数	人	22730
登记求职人数	人	21047
# 失业人员	人	17466
# 获得职业资格人员	人	11104
职业指导	人	22730
介绍成功	人次数	7387
# 失业人员	人次数	6563
# 获得职业资格人员	人	4330

3-7 农村劳务输出(输入)情况(2016年)

指标	单位	数值	指标	单位	数值
一、农村劳动力总量	**人**	**404833**	3、境外	人	7659
# 女性	人	180887	**三、就近就地转移人数**	**人**	**132743**
(一)按文化程度分	人		**四、培训情况**	**人**	
1. 初中及以下	人	274532	1. 培训农村劳动力总数	人	387326
2. 中专和高中	人	116719	# 获取职业资格证书人数	人	57335
3. 大专及以上	人	13582	2. 培训后输出人数	人	191483
(二)按年龄结构分	人		**五、外来就业人员**	**人**	**116332**
1. 16–25 岁	人	56689	1. 省内	人	40112
2. 26–40 岁	人	147477	# 苏北地区	人	13713
3. 41 岁以上	人	200667	县外市内	人	8134
二、输出就业人数	**人**	**226671**	2. 省外	人	76150
# 女性	人	53672	3. 境外	人	70
1. 省内	人	78343	**六、建工部门成建制输出人数**	**人**	**135137**
# 苏南地区	人	43219	1. 省内	人	24629
县外市内	人	31141	2. 省外	人	107501
2. 省外	人	140669	3. 境外	人	3007
# 上海	人	46335	**七、返乡创业人员**	**人**	**2472**

3-8 社会养老保障情况

指标	2016	2015	2014
一、社会养老保障机构数(个)	**14**	**14**	**14**
1. 农村社会保险管理处	12	12	12
# 乡镇农保所	11	11	11
2. 社会保险管理处	1	1	1
3. 机关事业单位社保处	1	1	1
二、参保人数(人)			
1. 农村社会保险管理处	471559	474379	462914
2. 社会保险管理处	158802	156162	148123
3. 机关事业单位社保处	8909	8911	8917
三、社会保险金(万元)			
1. 农村养老保险当年收交数	44262	41094	33771
当年支付数	35044	31538	23783
2. 社会保险当年收交数	136546	122928	115995
当年支付数	133221	118732	101014
3. 机关事业保险当年收交数	13335	13709	14077
当年支付数	20263	18400	16466

3-9 离退休人员及离退休金、保险福利费

指标	2016	2015	2014
一、离退休职工人数(人)	**60000**	**56903**	**53404**
# 离休	120	141	155
退休	59264	56146	52636
领取定期生活费的退职人员	616	616	613
二、支付离退休金(万元)	**158101**	**137132**	**117480**
# 离休	1534	1648	1618
退休	155238	134292	114797
领取定期生活费	1329	1192	1065
三、保险福利费(万元)	**29991**	**29897**	**25958**
# 医疗卫生费	29991	29897	25958
其他			

主要统计指标解释

人口数 指一定时间、一定地区范围的有生命的个人的总和。年度统计的年末人口数是指每年12月31日24时的人口数。

出生率(又称粗出生率) 指在一定时期内(通常为一年)出生的人数与同期平均人数(或期中人数)的比率,一般用千分率表示。

计算公式:$出生率=\frac{年出生人数}{年平均人数}\times1000‰$

出生人数是指活产婴儿,即胎儿脱离母体时(不管怀孕月数),有过呼吸或其他生命现象。

目前出生率的计算,在市级有公安的户籍口径、计生委的常住人口统计口径;国家、省级还有年度人口抽样调查公布口径等。本年鉴用的为公安口径出生数,包括了补报往年出生数在内。

死亡率(又称粗死亡率) 指在一定时期内(通常为一年)一定地区的死亡人数与同期平均人数(或期中人数)之比,一般用千分率表示。

计算公式:$死亡率=\frac{年死亡人数}{年平均人数}\times1000‰$

人口自然增长率 指在一定时期内(通常为一年)人口自然增加数(出生人数减死亡人数)与该时期内平均人数(或期中人数)之比,一般用千分率表示。

计算公式:$人口自然增长率=\frac{本年出生人数-本年死亡人数}{年平均人数}\times1000‰$

人口预期寿命 指在一定年龄组死亡率水平下,对某一确定的年龄日后平均还能继续生存的年数(或该年龄组未来的平均预期寿命)。

单位从业人员 各单位的从业人员指在各级国家机关、政党机关、社会团体及企业、事业单位中工作,取得工资或其他形式的劳动报酬的全部人员。包括:在岗职工、再就业的离退休人员、民办教师以及在各单位中工作的外方人员和港澳台方人员、兼职人员、借用的外单位人员和第二职业者。不包括离开单位仍保留劳动关系的职工。

在岗职工 指在本单位工作并由单位支付工资的人员,以及有工作岗位,但由于学习、病伤产假等原因暂未工作,仍由单位支付工资的人员。

其他从业人员 指劳动统计制度规定不作职工统计,但实际参加各单位生产或工作并取得劳动报酬的人员。包括:再就业的离退休人员、民办教师以及在各单位中工作的外方人员和港、澳、台方人员、兼职人员、借用的外单位人员和第二职业者。但不包括在单位中打工领取劳动报酬的在校学生。

离开本单位仍保留劳动关系的职工 指由于各种原因,已经离开本人的生产或工作岗位,并已不在本单位从事其他工作,但仍与用人单位保留劳动关系的职工。

内部退养职工 指接近正常退休年龄但因各种原因退出工作岗位,并办理了内退手续,在办理正式退休手续前由单位按月发给一定生活费的职工。

平均人数 指报告期内每天平均拥有的人数。计算方法:报告期每天实有人数之和/报告期日历天数或(报告期初人数+报告期末人数)/2。

离、退休、退职离、退休 指根据有关规定,离开生产或工作岗位,正式办理离职手续,并享受离、退休待遇的人员。退职指职工本人自愿、或因丧失工作能力,又不具备退休条件而办理离职手续享受相应待遇的人员。

从业人员劳动报酬 指各单位在一定时期内直接支付给本单位全部从业人员的劳动报酬总额。包括在岗职工工资总额和本单位其他从业人员劳动报酬两部分。

工资总额 指各单位在一定时期内直接支付给本单位全部在岗职工的劳动报酬总额。目前工资总额只对在岗职工进行统计。不在岗职工生活费另作统计。职工工资总额反映了一定时期职工从单位得到的全部工资,是计算地区生产总值的基础性指标,也是研究劳动者收入状况和居民购买力的主要依据。工资总额包括计时工资、计件工资、奖金、计件超额工资、各种津贴和补贴、加班加点工资、特殊情况下支付的工资(其他工资)等。

工资总额的计算应以直接支付给职工的全部劳动报酬为依据。各单位支付给本单位全部职工的劳动报酬,不论是计入成本还是不计入成本,不论是以货币形式支付还是以实物形式支付,不论是单位自筹的资金还是上级(或政府财政部门)下拨的资金,不论是厂级单位筹集的资金还是下属车间(科室)及附属经营单位筹集的资金,均应列入工资总额计算的范围。

平均工资 指一定时期内平均每人所得的工资额,表明一定时期内职工工资收入的高低程度,是反映职工工资水平的主要指标。

计算公式:职工平均工资=报告期实际支付的全部职工工资总额/报告期全部职工平均人数。

第四篇 价格指数

Chapter 4

Price Indices

责任编辑:陈　辉

4-1 历年主要价格指数

以上年同期价格为 100

年份	居民消费价格指数	商品零售价格指数	农业生产资料价格指数
1990	105.4		104.2
1991	106.8		103.3
1992	108.8		105.0
1993	119.7		112.5
1994	128.8		116.3
1995	115.4		124.6
1996	107.1		112.0
1997	102.0	99.1	99.1
1998	98.7	98.2	97.4
1999	97.2	95.8	94.5
2000	101.9	99.3	95.9
2001	100.4	98.7	97.5
2002	100.6	99.1	100.2
2003	101.2	100.0	99.4
2004	104.7	104.8	109.8
2005 年	101.1	100.8	107.4
2006 年	101.5	101.3	102.5
2007 年	104.8	103.3	106.8
2008 年	105.1	104.0	121.7
2009 年	99.6	99.5	99.1
2010 年	103.4	104.4	104.0
2011 年	105.9	105.7	107.0
2012 年	101.5	101.5	103.2
2013 年	102.3	101.2	103.1
2014 年	101.6	101.0	100.0
2015 年	101.5	100.6	99.9
2016 年	102.0	101.9	99.2

4-2 分月物价指数(2016年)

以上年同期价格为100

	居民消费价格指数	商品零售价格指数	农业生产资料价格指数
全年平均	**102.0**	**101.9**	**99.2**
一月	101.8	101.1	98.6
二月	102.1	102.0	99.1
三月	102.9	102.5	98.7
四月	102.7	102.1	99.0
五月	102.1	101.5	99.0
六月	101.8	101.4	98.9
七月	101.8	101.6	98.5
八月	101.7	101.8	98.6
九月	101.6	102.1	99.2
十月	101.9	102.5	99.5
十一月	102.2	102.6	100.3
十二月	101.2	101.5	100.9

4-3 主要年份居民

指标	2016新指标		2015	2014	2013	2012
居民消费价格总指数	居民消费价格总指数	102	101.5	101.6	102.3	101.5
1.食品类	一、食品烟酒	104	103.5	103.1	104.8	104.8
粮食	粮食	104.3	101.2	102.5	100.7	102.7
油脂	鲜菜	109.9	100	100	102.2	105.6
肉禽及其制品	畜肉	107.8	107.8	99.7	104.2	100.8
蛋	水产品	102.4	95	110.1	109.7	100.8
水产品	蛋	99.9	104.6	101.7	102.7	112.6
菜	鲜果	112.5	109.8	111.8	118.2	105.9
2.烟酒	二、衣着	100.7	101	101	98.4	103.5
3.衣着	三、居住	102.1	102.2	103.4	102.1	101.7
4.家庭设备及用品及维修服务	四、生活用品及服务	102.6	100.4	100.8	100.6	100.8
5.医疗保健和个人用品	五、交通和通信	99.6	100.1	99.6	100.5	100.2
6.交通和通信	六、教育文化和娱乐	101.1	97.5	99.5	100.2	100
7.娱乐教育文化用品及服务	七、医疗保健	100.1	103	101.4	101.5	101.5
8.居住	八、其他用品和服务	103.6	99.9	100.8	101.6	97.2
服务项目	服务项目	101.5	101.8	101.2	101.6	99.3

消费价格指数

以上年同期价格为 100

2011	2010	2009	2008	2007	2006	2005	2000	1995	1990
105.9	103.4	99.6	105.1	104.8	101.5	101.1	101.9	115.4	105.4
111.8	105.4	101.5	109.3	110.7	101.7	102.3	98.7	120.6	104.2
115.4	109.2	100.6	106.9	106.9	106.7	97.6	87.9	147.4	87
114.1	105.1	74.9	127.7	139.4	99.5	91.8	78.2	114.4	95.9
124.1	100.6	88.4	113.9	123.7	96.1	99.6	99.6	124.3	98.4
115.4	101.7	98.3	101.8	121.7	95.6	102.3	85.3	122.4	107.3
112.3	107.6	105.5	110.2	108.3	100.3	97.9	98.6	105.8	115.1
109.7	110.9	134.3	97.9	113.2	101.3	128.3	124.7	123.6	113.2
104.5	102	100.5	102.3	100.7	100	101.4			
103.5	102.6	104.6	100.3	100.4	99.8	99.7	99.1	113	111.7
101.4	99.6	99.5	103.4	102.4	100.8	100.3	99.8	106.9	104.3
102.9	102.9	99.2	102.6	102.5	104	98.6	102.1	111	108.5
100.5	100.5	96.1	101.2	101	99.1	99.3	98.4	103	99.5
102	101.2	100.2	99.4	97.1	99.3	100.1	99.3	100.5	96.6
107	106.1	94.6	108.4	106.7	104.9	102.7	103.7	116.2	108.4
103	101.4	99.5	102.2	101.9	101.4	101.3	114.3	135.1	122.1

4-4 全年及分月居民

项目名称	全年	1月	2月	3月	4月
居民消费价格总指数	102.0	101.8	102.1	102.9	102.7
服务价格指数	101.5	101.7	101.0	101.9	101.9
工业品价格指数	100.7	99.0	100.8	100.8	100.5
鲜活食品价格指数	106.9	109.0	108.2	112.4	111.2
消费品价格指数	102.2	101.9	102.8	103.4	103.1
非食品价格指数	101.3	100.8	101.2	101.7	101.5
扣除食品和能源价格指数	101.6	101.6	101.7	102.2	102.0
扣除鲜菜鲜果价格指数	101.7	101.5	101.7	102.2	102.3
扣除自有住房价格指数	101.7	101.6	101.9	102.7	102.4
一、食品烟酒	104.0	105.4	105.1	106.5	106.1
1.食品	104.9	106.5	105.9	108.1	107.6
(1)粮食	104.3	106.7	106.5	105.4	104.9
(2)薯类	104.7	104.5	106.2	101.8	91.8
(3)豆类	95.9	98.0	91.8	96.3	95.9
(4)食用油	104.8	101.1	103.5	103.9	104.3
(5)菜	109.1	112.9	119.8	129.4	112.9
(6)畜肉类	107.8	110.6	110.0	115.0	116.5
(7)禽肉类	98.6	99.6	101.0	99.5	100.3
(8)水产品	102.4	104.9	98.5	95.8	98.6
(9)蛋类	99.9	97.6	99.2	99.4	106.5
(10)奶类	98.8	98.6	98.0	98.0	99.8
(11)干鲜瓜果类	110.6	110.6	108.6	112.1	111.7
(12)糖果糕点类	102.9	103.5	102.2	102.3	103.4
(13)调味品	100.6	102.4	102.1	101.8	101.9
(14)其他食品类	102.1	104.1	101.9	102.1	103.5
2.茶及饮料	98.3	98.6	98.7	98.5	97.9
3.烟酒	102.7	104.7	104.7	104.3	104.1
(1)烟草	102.5	104.8	104.8	104.8	104.8
(2)酒类	103.0	104.7	104.5	103.6	103.0

消费价格指数(2016年)

5月	6月	7月	8月	9月	10月	11月	12月
102.1	101.8	101.8	101.7	101.6	101.9	102.2	101.2
101.9	101.7	101.8	101.7	101.6	101.3	101.1	101.0
100.0	100.7	100.6	101.1	101.3	101.2	101.5	101.2
108.4	105.1	105.2	103.5	102.9	106.5	109.6	101.6
102.3	101.9	101.8	101.7	101.7	102.2	102.8	101.3
101.3	101.4	101.3	101.5	101.5	101.3	101.2	101.0
101.9	101.7	101.6	101.7	101.4	101.2	101.1	100.8
102.1	102.1	101.8	101.7	101.3	101.2	101.4	101.2
101.8	101.5	101.4	101.4	101.3	101.7	102.1	101.1
105.0	103.4	103.1	102.5	102.2	103.2	104.2	101.3
105.9	103.9	103.7	102.7	102.4	104.4	106.3	101.7
105.1	104.8	102.8	102.5	102.6	102.9	103.6	104.0
92.7	94.8	99.3	99.3	122.8	113.1	126.2	110.3
95.0	95.8	95.8	95.8	96.5	96.3	96.5	98.0
106.5	105.2	104.2	104.4	105.5	105.6	106.0	107.2
96.6	88.5	90.6	95.8	103.8	123.3	133.3	107.7
114.9	112.3	107.6	101.7	99.8	101.5	103.6	104.3
99.5	98.1	98.0	96.4	97.6	98.1	97.7	97.6
102.0	103.6	107.2	110.6	101.6	101.0	103.4	101.3
109.2	106.7	103.7	96.2	95.6	93.8	98.4	95.3
98.2	98.3	98.1	98.3	98.7	99.8	100.1	100.0
111.0	106.0	115.9	114.5	120.3	116.3	113.9	91.4
104.8	104.1	102.8	103.5	103.0	102.4	102.3	100.3
100.7	99.8	98.9	98.9	99.9	100.0	100.6	101.0
103.0	102.0	101.4	102.7	102.0	101.2	101.3	100.0
97.9	98.0	97.5	98.2	97.8	98.1	98.4	100.4
104.8	103.2	102.0	102.0	101.1	100.7	100.7	100.6
104.8	101.6	100.9	100.9	100.9	100.9	100.9	100.9
104.8	105.9	104.0	103.8	101.3	100.3	100.4	100.0

项目名称	全年	1月	2月	3月	4月
4.在外餐饮	103.0	103.9	104.0	104.0	104.0
二、衣着	100.7	102.3	102.7	102.1	100.8
1.服装	101.0	101.6	101.7	100.9	100.2
(1)男式服装	103.2	102.2	103.6	102.6	102.3
(2)女式服装	99.6	102.3	100.1	99.3	99.1
(3)儿童服装	100.0	99.5	101.6	101.3	98.9
2.服装材料	106.1	107.0	107.0	107.0	107.0
3.其他衣着及配件	99.3	98.9	99.2	101.2	98.9
4.衣着加工服务费	107.6	113.0	110.8	110.8	110.8
5.鞋类	99.7	103.9	105.8	105.3	102.3
(1)鞋	99.7	104.0	106.0	105.5	102.4
(2)鞋类加工服务	100.0	100.0	100.0	100.0	100.0
三、居住	102.1	100.0	101.3	102.5	102.7
1.租赁房房租	102.9	103.6	102.9	103.7	103.7
2.住房保养维修及管理	101.1	100.9	101.4	101.4	101.4
(1)住房装潢材料	100.1	98.4	99.5	99.6	99.6
(2)物业管理费	100.0	100.0	100.0	100.0	100.0
(3)住房装潢维修	102.1	103.2	103.2	103.2	103.2
3.水电燃料	98.5	92.0	96.1	98.4	98.4
(1)水	97.9	96.6	96.6	96.6	96.6
(2)电	101.0	101.1	101.1	101.1	101.1
(3)燃气	94.2	76.9	87.4	94.2	94.2
(4)取暖费	100.0	100.0	100.0	100.0	100.0
(5)其他燃料	99.5	97.1	95.8	96.4	99.3
4.自有住房	103.9	103.4	103.6	104.7	104.9
四、生活用品及服务	102.6	103.5	103.5	104.2	103.7
1.家具及室内装饰品	108.7	109.8	109.8	109.8	109.5
(1)家具	110.1	111.1	111.1	111.1	111.1
(2)室内装饰品	100.4	101.8	101.7	101.7	99.9

续表 1

5月	6月	7月	8月	9月	10月	11月	12月
103.8	103.3	103.2	103.2	103.2	102.2	100.5	100.5
99.9	99.7	99.8	100.4	100.4	99.4	101.3	100.3
99.6	99.1	100.4	101.5	101.7	101.0	102.5	101.5
100.8	101.8	103.3	105.2	105.7	105.6	104.2	101.8
98.9	96.3	98.0	99.0	100.0	99.7	101.1	101.3
98.9	100.4	100.6	100.4	98.6	96.2	102.7	101.5
107.0	107.2	107.5	107.5	107.5	107.5	101.9	100.0
98.6	98.8	98.8	98.7	98.6	99.7	100.0	100.0
110.8	110.8	110.8	110.8	104.3	101.0	100.0	100.0
100.1	101.2	97.4	96.5	96.2	94.1	97.7	96.8
100.1	101.2	97.3	96.4	96.1	93.9	97.7	96.7
100.0	100.0	100.0	100.0	100.0	100.0	100.0	100.0
102.5	102.6	102.8	102.8	102.6	102.1	101.7	101.3
103.7	103.3	103.0	102.8	102.6	102.3	102.1	101.6
101.4	101.6	101.7	101.9	100.5	100.5	100.6	100.0
99.6	100.0	100.2	100.6	101.1	101.1	101.2	100.0
100.0	100.0	100.0	100.0	100.0	100.0	100.0	100.0
103.2	103.2	103.2	103.2	100.0	100.0	100.0	100.0
97.9	99.2	99.2	99.7	100.3	100.3	100.9	100.7
96.6	96.6	96.6	96.6	96.6	96.6	102.3	105.9
101.1	101.1	101.1	101.1	101.1	101.1	101.1	100.0
92.7	96.5	96.5	98.2	100.0	100.0	100.0	100.0
100.0	100.0	100.0	100.0	100.0	100.0	100.0	100.0
100.0	100.0	101.4	101.4	101.4	101.4	100.0	100.0
104.9	104.4	104.7	104.5	104.2	103.3	102.4	102.0
102.9	102.2	102.2	102.2	102.0	102.8	102.1	100.2
109.5	109.5	109.6	109.6	109.6	109.6	109.6	100.0
111.1	111.1	111.1	111.1	111.1	111.1	111.1	100.0
99.9	99.9	100.1	100.1	100.1	100.1	100.1	100.0

项目名称	全年	1月	2月	3月	4月
2.家用器具	102.0	103.9	104.0	105.0	104.3
(1)大型家用器具	102.2	104.2	104.3	105.3	104.7
(2)小家电	99.6	100.6	100.6	100.6	99.5
3.家用纺织品	101.4	101.1	101.5	104.4	100.6
(1)床上用品	101.6	101.2	101.6	105.3	100.7
(2)窗帘门帘	100.3	101.6	101.6	100.0	100.0
(3)其他家用纺织品	100.3	100.0	100.0	100.0	100.8
4.家庭日用杂品	100.6	100.7	101.1	100.9	101.5
(1)洗涤卫生用品	100.6	100.6	101.1	100.9	101.8
(2)厨具餐具茶具	100.8	101.2	102.1	101.2	101.2
(3)家用手工工具	99.9	99.9	99.9	99.9	99.9
(4)其他家庭日用杂品	100.7	100.7	100.7	100.9	101.1
5.个人护理用品	100.5	100.9	100.7	101.2	100.5
(1)化妆品	100.7	100.9	100.7	101.2	100.3
(2)其他护理用品类	100.3	100.9	100.7	101.3	100.9
6.家庭服务	103.2	104.7	99.7	103.4	103.4
五、交通和通信	99.6	97.9	98.1	98.6	98.5
1.交通	99.5	96.9	97.6	98.2	98.3
(1)交通工具	100.3	97.5	100.8	100.9	100.9
(2)交通工具用燃料	97.5	91.7	93.8	88.6	89.4
(3)交通工具使用和维修	98.1	100.0	83.6	99.0	99.0
(4)交通费	99.0	102.0	100.6	100.3	98.7
2.通信	99.9	100.0	99.4	99.4	99.1
(1)通信工具	101.0	101.2	99.9	100.0	98.5
(2)通信服务	99.6	99.8	99.2	99.2	99.2
(3)邮递服务	100.0	100.0	100.0	100.0	100.0
六、教育文化和娱乐	101.1	101.6	101.5	101.5	101.4
1.教育	100.6	101.5	101.2	100.9	100.9
(1)教育用品	106.2	111.8	111.8	109.0	109.0

续表 2

5月	6月	7月	8月	9月	10月	11月	12月
102.1	100.9	100.5	100.1	100.6	102.3	101.2	100.0
102.4	101.1	100.7	100.2	100.7	102.5	101.3	100.0
98.1	98.2	98.1	99.7	100.0	100.0	100.0	100.0
101.6	100.3	101.8	102.7	100.7	102.3	100.0	100.0
101.8	100.3	102.1	103.2	100.8	102.8	100.0	100.0
100.0	100.0	100.0	100.0	100.0	100.0	100.0	100.0
101.6	101.6	100.0	100.0	100.0	100.0	100.0	100.0
100.9	100.5	100.6	100.8	100.3	100.3	99.9	100.3
101.1	100.7	100.6	100.8	100.2	100.2	99.1	100.2
100.0	99.5	100.9	100.9	100.9	100.9	101.1	100.0
99.9	99.9	99.9	99.9	100.2	100.0	100.0	100.0
100.8	100.5	100.6	100.9	100.2	100.1	100.9	100.9
101.0	101.1	100.3	100.1	100.0	100.4	100.1	100.0
101.1	101.8	100.5	100.4	100.2	100.8	100.1	100.0
100.8	100.3	99.9	99.6	99.6	100.0	100.0	100.0
103.4	103.4	103.4	103.4	102.8	103.5	105.4	102.5
98.2	99.8	99.2	100.0	100.9	101.0	101.0	102.0
97.8	99.9	99.0	99.8	101.0	101.0	101.4	102.9
101.0	102.1	100.1	100.2	100.2	100.1	100.1	100.0
87.3	94.0	96.0	98.9	105.2	105.8	107.4	115.6
98.9	99.7	99.7	100.0	100.0	100.0	100.1	100.0
99.1	98.4	97.0	97.3	98.3	97.7	99.1	100.0
99.3	99.6	99.7	100.5	100.6	100.9	100.1	100.0
99.3	101.1	101.7	102.6	103.3	104.8	100.4	100.0
99.2	99.2	99.2	100.0	100.0	100.0	100.0	100.0
100.0	100.0	100.0	100.0	100.0	100.0	100.0	100.0
101.3	101.0	101.2	100.9	100.5	100.8	100.9	100.9
100.9	100.7	100.7	100.7	100.0	100.0	100.0	100.0
109.0	109.0	109.0	109.0	100.0	100.0	100.0	100.0

项目名称	全年	1月	2月	3月	4月
(2)教育服务	100.1	100.6	100.3	100.2	100.2
2.文化娱乐	102.6	101.7	102.3	103.5	103.1
(1)文娱耐用消费品	102.8	101.7	102.1	104.8	105.3
(2)其他文娱用品	100.5	100.8	100.8	100.8	100.6
(3)文化娱乐服务	99.2	98.9	98.9	98.9	98.9
(4)旅游	109.8	106.8	109.7	111.5	108.5
七、医疗保健	100.1	100.2	100.2	100.2	100.3
1.药品及医疗器具	100.5	100.9	100.9	100.9	101.1
(1)中药	102.0	104.3	104.0	104.0	104.0
(2)西药	100.1	100.2	100.2	100.2	100.5
(3)滋补保健品	100.0	100.0	100.0	100.0	100.0
(4)医疗卫生器具	102.1	103.5	103.5	103.5	103.5
(5)保健器具	96.5	93.3	93.3	93.3	94.2
2.医疗服务	100.0	100.0	100.0	100.0	100.0
(1)综合医疗类	100.0	100.0	100.0	100.0	100.0
(2)诊断类	100.0	100.0	100.0	100.0	100.0
(3)治疗类	100.0	100.0	100.0	100.0	100.0
(4)康复类	100.0	100.0	100.0	100.0	100.0
(5)中医医疗服务类	100.0	100.0	100.0	100.0	100.0
(6)其他医疗服务	100.0	100.0	100.0	100.0	100.0
八、其他用品和服务	103.6	99.6	101.3	102.9	102.5
1.其他用品类	105.8	97.3	104.3	103.7	103.0
(1)首饰手表	110.4	93.6	106.6	105.7	105.6
(2)其他杂项用品	100.9	101.3	101.9	101.5	100.1
2.其他服务类	101.2	102.2	98.2	102.1	101.9
(1)旅馆住宿	96.2	104.2	66.1	100.0	100.0
(2)美容美发洗浴	102.5	103.8	100.1	103.6	103.3
(3)养老服务	102.1	103.5	104.4	104.4	104.4
(4)金融保险	100.0	100.0	100.0	100.0	100.0
(5)其他服务类	100.0	100.0	100.0	100.0	100.0

续表 3

5月	6月	7月	8月	9月	10月	11月	12月
100.2	100.0	100.0	100.0	100.0	100.0	100.0	100.0
102.4	101.7	102.5	101.3	101.9	103.4	103.6	103.6
105.4	103.2	103.7	101.4	101.9	103.6	100.5	100.0
100.6	100.6	100.6	100.6	100.0	100.0	100.0	100.0
98.9	98.9	98.9	100.0	98.7	98.7	100.0	100.0
104.5	104.5	107.8	103.6	108.8	113.6	119.0	119.8
100.2	100.1	100.0	100.0	100.0	100.0	100.1	100.0
100.9	100.5	100.1	100.0	100.1	100.1	100.2	100.0
104.0	102.3	100.5	100.3	100.3	100.3	100.5	100.0
100.1	100.1	99.8	99.9	99.9	99.9	100.3	100.0
100.0	100.0	100.0	100.0	100.0	100.0	100.0	100.0
103.5	101.7	101.7	101.7	101.7	101.7	100.0	100.0
97.4	97.4	97.4	97.4	97.4	97.4	100.0	100.0
100.0	100.0	100.0	100.0	100.0	100.0	100.0	100.0
100.0	100.0	100.0	100.0	100.0	100.0	100.0	100.0
100.0	100.0	100.0	100.0	100.0	100.0	100.0	100.0
100.0	100.0	100.0	100.0	100.0	100.0	100.0	100.0
100.0	100.0	100.0	100.0	100.0	100.0	100.0	100.0
100.0	100.0	100.0	100.0	100.0	100.0	100.0	100.0
100.0	100.0	100.0	100.0	100.0	100.0	100.0	100.0
102.8	103.5	105.3	106.4	105.6	104.5	104.4	103.9
103.5	105.0	108.8	111.0	109.4	107.4	108.7	107.6
106.5	109.5	115.8	120.6	117.9	113.2	116.2	115.2
100.3	100.3	101.4	101.4	100.7	101.2	101.0	100.0
101.9	101.9	101.5	101.5	101.5	101.5	100.0	100.0
100.0	100.0	100.0	100.0	100.0	100.0	100.0	100.0
103.3	103.3	103.3	103.3	103.3	103.3	100.0	100.0
104.4	104.4	100.0	100.0	100.0	100.0	100.0	100.0
100.0	100.0	100.0	100.0	100.0	100.0	100.0	100.0
100.0	100.0	100.0	100.0	100.0	100.0	100.0	100.0

4-5 全年及分月商品

项目名称	全年	1月	2月	3月	4月
商品零售价格指数	101.9	101.1	102.0	102.5	102.1
一、食品	104.7	106.3	105.9	108.0	107.1
1.粮食	104.5	106.9	106.6	105.6	105.2
2.薯类	104.7	104.5	106.2	101.8	91.8
3.豆类	95.9	98.0	91.8	96.3	95.9
4.食用油	105.0	101.1	103.5	104.0	104.4
5.菜	109.2	113.0	120.0	129.7	113.0
6.畜肉类	107.7	110.5	110.0	114.6	115.9
7.禽肉类	98.7	100.2	101.1	100.3	101.3
8.水产品	102.8	107.1	99.0	98.2	100.7
9.蛋类	99.9	97.6	99.2	99.4	106.6
10.奶类	98.8	98.6	98.0	98.0	99.8
11.干鲜瓜果类	110.6	110.6	108.6	112.1	111.7
12.糖果糕点类	102.9	103.5	102.2	102.3	103.4
13.调味品	100.7	102.4	102.1	101.8	101.9
14.其他食品类	102.1	104.0	101.9	102.3	103.6
15.在外餐饮	102.9	103.8	103.9	103.9	103.9
二、饮料、烟酒	101.8	103.5	103.5	103.2	102.9
1.茶及饮料	98.3	98.5	98.6	98.3	97.8
2.烟草	102.5	104.8	104.8	104.8	104.8
3.酒类	103.0	104.7	104.6	103.6	103.0
三、服装、鞋帽	100.7	102.2	102.5	102.0	100.9
1.服装	101.0	101.8	101.6	100.9	100.3

零售价格指数(2016年)

5月	6月	7月	8月	9月	10月	11月	12月
101.5	101.4	101.6	101.8	102.1	102.5	102.6	101.5
105.4	103.2	103.3	102.7	102.9	104.4	106.0	101.5
105.4	105.1	102.9	102.6	102.7	103.1	103.8	104.2
92.7	94.8	99.3	99.3	122.8	113.1	126.2	110.3
95.0	95.8	95.8	95.8	96.5	96.3	96.5	98.0
106.6	105.4	104.4	104.7	105.8	105.8	106.3	107.4
96.5	88.4	90.4	95.7	103.8	123.6	133.8	107.8
114.3	111.9	107.5	101.8	100.0	101.5	103.5	104.2
99.8	97.9	97.7	95.9	97.2	97.9	97.6	97.5
103.9	104.0	107.3	110.5	100.8	99.4	102.4	100.9
109.3	106.9	103.8	96.2	95.6	93.7	98.4	95.2
98.2	98.3	98.1	98.3	98.7	99.8	100.1	100.0
111.0	106.0	116.0	114.6	120.5	116.4	114.0	91.3
104.8	104.1	102.8	103.5	103.0	102.4	102.3	100.3
100.8	99.9	99.0	99.0	99.9	100.0	100.6	100.9
103.1	102.0	101.6	102.8	102.1	101.3	101.1	100.0
103.7	103.2	103.2	103.2	103.2	102.2	100.5	100.5
103.4	102.0	101.0	101.1	100.4	100.2	100.3	100.6
97.8	98.0	97.5	98.2	97.8	98.1	98.4	100.4
104.8	101.6	100.9	100.9	100.9	100.9	100.9	100.9
104.9	106.0	104.0	103.8	101.4	100.3	100.4	100.0
99.8	99.6	99.6	100.2	100.4	99.4	101.3	100.3
99.7	99.0	100.4	101.5	101.9	101.2	102.5	101.5

项目名称	全年	1月	2月	3月	4月
(1)男士服装	103.3	102.2	103.5	102.6	102.4
(2)女士服装	99.7	102.3	100.2	99.4	99.2
(3)儿童服装	100.0	99.4	101.6	101.3	98.9
2.鞋帽袜	100.0	103.7	105.4	105.5	102.5
(1)鞋	100.1	104.0	105.9	105.8	102.8
(2)袜子	99.4	100.0	100.0	103.6	98.4
(3)帽子	100.0	99.8	99.8	99.8	99.8
3.其他衣着配件	97.8	94.3	95.7	97.5	98.9
四、纺织品	102.9	102.8	103.1	105.8	102.4
1.服装材料	106.1	107.0	107.0	107.0	107.0
2.床上用品	101.6	101.2	101.6	105.3	100.7
五、家用电器及音像器材	102.7	103.4	103.7	105.5	105.3
1.家庭设备	101.8	103.3	103.5	104.3	103.7
2.文娱用耐用消费品	105.0	103.8	104.7	109.1	109.5
3.专业音像器材	100.8	100.3	100.3	100.3	101.0
六、文化办公用品	100.0	99.3	99.4	100.1	100.2
七、日用品	100.5	100.4	100.9	100.9	101.2
1.日用百货	100.8	100.5	101.2	101.1	102.0
2.厨具餐具茶具	101.0	101.0	102.2	101.4	101.4
3.清洗用品	99.9	99.4	99.4	99.9	100.3
4.其他日用品	100.8	101.8	102.2	102.0	100.4
八、体育娱乐用品	100.4	100.7	100.7	100.7	100.5
1.体育户外用品	99.8	99.5	99.5	99.5	99.5

续表 1

5月	6月	7月	8月	9月	10月	11月	12月
100.9	101.8	103.3	105.2	105.7	105.7	104.3	101.8
99.0	96.4	98.1	99.2	100.2	99.8	101.0	101.3
98.9	100.4	100.6	100.4	98.6	96.2	102.7	101.5
100.3	101.3	97.9	97.1	96.8	94.9	98.3	97.2
100.5	101.5	97.8	96.9	96.6	94.5	98.2	97.0
97.8	98.5	98.4	97.9	97.9	100.0	100.0	100.0
99.9	100.0	100.0	100.6	100.0	100.0	100.0	100.0
98.6	97.6	97.6	97.6	97.9	98.6	100.0	100.0
103.2	102.2	103.6	104.4	102.7	104.1	100.5	100.0
107.0	107.2	107.5	107.5	107.5	107.5	101.9	100.0
101.7	100.3	102.1	103.2	100.8	102.7	100.0	100.0
104.1	102.0	102.2	100.9	101.4	103.2	100.8	100.0
101.9	100.7	100.4	100.2	100.7	102.2	101.0	100.0
109.9	105.2	106.9	102.5	103.3	106.0	100.1	100.0
100.7	100.4	100.4	101.0	101.2	101.2	101.2	101.1
100.2	100.3	99.8	100.0	99.9	100.3	100.5	100.0
100.6	100.4	100.6	100.8	100.4	100.3	99.9	100.1
101.4	101.0	100.9	101.5	100.5	100.0	99.1	100.0
100.0	99.4	101.2	101.2	101.2	101.2	101.4	100.0
100.0	100.0	100.0	99.8	100.0	100.0	100.0	100.3
100.5	100.4	100.9	100.7	100.3	100.6	100.4	100.0
100.5	100.6	100.6	100.6	99.9	100.0	100.0	100.0
99.5	100.0	100.0	100.0	100.0	100.0	100.0	100.0

项目名称	全年	1月	2月	3月	4月
2.娱乐用品	100.7	101.3	101.3	101.3	101.0
九、交通、通信用品	100.5	99.5	100.1	100.2	99.5
1.交通运输机械	100.0	97.9	100.3	100.3	100.3
2.通信器材	101.1	101.2	100.0	100.1	98.6
十、家具	110.0	111.0	111.0	111.0	111.0
十一、化妆品	100.6	100.8	100.5	101.2	100.3
十二、金银饰品	109.7	92.6	106.1	104.5	104.5
十三、中西药品及医疗保健用品	100.4	100.8	100.7	100.7	100.9
1.医疗卫生器具	102.1	103.5	103.5	103.5	103.5
2.中药	102.0	104.4	104.1	104.1	104.1
3.西药	100.1	100.2	100.2	100.2	100.5
4.保健器具及用品	99.6	99.2	99.2	99.2	99.3
十四、书报杂志及电子出版物	102.6	104.8	104.7	103.7	103.7
1.教材及参考书	106.2	111.5	111.5	109.0	109.0
2.书报杂志	100.0	100.0	100.0	100.0	100.0
3.计算机办公软件	100.0	100.8	100.4	100.4	100.1
十五、燃料	97.1	88.4	92.7	92.0	92.8
1.煤炭及制品	99.1	96.8	95.3	95.7	98.5
2.石油及制品	96.7	86.8	92.1	91.2	91.7
十六、建筑材料及五金电料	102.1	101.2	102.0	102.1	102.0
1.建筑装璜材料	100.1	98.3	99.5	99.6	99.6
2.五金水暖	106.7	108.3	108.3	108.3	108.0

续表 2

5月	6月	7月	8月	9月	10月	11月	12月
100.9	100.9	100.9	100.9	99.9	100.0	100.0	100.0
99.8	101.2	100.8	101.3	101.6	102.3	100.2	100.0
100.3	101.3	99.9	100.0	100.0	100.0	100.0	100.0
99.4	101.1	101.7	102.6	103.2	104.6	100.4	100.0
111.0	111.0	111.0	111.0	111.0	111.0	111.0	100.0
101.1	101.7	100.5	100.4	100.2	100.8	100.1	100.0
104.9	108.5	115.2	119.9	117.3	112.9	116.7	115.5
100.8	100.4	100.0	99.9	100.0	100.0	100.3	100.0
103.5	101.7	101.7	101.7	101.7	101.7	100.0	100.0
104.1	102.3	100.5	100.3	100.3	100.3	100.5	100.0
100.1	100.1	99.8	99.9	99.9	99.9	100.3	100.0
99.7	99.7	99.7	99.7	99.7	99.7	100.0	100.0
103.7	103.7	103.7	103.7	100.0	100.0	100.0	100.0
109.0	109.0	109.0	109.0	100.0	100.0	100.0	100.0
100.0	100.0	100.0	100.0	100.0	100.0	100.0	100.0
99.8	99.8	99.8	99.8	99.8	100.0	100.0	100.0
91.3	95.9	97.3	99.3	103.0	103.3	103.9	107.8
99.2	99.2	101.1	101.2	101.2	101.2	100.0	100.0
89.8	95.3	96.5	98.9	103.4	103.8	104.7	109.4
102.0	101.8	101.9	102.3	102.6	102.5	102.7	101.6
99.6	100.1	100.3	100.7	101.2	101.2	101.4	100.0
107.7	105.7	105.8	106.1	105.8	105.6	105.6	105.5

4-6 全年及分月农业生产资料价格指数(2016年)

项目名称	全年	1月	2月	3月	4月	5月	6月	7月	8月	9月	10月	11月	12月
农业生产资料价格指数	99.2	98.6	99.1	98.7	99.0	99.0	98.9	98.5	98.6	99.2	99.5	100.3	100.9
一、农用手工工具	101.4	108.0	108.6	104.2	103.9	98.2	98.0	100.0	98.7	98.7	100.0	100.0	100.0
二、饲料	96.1	94.7	94.8	94.5	95.0	95.3	95.5	95.7	95.5	96.0	97.4	99.4	100.1
三、仔畜幼禽及产品畜	102.3	104.3	103.5	102.4	105.5	103.6	104.5	101.3	100.3	100.3	99.9	102.3	100.0
四、半机械化农具	100.3	104.0	100.0	100.0	100.0	100.0	100.0	100.0	100.0	100.0	100.0	100.0	100.0
五、机械化农具	99.3	97.5	99.4	99.3	99.1	99.0	99.0	99.0	99.5	100.0	100.0	100.0	100.0
六、化学肥料	101.0	101.5	103.2	103.2	103.0	103.0	101.0	99.9	99.2	99.9	99.0	99.2	100.0
七、农药及农药器械	100.3	100.4	101.2	101.2	102.4	101.9	99.6	98.1	99.1	99.5	100.0	100.0	100.0
1.化学农药	100.1	100.2	101.0	100.9	102.2	101.6	99.2	97.7	99.0	99.4	100.0	100.0	100.0
2.农药器械	102.7	104.2	105.0	105.0	105.0	105.0	105.0	103.3	100.0	100.0	100.0	100.0	100.0
八、农机用油	97.3	90.9	93.3	88.0	88.9	86.7	93.6	95.5	98.8	105.0	105.7	108.5	117.2
九、其他农用生产资料	102.5	102.2	102.1	102.1	100.9	103.0	103.0	102.6	102.7	103.1	102.6	102.8	102.8
十、农业生产服务	100.1	100.2	100.2	100.2	100.2	100.2	100.2	99.6	100.0	100.0	100.0	100.0	100.0

主要统计指标解释

居民消费价格指数是反映一定时期内城乡居民所购买的生活消费品和服务项目价格变动趋势和程度的相对数，是对城市居民消费价格指数和农村居民消费价格指数进行综合汇总计算的结果。通过该指数可以观察和分析消费品的零售价格和服务项目价格变动对城乡居民实际生活费支出的影响程度。

商品零售价格指数是反映一定时期内城乡商品零售价格变动趋势和程度的相对数。商品零售价格的变动与国家的财政收入、市场供需的平衡、消费与积累的比例关系有关。因此,该指数可以从一个侧面对上述经济活动进行观察和分析。

农业生产资料价格指数指反映一定时期内农业生产资料价格变动趋势和程度的相对数。其编制目的是了解农业生产中投入物质资料价格的变动状况,服务于国民经济核算。1994 年以前,农业生产资料价格指数仅仅是商品零售价格指数的一个类别,此后,从商品零售价格指数中分离出来,单独编制。

第五篇

人民生活 Chapter 5

People's livelihood

责任编辑:王映泉

5-1 历年城乡居民收支

单位:元

年份	城镇居民人均可支配收入	城镇居民人均消费性支出					农村居民人均可支配收入	农村居民人均消费性支出				
			食品烟酒	居住	医疗保健	文教娱乐			食品烟酒	居住	医疗保健	文教娱乐
1990	1647	1401	734	110	36	113	928	952	417	308	22	28
1991	1818	1504	848	81	33	128	848	787	466	116	15	41
1992	2114	1818	898	80	19	127	1006	832	488	108	24	43
1993	2719	2233	1070	149	33	204	1274	852	308	95	30	45
1994	4009	2928	1418	131	70	221	1997	1544	328	338	45	117
1995	4797	3901	1865	718	42	274	3110	2489	1014	909	90	78
1996	5553	4634	2041	456	50	318	3789	2860	1355	774	116	193
1997	5956	4265	2151	307	174	456	4102	2834	1335	655	152	166
1998	6342	4829	2093	566	210	508	4177	3072	1387	866	65	150
1999	6734	4962	2032	699	220	566	4303	3025	1394	617	147	235
2000	7276	5742	2438	364	236	951	4455	3251	1207	891	180	280
2001	8060	6154	2460	440	228	655	4683	3030	1261	843	135	196
2002	8365	5809	2434	702	289	520	4945	3418	1288	1027	160	358
2003	9488	6818	2594	933	441	727	5246	3637	1250	735	210	351
2004	10670	7442	2808	847	565	1035	5891	4038	1800	334	297	376
2005	12203	8378	3241	734	501	1033	6558	4557	1907	429	470	555
2006	13701	8712	3319	852	519	1192	7190	5164	2027	786	295	630
2007	16062	9859	3728	962	426	1785	8050	5570	2161	690	302	1014
2008	18558	11380	4439	869	575	2053	9008	6359	2512	697	399	1182
2009	20603	12658	4577	936	777	2210	10002	7313	2792	987	471	1318
2010	22930	14438	5101	1057	749	2631	11372	8289	2930	1349	492	1492
2011	26339	16555	5795	1230	634	3007	13453	9685	3584	1462	660	1780
2012	29631	18996	6602	1255	730	3485	15162	10917	3926	1614	711	2059
2013	32387	20877	7320	1333	794	3799	16920	12361	4584	1736	1023	2122
2014	34280	22830	6803	1620	999	4155	17419	12081	3600	1921	1201	2091
2015	37404	24555	7231	1682	1102	4543	18986	13124	3883	2017	1321	2271
2016	40509	25928	7597	1753	1158	4884	20608	14570	4269	2164	1510	2668

注:2014年以前农村居民人均可支配收入为农民人均纯收入。

5-2 全体居民家庭收入消费情况(2016年)

单位：元

指标名称	单位	2016年	2015年	增幅(%)
人均可支配收入	**元**	**30093**	**27554**	**9.2**
工资性收入	元	19103	17406	9.7
经营净收入	元	6186	5811	6.5
财产净收入	元	855	761	12.3
转移净收入	元	3949	3575	10.5
生活消费支出	**元**	**19853**	**18441**	**7.7**
食品	元	5817	5440	6.9
衣着	元	2260	2070	9.2
居住	元	1973	1861	6.0
生活用品及服务	元	1275	1169	9.0
交通通信	元	2869	2799	2.5
教育文化娱乐	元	3699	3328	11.2
医疗保健	元	1346	1219	10.4
其他用品及服务	元	614	555	10.7

5-3 城镇居民家庭收入消费情况(2016年)

单位:元

指标名称	单位	2016年	2015年	增幅(%)
人均可支配收入	**元**	**40509**	**37404**	**8.3**
工资性收入	元	27476	25312	8.5
经营净收入	元	5313	4998	6.3
财产净收入	元	948	850	11.5
转移净收入	元	6772	6244	8.5
生活消费支出	**元**	**25928**	**24555**	**5.6**
食品烟酒	元	7597	7231	5.1
衣着	元	3544	3286	7.9
居住	元	1753	1682	4.2
生活用品及服务	元	1545	1411	9.5
交通通信	元	4508	4448	1.3
教育文化娱乐	元	4884	4543	7.5
医疗保健	元	1158	1102	5.1
其他用品及服务	元	939	852	10.2

5-4 农村居民家庭收入消费情况(2016年)

单位:元

指标名称	单位	2016年	2015年	增幅(%)
人均可支配收入	**元**	**20608**	**18986**	**8.5**
工资性收入	元	11478	10530	9.0
经营净收入	元	6981	6518	7.1
财产净收入	元	771	684	12.6
转移净收入	元	1378	1254	9.9
生活消费支出	**元**	**14570**	**13124**	**11.0**
食品烟酒	元	4269	3883	9.9
衣着	元	1144	1013	12.9
居住	元	2164	2017	7.3
生活用品及服务	元	1040	959	8.4
交通通信	元	1443	1364	5.8
教育文化娱乐	元	2668	2271	17.5
医疗保健	元	1510	1321	14.3
其他用品及服务	元	332	296	12.2

5-5 居民家庭基本情况(2016年)

单位:元/人

指标	2016年	2015年	2016年为2015年%
调查户数(户)	183	181	101.1
户均家庭常住人口数(人)	2.7	2.6	100.4
户均就业人口数(人)	2.1	1.9	110.6
人均住房建筑面积(平方米)	53.6	51.0	105.1
可支配收入	30093	27554	109.2
工资性收入	19103	17406	109.7
经营净收入	6186	5811	106.5
财产净收入	855	761	112.3
转移净收入	3949	3575	110.5
# 离退休金	2889	2571	112.4
出售资产所得	5	4	125.0
借贷性所得	587	2010	29.2
# 提取储蓄存款	453	1647	27.5
生活消费支出	19853	18441	107.7
借贷支出	1784	1828	97.6
# 存入储蓄款	1325	1189	111.4

5-6 城镇居民家庭基本情况(2016年)

单位:元/人

指标	2016年	2015年	2016年为2015年%
调查户数(户)	110	109	100.9
户均家庭常住人口数(人)	2.7	2.6	102.7
户均就业人口数(人)	1.7	1.8	97.7
人均住房建筑面积(平方米)	47.5	45.0	105.6
可支配收入	40509	37404	108.3
工资性收入	27476	25312	108.5
经营净收入	5313	4998	106.3
财产净收入	948	850	111.5
转移净收入	6772	6244	108.5
# 离退休金	4192	3947	106.2
出售资产所得	6	6	100.0
借贷性所得	347	553	62.7
# 提取储蓄存款	347	553	62.7
生活消费支出	25928	24555	105.6
借贷支出	2689	1526	176.2
# 存入储蓄款	2131	869	245.2

5-7 农村居民家庭基本情况(2016 年)

单位:元/人

指标	2016 年	2015 年	2016 年为 2015 年%
调查户数(户)	73	72	101.4
户均家庭常住人口数(人)	2.6	2.7	96.3
户均就业人口数(人)	2.1	2.1	101.4
人均住房建筑面积(平方米)	63.0	60.0	105.0
可支配收入	20608	18986	108.5
工资性收入	11478	10530	109.0
经营净收入	6981	6518	107.1
财产净收入	771	684	112.6
转移净收入	1378	1254	109.9
# 离退休金	883	581	152.0
出售资产所得	2	1	392.2
借贷性所得	957	4119	23.2
# 提取储蓄存款	616	3230	19.1
生活消费支出	14570	13124	111.0
借贷支出	390	2264	17.2
# 存入储蓄款	86	1654	5.2

主要统计指标解释

可支配收入 指调查户在调查期内获得的、可用于最终消费支出和储蓄的总和,即调查户可以用来自由支配的收入。可支配收入既包括现金,也包括实物收入。按照收入的来源,可支配收入包含四项,分别为:工资性收入、经营净收入、财产净收入、转移净收入。计算公式为:

可支配收入 = 工资性收入 + 经营净收入 + 财产净收入 + 转移净收入

其中:经营净收入 = 经营收入 - 经营费用 - 生产性固定资产折旧 - 生产税

财产净收入 = 财产性收入 - 财产性支出

转移净收入 = 转移性收入 - 转移性支出

工资性收入 指就业人员通过各种途径得到的全部劳动报酬和各种福利,包括受雇于单位或个人、从事各种自由职业、兼职和零星劳动得到的全部劳动报酬和福利。

消费支出 指住户用于满足家庭日常生活消费需要的全部支出,包括用于消费品的支出和用于服务性消费的支出。根据用途不同,消费支出可划分为食品烟酒、衣着、居住、生活用品及服务、交通通信、教育文化娱乐、医疗保健、其他用品及服务八大类。根据来源不同,消费支出可划分为现金消费支出、实物消费支出(含自产自用、来自单位、来自政府和其他社会组织)。

第六篇

财政　金融 Chapter 6

Government Finance, Banking

责任编辑:卢　静

6-1 历年一般公共预算收入、一般公共预算支出

单位:万元

年份	一般公共预算收入	一般预算支出
1979	–	1648
1980	–	1840
1985	8955	3670
1990	13252	7697
1991	13181	8180
1992	15041	8874
1993	19112	10750
1994	10459	15355
1995	14281	18424
1996	18176	22685
1997	20300	26166
1998	23281	29892
1999	24131	32979
2000	29345	34320
2001	35734	45619
2002	42272	53304
2003	55136	64104
2004	64207	82401
2005	76305	92131
2006	96153	113253
2007	131021	148024
2008	165087	195966
2009	227155	247726
2010	312665	341331
2011	423512	476495
2012	516092	577633
2013	611749	663692
2014	685712	736171
2015	783980	855622
2016	724112	857588

6-2 财政收入结构

单位：万元

指标	2016年	2015年	2014年
地方级财政收入			
一般公共预算收入	724112	783980	685712
税收收入	532261	650360	569186
增值税(25%部分)	90039	54839	51160
营业税改征增值税	25597	6386	6116
营业税	163406	343988	212079
企业所得税(40%部分)	46443	51884	48212
个人所得税(40%部分)	39931	59275	69907
资源税	75	69	75
城建税	29143	37368	28701
房产税	20500	19024	16675
印花税	6984	7182	6609
城镇土地使用税	16237	16598	17421
土地增值税	32691	18133	75409
车船使用和牌照税	4366	3905	3332
耕地占用税	5717	4388	3892
契税	51132	27321	29598
专项收入	32976	37590	15657
行政性收费及国资收入	149638	83202	94382
罚没等其他收入	9237	12828	6487
政府性基金收入	584876	707581	599820
土地出让金收入	578748	582778	470700
散装水泥基金收入	200	100	
墙体材料基金收入	512	300	200
城市公用事业附加收入	45	48	55
上划中央及省收入	**286175**	**332684**	**333260**
增值税(75%部分)	131332	164515	153480
消费税	1031	1431	2601
企业所得税(60%部分)	69665	77826	72318
个人所得税(60%部分)	59897	88912	104861

6-3 财政支出结构

单位：万元

指标	2016年	2015年	2014年
财政支出			
一般公共预算支出	857588	855622	736171
一般公共服务	89412	131531	71481
公共安全	50826	39633	38513
教育	182594	200948	212610
科学技术	21150	25708	14796
文化体育与传媒	8545	18003	17275
社会保障和就业	92206	74511	67086
医疗卫生	104464	86322	74495
节能环保	10840	11636	8060
城乡社区事务	744960	623459	514370
农林水事务	101075	156917	135848
交通运输	27895	14281	9475
资源勘探电力信息等事务	18720	25481	23920
商业服务业等事务	2543	2009	2177
金融监管等事务	820	965	883
国土资源气象等事物	4093	3522	6567
住房保障支出	6672	10879	7060
粮油物资储备管理事务	2502	2598	1906
国债还本付息支出			876
其他支出	21029	18680	12834
基金支出			
政府性基金支出	632758	591461	600145

6-4 历年一般公共预算收入占地区生产总值的比重

单位:万元

年份	一般公共预算收入	地区生产总值	一般公共预算收入占地区生产总值的比重(%)
1979	–	29780	
1980	–	34857	
1985	8955	77785	11.5
1990	13252	152333	8.7
1991	13181	158113	8.3
1992	15041	199978	7.5
1993	19112	286509	6.7
1994	10459	420778	2.5
1995	14281	654534	2.2
1996	18176	758815	2.4
1997	20300	831323	2.4
1998	23281	907798	2.6
1999	24131	976756	2.5
2000	29345	1075073	2.7
2001	35734	1172650	3.0
2002	42272	1276995	3.3
2003	55136	1429704	3.9
2004	64207	1719000	3.7
2005	76305	2115157	3.6
2006	96153	2600795	3.7
2007	131021	3092712	4.2
2008	165087	3746000	4.4
2009	227155	4150029	5.5
2010	312665	5001041	6.3
2011	423512	5903286	7.2
2012	516092	6630972	7.8
2013	611749	7604500	8.0
2014	685712	8364950	8.2
2015	783980	9150222	8.6
2016	724112	10050621	7.2

6-5 分区镇一般公共预算收入

地区	2016	2015	2014	2013	2012
海门市	**724112**	**783980**	**685712**	**611749**	**516092**
海门开发区	101685	147738	130149	119753	93878
海门工业园区	51231	59130	49025	38465	26386
海门港新区	35969	38141	34599	34121	19874
临江新区	23317	15889	13039	9791	8132
海门高新区	94588	86399	78493	68921	55689
三厂工业园区	25767	24561	17743	12539	11329
常乐镇	27245	26233	26232	17069	14396
悦来镇	13695	7714	7102	5215	5558
四甲镇	14084	7318	6409	5672	5787
余东镇	10882	9558	8588	6385	4147
正余镇	11337	7690	7394	5659	4614
海永镇	9008	3789	3417	2882	2971

6-6 历年金融机构存贷款

单位：万元

年份	存款余额(本外币)	储蓄存款	人均储蓄存款(元)	贷款余额(本外币)
1978	7619	2842		11980
1979	12564	3352		15315
1980	9669	4076		14631
1985	31033	17621		34877
1990	106894	81895	800	81806
1991	139439	108432	1055	97614
1992	170149	133476	1296	87725
1993	220434	173415	1684	139093
1994	300113	238842	2317	186575
1995	412398	340133	3289	245931
1996	564415	452220	4371	300313
1997	668279	548262	5310	347588
1998	799877	647568	6246	384758
1999	895671	728287	7023	399571
2000	97622	793705	7664	405894
2001	1145914	941379	9128	447729
2002	1362949	1090805	10616	547987
2003	1657745	1275346	12437	746816
2004	1902409	1443393	14140	844012
2005	2158962	1673955	16477	1006331
2006	2519837	1924835	19019	1198990
2007	2731328	2026049	20089	1408843
2008	3326200	2550688	28398	1558835
2009	4430790	3089002	34706	2273585
2010	5526955	3638597	40090	2919352
2011	6133784	4109233	45521	3438050
2012	7246819	4834844	53583	4279365
2013	8764147	5592341	61965	5322431
2014	10210313	6282440	69627	6402978
2015	11749729	6978148	77166	6932930
2016	13791294	7520738	83102	8258836

注：自 2005 年起，人均储蓄存款为按常住人口计算。

6-7 金融机构本外币存贷款(2016年末)

单位:万元

指标	2016年末	比年初增加
一、各项存款	**13791294**	**2041561**
(一)境内存款	13785693	2040687
1.住户存款	7707256	684791
(1)活期存款	1401280	271171
活期储蓄存款	1401280	271171
(2)定期及其他存款	6305976	413621
定期储蓄存款	6119458	271420
2.非金融企业存款	4231289	754134
(1)活期存款	1905911	612135
(2)定期及其他存款	2325378	141999
3.广义政府存款	1787435	561095
(1)财政性存款	55410	11276
(2)机关团体存款	1732024	549818
4.非银行业金融机构存款	59713	40668
(二)境外存款	5600	873
二、各项贷款	**8258836**	**1325905**
(一)境内贷款	8258535	1326572
1.住户贷款	1889574	309742
(1)短期贷款	676889	-1802
消费贷款	110418	5649
经营贷款	566471	-7451
(2)中长期贷款	1212684	311544
消费贷款	1039262	316364
经营贷款	173423	-4820
2.非金融企业及机关团体贷款	6368962	1016829
(1)短期贷款	2736614	-18910
(2)中长期贷款	3209175	1027909
(3)票据融资	420897	5950
(4)各项垫款	2275	1880
(二)境外贷款	300	-666

6-8 金融机构人民币存贷款(2016年末)

单位:万元

指标	2016年末	比年初增加
一、各项存款	**13685496**	**1994973**
(一)境内存款	13680012	1994093
1.住户存款	7665457	668889
(1)活期存款	1380399	263273
活期储蓄存款	1380399	263273
(2)定期及其他存款	6285058	405616
定期储蓄存款	6099061	263815
2.非金融企业存款	4167636	723382
(1)活期存款	1856725	589174
(2)定期及其他存款	2310911	134208
3.广义政府存款	1787273	561083
(1)财政性存款	55410	11276
(2)机关团体存款	1731863	549807
4.非银行业金融机构存款	59646	40739
(二)境外存款	5484	880
二、各项贷款	**8243165**	**1359204**
(一)境内贷款	8242864	1359870
1.住户贷款	1889459	309708
(1)短期贷款	676775	-1837
消费贷款	110304	5615
经营贷款	566471	-7451
(2)中长期贷款	1212684	311544
消费贷款	1039262	316364
经营贷款	173423	-4820
2.非金融企业及机关团体贷款	6353405	1050162
(1)短期贷款	2721057	14423
(2)中长期贷款	3209175	1027909
(3)票据融资	420897	5950
(4)各项垫款	2275	1880
(二)境外贷款	300	-666

主要统计指标解释

财政收入 是国家(各级政府)通过财政各个环节筹集的财政资金的总称,它是保证国家和各级政府行使其职能不可缺少的财力。

财政支出 是国家政权为行使其职能,对筹集的财政资金进行有计划的分配使用的总体。国家财政支出,体现政府的活动范围和方向反映财政资金的分配关系。

中央财政和地方财政 财政是国家为了实现其职能,凭借政治权力,对一部分社会产品进行分配和再分配的经济活动。中央财政和地方财政,是指财政体制上划分中央政府和地方政府以及地方各级政府之间财政管理权限的一项分配制度。它是经济管理体制的重要组成部分。它在财政管理中居于主导地位。它具体规定了各级政府筹集资金、支配使用资金的权力、范围和责任,使各级政府在财政管理上有责有权。这对于正确处理中央和地方,以及地方各级之间的分配关系,充分发挥各级政府的积极性,更好地完成国家财政收支任务,促进社会主义建设有着极其重要的意义。中央财政收入和地方财政收入,是指中央和地方各级负责组织征收的收入,不是按财政体制计算的收入分成数。其收入中还包括了国外借款。

在现行分税制财政管理体制下,财政总收入又分为中央级收入和地方级收入。中央级收入主要包括消费税和增值税的75%部分,以及其他属中央预算固定收入科目的收入,如关税。地方级财政收入主要是指财政收入中扣除中央级收入后的部分。

存款 企业、机关、团体或居民根据可以收回的原则,把货币资金存入银行或其他信用机构保管并取得一定利息的一种信用活动形式。根据存款对象的不同可划分为企业存款、财政存款、机关团体存款、基本建设存款、城镇储蓄存款、农村存款等项目。它是银行信贷资金的主要来源。

贷款 银行或其他信用机构根据必须归还的原则,按一定利率,为企业、个人等提供资金的一种信用活动形式。我国银行贷款,分流动资金贷款、固定资金贷款、城乡个体工商户贷款以及农户贷款等科目。

第七篇

固定资产投资 Chapter 7

Investment in Fixed Assets

责任编辑:宋金娟

7-1 主要年份全社会固定资产投资完成额

单位:万元

年份	固定资产投资额		
		工业投资	房地产开发投资
1986	11303		
1987	17135		
1988	19808		
1989	27847		
1990	19906		741
1991	31819		786
1992	58612		782
1993	102853		2507
1994	173962		6963
1995	319228		32027
1996	275184		7632
1997	277611		14741
1998	323410		15776
1999	300781	71341	19910
2000	337039	86357	17625
2001	321300	120164	33589
2002	436568	209800	43043
2003	665247	427995	44521
2004	807568	596333	58346
2005	1188738	1000335	69058
2006	1475077	1205043	89720
2007	1710595	1436899	126020
2008	2007422	1697562	154425
2009	2355198	1960866	198352
2010	2814262	2302805	235047
2011	3006563	2290282	284388
2012	3708633	2632891	364342
2013	4234886	2847336	400705
2014	5013987	3156634	437146
2015	5653176	3439397	393424
2016	6131858	3675275	497695

注:2011年之前固定资产投资、工业投资口径为全社会

7-2 分区镇固定资产投资完成额

单位:万元

区镇	2016	2015	2014	2013	2012
全市合计	**6131858**	**5653176**	**5013987**	**4234886**	**3708633**
海门开发区	1043148	1127021	1010830	861360	753671
海门工业园区	640567	819330	703530	597477	501398
海门港新区	1282143	1142571	950304	699000	643250
临江新区	380155	318375	273159	232949	178370
海门高新区	584623	462340	477209	400203	343422
三厂工业园区	362857	311288	254414	207910	159150
常乐镇	251810	219660	210550	184070	167260
悦来镇	272685	191927	117663	199272	173020
四甲镇	272260	227220	198894	165130	142710
余东镇	251110	209190	182500	147620	125810
正余镇	287330	227000	190278	163800	141130
海永镇	5475	3830	7510	9290	17300

7-3 分类别项目投资完成情况(不含房地产)(2016年)

单位:万元

指标名称	2016	2015	增长(%)
一、计划总投资(万元)			
1、建设项目计划总投资	9321836	7879919	18.3
其中:本年新开工项目	6407846	5334390	20.1
2、自开始建设至本年底累计完成投资	6959376	6571426	5.9
二、自年初累计完成投资(万元)	**5634163**	**5259752**	**7.1**
其中:本月完成投资	640248	576935	11.0
其中:本年新开工	4387092	4234644	3.6
其中:国有经济控股	232240	680503	-65.9
其中:住宅			
其中:基础设施投资	454279	533312	-14.8
其中:民间投资	4962388	4439641	11.8
其中:技改投资	2581059	1983543	30.1
其中:高新投资	1088961	1022032	6.6
其中:高耗能投资	528157	552802	-4.5
其中:城建投资	122614	155991	-21.4
其中:服务业投资	1958888	1816835	7.8
1、按构成分			
建筑工程	2303115	2034769	13.2
安装工程	346934	352322	-1.5
设备工器具购置	2892104	2789849	3.7
其他费用	92010	82812	11.1
其中:建设用地费	77445	80582	-3.9
2、按建设性质分			
其中:(1)新建	2611334	2736552	-4.6
其中:(2)扩建	840310	1169808	-28.2
其中:(3)改建	2182519	1353392	61.3
其中:(7)单纯购置			
3、按登记注册类型分			
内资企业	5014604	5123564	-2.1
国有企业	161927	680503	-76.2
集体企业	46487	123768	-62.4

7-3 续表1

单位:万元

指标名称	2016	2015	增长(%)
股份合作企业	2700	8630	-68.7
联营企业	2000		
国有联营企业			
集体联营企业			
国有与集体联营企业			
其他联营企业	2000		
有限责任公司	902810	115828	679.4
国有独资公司	48573		
其他有限责任公司	854237	115828	637.5
股份有限公司	21450	18980	13.0
私营企业	3854530	4155235	-7.2
私营独资企业	209423	349301	-40.1
私营合伙企业	22752	8486	168.1
私营有限责任公司	3550922	3715250	-4.4
私营股份有限公司	71433	82198	-13.1
其他企业	22700	20620	10.1
港、澳、台商投资企业	424016	85668	395.0
合资经营企业(港或澳、台资)	124500	2970	4091.9
合作经营企业(港或澳、台资)		2850	-100.0
港、澳、台商独资经营企业	296616	79848	271.5
港、澳、台商投资股份有限公司			
其他港、澳、台商投资企业	2900		
外商投资企业	176673	41740	323.3
中外合资经营企业	74514	2890	2478.3
中外合作经营企业			
外资企业	102159	38850	163.0
外商投资股份有限公司			
其他外商投资企业			
个体经营	18870	8780	114.9
个体户	18870	8780	114.9
个人合伙			

7-3 续表 2

单位:万元

指标名称	2016	2015	增长(%)
4、按产业分			
①第一产业		3520	-100.0
②第二产业	3675275	3439397	6.9
工业	3675275	3439397	6.9
能源工业	24760	26758	-7.5
原材料工业	528157	543872	-2.9
机电工业	1834650	1421289	29.1
轻纺工业	1243516	1413723	-12.0
③第三产业	1958888	1816835	7.8
5、按国民经济行业分			
农、林、牧、渔业		9380	-100.0
农业		3520	-100.0
林业			
畜牧业			
渔业			
农、林、牧、渔服务业		5860	-100.0
采矿业			
煤炭开采和洗选业			
石油和天然气开采业			
黑色金属矿采选业			
有色金属矿采选业			
非金属矿采选业			
开采辅助活动			
其他采矿业			
制造业	3619880	3410109	6.2
农副食品加工业	123098	75713	62.6
食品制造业	5740	28841	-80.1
酒、饮料和精制茶制造业	2600	300	766.7
烟草制品业			
纺织业	373964	683289	-45.3
纺织服装、服饰业	80635	75470	6.8

7-3 续表 3

单位:万元

指标名称	2016	2015	增长(%)
皮革、毛皮、羽毛及其制品和制鞋业	12680	35849	-64.6
木材加工和木、竹、藤、棕、草制品业	60969	28160	116.5
家具制造业	34316	26700	28.5
造纸和纸制品业	47333	42650	11.0
印刷和记录媒介复制业	18790	19020	-1.2
文教、工美、体育和娱乐用品制造业	122835	79670	54.2
石油加工、炼焦和核燃料加工业		8930	-100.0
化学原料和化学制品制造业	182818	173056	5.6
医药制造业	149578	86258	73.4
化学纤维制造业	12450	30551	-59.3
橡胶和塑料制品业	206185	223547	-7.8
非金属矿物制品业	257767	254006	1.5
黑色金属冶炼和压延加工业	22898	44740	-48.8
有色金属冶炼和压延加工业	64674	72070	-10.3
金属制品业	415182	289195	43.6
通用设备制造业	479067	337685	41.9
专用设备制造业	298716	292285	2.2
汽车制造业	13970		
铁路、船舶、航空航天和其他运输设备制造业	37350	18029	107.2
电气机械和器材制造业	443536	256575	72.9
计算机、通信和其他电子设备制造业	96659	153840	-37.2
仪器仪表制造业	50170	73680	-31.9
其他制造业	5900		
废弃资源综合利用业			
金属制品、机械和设备修理业			
电力、热力、燃气及水生产和供应业	55395	29288	89.1
电力、热力生产和供应业	22160	17828	24.3
燃气生产和供应业	2600		
水的生产和供应业	30635	11460	167.3
建筑业			
房屋建筑业			

7-3 续表4

单位:万元

指标名称	2016	2015	增长(%)
土木工程建筑业			
建筑安装业			
建筑装饰和其他建筑业			
批发和零售业	456392	402517	13.4
批发业	186118	253292	-26.5
零售业	270274	149225	81.1
交通运输、仓储和邮政业	510041	335848	51.9
铁路运输业			
道路运输业	42513	4050	949.7
水上运输业	203067	229922	-11.7
航空运输业			
管道运输业	3500	2950	18.6
装卸搬运和运输代理业	17890	6696	167.2
仓储业	211613	65400	223.6
邮政业	31458	26830	17.3
住宿和餐饮业	80159	45720	75.3
住宿业	57500	19430	195.9
餐饮业	22659	26290	-13.8
信息传输、软件和信息技术服务业	31980	92680	-65.5
电信、广播电视和卫星传输服务		5970	-100.0
互联网和相关服务	24620	21910	12.4
软件和信息技术服务业	7360	64800	-88.6
金融业	9480	13100	-27.6
货币金融服务	4680	13100	-64.3
资本市场服务			
保险业			
其他金融业	4800		
房地产业		3460	-100.0
房地产业		3460	-100.0
租赁和商务服务业	338126	160901	110.2

7-3 续表5

单位：万元

指标名称	2016	2015	增长(%)
租赁业	26260	3100	747.1
商务服务业	311866	157801	97.6
科学研究和技术服务业	194334	33745	475.9
研究和试验发展	37680	15354	145.4
专业技术服务业	72915	5400	1250.3
科技推广和应用服务业	83739	12991	544.6
水利、环境和公共设施管理业	75836	205696	-63.1
水利管理业	8217	67293	-87.8
生态保护和环境治理业		5900	-100.0
公共设施管理业	67619	132503	-49.0
居民服务、修理和其他服务业	16290	17900	-9.0
居民服务业	11440	11100	3.1
机动车、电子产品和日用产品修理业	200	3700	-94.6
其他服务业	4650	3100	50.0
教育	62038	98428	-37.0
教育	62038	98428	-37.0
卫生和社会工作	50490	96895	-47.9
卫生	13590	70720	-80.8
社会工作	36900	26175	41.0
文化、体育和娱乐业	104720	204955	-48.9
新闻和出版业			
广播、电视、电影和影视录音制作业	9370	8810	6.4
文化艺术业	35050	16100	117.7
体育		8130	-100.0
娱乐业	60300	171915	-64.9
公共管理、社会保障和社会组织	29002	99130	-70.7
中国共产党机关	6076		
国家机构	9686	91430	-89.4
人民政协、民主党派			
社会保障			

7-3 续表6

单位:万元

指标名称	2016	2015	增长(%)
群众团体、社会团体和其他成员组织	11740	4800	144.6
基层群众自治组织	1500	2900	-48.3
国际组织			
国际组织			
三、本年新增固定资产(万元)	**3756855**	**4328816**	**-13.2**
四、项目个数(个)			
1、施工项目个数	1017	1185	-14.2
其中:本年新开工	793	1024	-22.6
2、本年投产项目个数	752	974	-22.8
五、房屋建筑面积(平方米)			
1、本年施工房屋面积	6220929	5170385	20.3
其中:住宅			
2、本年竣工房屋面积	2558743	2692356	-5.0
其中:住宅			
六、本年资金来源合计	**5681171**	**5273769**	**7.7**
1.上年末结余资金	87111		
2.本年资金来源小计	5594060	5273769	6.1
(1)国家预算资金			
其中:中央预算资金			
(2)国内贷款	86990	130661	-33.4
(3)债券			
(4)利用外资	22500	28528	-21.1
其中:外商直接投资		3840	-100.0
(5)自筹资金	5484570	5114580	7.2
其中:企、事业单位自有资金	1873210	1831432	2.3
其中:股东投入资金			
其中:借入资金			
(6)其他资金来源			
七、各项应付款合计	**393**		
其中:工程款	265		

7-4 按计划总投资分组项目投资情况(2016年)

单位:万元、个

指标名称	固定资产投资	工业投资	三产投资
计划总投资	**9321836**	**5869513**	**3452323**
本年完成投资	5634163	3675275	1958888
施工项目个数	1017	692	325
其中:本年新开工	793	584	209
本年投产项目个数	592	402	190
1000万元以上项目			
计划总投资	9321836	5869513	3452323
本年完成投资	5634163	3675275	1958888
施工项目个数	1017	692	325
其中:本年新开工	793	584	209
本年投产项目个数	592	402	190
3000万元以上项目			
计划总投资	8510491	5406503	3103988
本年完成投资	5080439	3307388	1773051
施工项目个数	718	525	193
其中:本年新开工	642	476	166
本年投产项目个数	472	355	117
5000万元以上项目			
计划总投资	6740548	4064365	2676183
本年完成投资	3434240	2058103	1376137
施工项目个数	310	218	92
其中:本年新开工	221	159	62
本年投产项目个数	160	111	49
10000万元以上项目			
计划总投资	6038701	3539635	2499066
本年完成投资	2906609	1678355	1228254
施工项目个数	219	148	71
其中:本年新开工	168	120	48
本年投产项目个数	90	56	34
100000万元以上项目			
计划总投资	1747579	999192	748387
本年完成投资	678006	301705	376301
施工项目个数	11	7	4
其中:本年新开工	4	4	
本年投产项目个数	1	1	

7-5 固定资产投资主要比例(2016 年)

指标名称	2016 年
固定资产投资额(万元)	**6131858**
按产业分	
第一产业	0
第二产业	3675275
# 工业	3675275
第三产业	2456583
# 房地产	497695
按建设性质分	
新建	2611334
扩建	840310
改建	2182519
其他	497695
投资比例(%)	
三次产业投资比例(%)	
第一产业	0.0
第二产业	59.9
# 工业	59.9
第三产业	40.1
# 房地产	8.1
建设性质投资比例(%)	
新建	42.6
扩建	13.7
改建	35.6
其他	8.1

7-6 房地产开发企业投资、资金和土地情况(2016年)

计量单位:万元、平方米

指标名称	2015年	2016年	同比增长
(一)投资额和新增固定资产			
计划总投资	3123570	3379627	8.2
自开始建设累计完成投资	1692653	1792736	5.9
本年完成投资	393424	497695	26.5
其中:配套工程投资			
按构成分:建筑工程	386927	483957	25.1
按构成分:安装工程	3202	2082	-35.0
按构成分:设备工器具购置	330	8	-97.6
按构成分:其他费用	2965	11648	292.8
其中:旧建筑物购置费			
其中:土地购置费	515	11648	2161.7
按工程用途分:商品住宅	334365	425624	27.3
其中:90平方米以下	59435	56904	-4.3
其中:144平方米以上	110684	141317	27.7
其中:别墅、高档公寓	11487	5392	-53.1
按工程用途分:办公楼	5562	12881	131.6
按工程用途分:商业营业用房	43628	49835	14.2
按工程用途分:其他	9869	9355	-5.2
本年新增固定资产	313830	491691	56.7
(二)资金来源情况			
本年资金来源合计	1113805	1089930	-2.1
1.上年末结余资金	103630	105458	1.8
2.本年资金来源小计	1010175	984472	-2.5
银行贷款	146364	113032	-22.8
(2)利用外资	88		-100.0
(3)自筹资金	426356	219637	-48.5
其中:自有资金	307181	115827	-62.3
(4)其他资金来源	437367	651803	49.0
其中:定金及预收款	317079	362129	14.2
其中:个人按揭贷款	88640	169221	90.9
本年各项应付款合计	253771	242044	-4.6
其中:工程款	185544	198935	7.2
(三)土地开发情况			
待开发土地面积	75835	199923	163.6
本年购置土地面积	62058	24692	-60.2
本年土地成交价款	3413	2978	-12.7

7-7 主要年份房地产开发房屋施工、竣工及销售情况

单位:万平方米

年份	施工面积	竣工面积	销售面积
1996	14.37	9.46	8.94
1997	26.08	20.56	14.21
1998	27.46	22.79	17.91
1999	34.13	22.72	19.34
2000	30.30	21.72	26.53
2001	46.07	17.88	18.55
2002	56.19	42.63	34.16
2003	46.77	19.64	25.12
2004	67.64	29.59	27.39
2005	90.19	53.56	51.79
2006	116.69	54.99	52.04
2007	133.69	28.60	46.02
2008	208.37	59.46	46.94
2009	258.74	64.73	83.21
2010	291.76	65.20	80.24
2011	348.56	180.02	91.22
2012	289.87	57.25	70.06
2013	379.96	97.42	99.01
2014	448.79	119.60	73.33
2015	397.29	80.25	81.68
2016	411.83	149.55	107.02

7-8 房地产开发房屋施工、竣工及销售情况(2016 年)

单位:套、平方米

指标名称	合计	按用途分						
		住宅	90 平米以下住房	144 平米以上住房	别墅、高档公寓	办公楼	商业营业用房	其他房屋
房屋施工面积	4118283	3353883	529187	822022	65073	74233	470030	220137
其中:新开工面积	1002255	808644	144379	156246		24517	103431	65663
房屋竣工面积	1495526	1178051	209175	349456	48944	1528	225544	90403
其中:不可销售面积	104943	101642	2106					3301
商品住宅竣工套数		9115	2563	1947	159			
竣工房屋价值	477247	385892	54282	119224	18704	377	65370	25608
批准预售面积	461926	452468	4359	64248	1092	1528	7930	
批准预售套数		3378	63	219	4			
商品房销售面积	1070239	982236	109521	163464	45703	433	83835	3735
其中:本月销售面积	64960	55348	2438	9693	1362		9612	
其中:现房销售面积	454369	403637	45794	99263	42224	433	46564	3735
其中:期房销售面积	615870	578599	63727	64201	3479		37271	
商品房销售额	842798	782139	74754	169839	43205	171	59881	607
其中本月销售额	47638	40660	824	9733	1701		6978	
其中:现房销售额	269313	238008	24170	92763	38795	171	30530	607
其中:期房销售额	573485	544134	50584	77076	4410		29351	
商品住宅销售套数		8325	1456	848	192			
其中:现房销售套数		3286	620	522	180			
其中:期房销售套数		5039	836	326	12			
空置面积	767617	501195	58182	124242	44382	21141	142461	102820
其中:空置 1-3 年面积	305817	186647	36188	38112	6102	9345	88519	21306
其中:空置 3 年以上面积	63143	16656		15648	15648	7648	38839	

7-9 房地产开发经营情况(2016年)

计量单位:千元

指标名称	2015年	2016年	同比增长
年初存货	16215513	17785157	9.7
流动资产合计	28680006	29110944	1.5
其中:应收账款	479799	248899	-48.1
存货	19095043	14232259	-25.5
固定资产合计	761705	1465549	92.4
固定资产原价	977805	1062451	8.7
累计折旧	233635	245150	4.9
其中:本年折旧	42626	44409	4.2
在建工程	73302	84820	15.7
资产总计	33105850	34765160	5.0
流动负债合计	22860509	23830369	4.2
其中:应付账款	3090519	2974163	-3.8
非流动负债合计	3494683	4697897	34.4
负债合计	26355192	30226163	14.7
所有者权益合计	6750658	6236894	-7.6
其中:实收资本	5080038	4771339	-6.1
营业收入	4999696	9607717	92.2
其中:主营业务收入	4970073	9532580	91.8
商品房屋销售收入	4955372	9186732	85.4

7-9 续表

计量单位：千元

指标名称	2015 年	2016 年	同比增长
房屋出租收入	14193	341343	2305.0
其他收入	508	4495	784.8
营业成本	3958667	8393414	112.0
主营业务成本	3953687	8320037	110.4
主营业务税金及附加	363158	527876	45.4
其他业务利润	16315	19605	20.2
销售费用	115261	209337	81.6
管理费用	248567	272466	9.6
其中：税金	11959	14167	18.5
财务费用	102775	103430	0.6
其中：利息收入	6306	14128	124.0
利息支出	27887	27050	-3.0
资产减值损失	315	500	58.7
投资收益	31775	845	-97.3
营业利润	226990	84733	-62.7
营业外收入	146089	63884	-56.3
营业外支出	15545	48788	213.9
利润总额	357534	99829	-72.1
应交所得税	48717	78600	61.3
应付职工薪酬	119038	151136	27.0

主要统计指标解释

固定资产投资 固定资产投资是社会固定资产再生产的主要手段。固定资产投资额是以货币表现的建造和购置固定资产活动的工作量,它是反映固定资产投资规模、速度、比例关系和使用方向的综合性指标。

房地产开发投资 包括各种经济类型的房地产开发公司、商品房建设公司及其他房地产开发单位统一开发的包括统代建、拆迁还建的住宅、厂房、仓库、饭店、宾馆、度假村、写字楼、办公楼等房屋建筑物和配套的服务设施、土地开发工程,如道路、给水、排水、供电、供热、通讯、平整场地等基础设施工程的投资。还包括非房地产企业实际从事房地产开发或经营活动,不包括单纯的土地交易活动。

固定资产投资的资金来源 根据固定资产投资的资金来源不同,分为上年末结余资金、本年资金来源。其中本年资金来源又分为国家预算内资金、国内贷款、债券、利用外资、自筹资金和其他资金来源6种。

固定资产投资按国民经济行业分 建设项目归哪个行业,按其建成投产后的主要产品或主要用途及社会经济活动性质来确定。一般情况下,一个建设项目或一个企业、事业单位只能属于一种国民经济行业。为了更准确地反映国民经济各行业之间的比例关系,联合企业(总厂)所属分厂屑于不同行业的,原则上按分厂划分行业。

固定资产投资按构成分 固定资产投资活动按其工作内容和实现方式分为建筑工程、安装工程、设备、工具、器具购置,其他费用4个部分。

施工项目 指报告期内曾进行建筑或安装工程施工活动的建设项目。包括报告期内新开工项目、报告期以前开工跨人报告期继续施工的项目以及报告期施过工并在报告期内全部构建成投产或停缓建的项目。

全部建成投产项目 工业项目是指设计文件规定形成生产能力的主体工程及其相应配套的辅助设施全部构成,经负荷试运转,证明具备生产设计规定合格产品的条件,并经过验收鉴定合格或达到竣工验收标准,与生产性工程配套的生产福利设施可以满足近期正常生产的需要,正式移交生产的建设项目。非工业项目是指设计文件规定的主体工程和相应的配套工程全部建成,能够发挥设计规定的全部效益,经验收鉴定合格或达到竣工验收标准,正式移交使用的建设项目。

新增生产能力 指通过固定资产投资活动而增加的设计能力或工程效益,它是用实物形态表示的固定资产投资的成果。新增生产能力的计算,是以能独立发挥生产能力或效益的单项工程(或项目)为对象。当单项工程(或项目)建成,经有关部门鉴定合格,正式移交投入生产,即可计算新增生产能力。

新增生产能力或工程效益有以下几种表现形式:

(1)以建设项目或单项工程建成后的年产能力表示。如煤炭开采,石油开采等。

(2)以建设项目或单项工程建成后处理原料的能力表示。如选矿工程的年处理矿石能力,洗煤厂年洗原煤能力等。

(3)以新增的主要设备数量或容量表示。如棉纺定枚数,发电机组容量等。

(4)以建筑物容积、容量、面积或长度表示。如水库容量,铁路公路里程等。

新增生产能力的数量一般按设计能力计算。设计能力是指设计文件中规定的正常情况下能够达到的生产能力,而不论投产后的实际产量如何。以设备数量、建筑物容积、面积、长度等表示的新增生产能力(或效益)则按建成的实际数量计算。

施工房屋建筑面积 房屋建筑面积是从房屋外墙线算起的各层平面面积的总和,包括房屋结构(如柱、墙)占用的面积和地下室面积。多层建筑按各自然层面积总和计算,包括房屋内的楼隔层、突出墙面的眺望间、门斗、有柱雨罩的面积。不包括突出墙面结构的构件、艺术装饰等所占的面积,如台阶等。凹阳台,挑阳台按其水平投影面积一半计算建筑面积。

竣工房屋建筑面积 指在报告期内房屋建筑按照设计要求,已全部完工,达到住人和使用条件,经验收鉴定合格,正式移交使用单位的建筑面积。

房屋建筑面积竣工率 指一定时期内房屋竣工面积占同期房屋施工面积的比率。它是从房屋建筑施工速度的角度反映投资效果和建筑业经济效益的指标。

新增固定资产 指通过投资活动所形成的新的固定资产价值。包括已经建成投入生产或交付使用的工程价值和达到固定资产标准的设备、工具、器具的价值及有关应摊人的费用。它是以价值形式表示的固定资产投资成果的综合性指标,可以综合反映不同时期、不同部门、不同地区的固定资产投资成果。

建设项目投产率 指一时期内全部建成投人生产项目个数占同期正式施工项目个数的比率。它是从项目建设速度的角度反映投资效果的指标。

固定资产交付使用率 指一定时期新增固定资产与同期完成投资额的比率。它是反映各个时期固定资产动用速度,衡量建设过程中投资效果的一个综合性指标。

规模以上固定资产投资 具体包括:1.计划总投资或实际需要总投资500万元及以上的项目投资;2.房地产开发投资。

第八篇

对外经济

Chapter 8

Foreign Economy

责任编辑:卢　静

8-1 主要年份外贸出口和利用外资

单位：万美元、个

年份	进出口总额	出口总额	实际利用外资	新批外商投资项目数	新批协议注册外资额	对外承包劳务合同额	对外承包劳务营业额
1986							
1990							
1991							
1992							
1993		1517	995	142	3914	526	5142
1994		3524	1572	69	2111	1277	770
1995	8570	7232	3353	86	10495	1958	1251
1996	11887	8585	2266	32	3750	3000	1667
1997	13068	9297	3174	13	5244	3846	2800
1998	14012	6476	962	12	8122	4578	3744
1999	9013	6400	427	17	3434	4790	4420
2000	11041	8181	1299	28	5792	4732	4853
2001	13775	9686	2510	31	4590	4928	4737
2002	16855	12638	2650	61	6179	5084	5762
2003	21209	17675	10996	228	34782	7622	8729
2004	32129	27130	14819	224	56150	5488	9248
2005	39469	32805	25390	190	71133	8068	11043
2006	57923	47907	48707	180	94545	9444	11429
2007	72953	61649	39566	131	84629	11518	13146
2008	89609	71447	29770	71	69588	13523	16704
2009	86718	67498	32163	91	59269	15679	25035
2010	123175	93282	34925	60	58696	18631	32705
2011	158430	113812	11305	26	18672	20634	37280
2012	169196	123813	12205	38	30671	21127	45715
2013	187600	154409	24770	25	54095	25025	53012
2014	203581	145459	15518	32	61502	45174	66534
2015	225399	141851	21883	29	60462	49735	74609
2016	391443	357864	23962	32	59183	43313	72481

8-2 外向型经济主要指标(2016年)

指标名称	单位	数值	去年同期	增幅(%)
对外贸易(海关口径)				
进出口总额	万美元	391443	225399	73.7
进口总额	万美元	33579	83548	-59.8
出口总额	万美元	357864	141851	152.3
利用外资				
新批外商投资项目数	个	32	29	10.3
新批协议注册外资额	万美元	59183	60462	-2.1
实际利用外资额	万美元	23962	21883	9.5
境外投资				
境外投资项目数	个	18	8	125.0
境外投资中方协议投资额	万美元	13974	14469	-3.4
对外承包劳务				
合同额	万美元	43313	49735	-12.9
营业额	万美元	72481	74609	-2.9
期末在外人数	人	5852	6575	-11.0

8-3 分区镇

单位	2016			2015		
	进出口总额	出口	进口	进出口总额	出口	进口
海门全市	**391443**	**357864**	**33579**	**225399**	**141851**	**83548**
海门开发区	52780	36195	16585	102538	35451	67087
海门工业园区	257806	257760	46	33753	33622	131
海门港新区	23380	18956	4424	17266	14147	3119
临江新区	13590	7506	6084	12650	5725	6925
海门高新区	19201	16715	2486	27882	25266	2616
三厂工业园区	8814	8481	333	12772	12525	247
常乐镇	3484	2767	717	4254	3551	703
悦来镇	3426	2934	492	4320	3976	344
四甲镇	4735	4349	386	5365	4782	583
余东镇	1321	1223	98	1449	1368	81
正余镇	2906	978	1928	3150	1438	1712
海永镇	–	–	–	–	–	–

进出口情况

单位:万美元

2014			2013			2012		
进出口总额	出口	进口	进出口总额	出口	进口	进出口总额	出口	进口
203581	**145459**	**58122**	**187600**	**154409**	**33191**	**169196**	**123813**	**45387**
83638	42734	40904	59430	43649	15781	69524	42126	27398
41428	41288	140	56009	55768	241	30728	30336	392
11740	10419	1321	8850	7595	1255	7857	6545	1312
12196	3871	8325	11594	3209	8385	9693	3411	6282
20137	18381	1756	18533	17255	1278	16544	15143	1401
13780	11668	2112	15540	12035	3505	16244	11048	5196
4835	3854	981	4201	3523	678	4674	3841	833
5267	4918	349	4800	4412	388	5404	4636	768
5708	5145	563	5390	4813	577	5479	4544	935
1627	1508	119	1208	1082	126	1458	1225	233
3225	1673	1552	2045	1068	977	1594	958	636
–	–	–	–	–	–	–	–	–

8-4 分区镇

单位	2016		2015	
	新批协议注册外资额	实际利用外资额	新批协议注册外资额	实际利用外资额
合计	**59183**	**23962**	**60462**	**21883**
海门开发区	27182	10094	18778	6564
海门工业园区	5280	2800	6185	1460
海门港新区	15000	6095	14805	2065
临江新区	2234	2785	1008	1310
海门高新区	1739	3152	4510	5491
三厂工业园区	–	1020	3700	1252
常乐镇	6300	1456	1390	850
悦来镇	500	1130	1790	805
四甲镇	–	800	470	600
余东镇	665	800	1403	904
正余镇	–	800	1200	809
海永镇	–	501	1000	501

利用外资情况

单位:万美元

2014		2013		2012	
新批协议注册外资额	实际利用外资额	新批协议注册外资额	实际利用外资额	新批协议注册外资额	实际利用外资额
61502	**15518**	**54095**	**24770**	**30671**	**12205**
17114	5295	20000	15000	3703	1943
5310	305	7080	2019	3490	741
17293	5043	11450	3851	11395	7895
2500	402	7406	1359	1208	1050
3205	705	4567	1368	2593	1458
4848	1005	2110	500	1530	169
2235	1245	1310	560	1118	590
3005	1398	1900	804	2080	514
1680	1312	1735	560	635	150
1724	800	1397	810	960	362
1200	800	1298	560	1501	446
500	517	800	301	400	300

8-5 按贸易方式分进出口总额(2016 年)

单位:万美元

项目	进出口总额		
		出口	进口
总计	**391443**	**357864**	**33579**
一般贸易	125039	109588	15451
加工贸易	36247	18362	17885
来料加工装配贸易	14780	10454	4327
进料加工贸易	21467	7908	13559
外商投资进口设备	48	0	48
保税仓库进出境货物	44	0	44
其他	229546	229395	151

8-6 对主要国家或地区进出口情况(2016年)

单位:万美元

地区	进出口总额	出口	进口
总计	**391443**	**357864**	**33579**
亚洲	**212150**	**195917**	**16232**
# 香港	45041	45021	20
印度	26499	24053	2447
印度尼西亚	3952	3950	1
日本	12385	9657	2728
马来西亚	7005	5750	1256
新加坡	4562	3386	1175
韩国	8271	6058	2213
泰国	14617	10290	4327
台湾	4361	3750	611
# 东盟	41370	33964	7406
非洲	**37978**	**36430**	**1548**
# 纳米比亚	386	386	0
南非(阿扎尼亚)	4112	4103	9
欧洲	**61981**	**54012**	**7969**
# 比利时	1048	946	103
英国	8738	7984	754
德国	9751	7776	1974
法国	4453	4173	280
意大利	4921	4023	898
荷兰	6584	3867	2718
西班牙	2849	2582	267
# 欧盟	46782	39133	7649
拉丁美洲	**27111**	**26942**	**169**
# 巴西	7752	7744	8
墨西哥	3514	3449	65
巴拿马	621	621	0
北美洲	**43976**	**36629**	**7347**
# 加拿大	5793	5697	96
美国	38184	30933	7251
大洋洲	**8245**	**7933**	**312**
# 澳大利亚	7206	7077	129

8-7 主要商品进出口总额(2016年)

单位:万美元

项目	进出口总额	出口	进口
总计	**391443**	**357864**	**33579**
# 活动物;动物产品	162	162	0
植物产品	5550	1372	4178
动植物油脂蜡及其分解产品	309	242	67
食品饮料酒及醋、烟草及制品	827	722	105
矿产品	1711	249	1462
化学工业及相关工业产品	18459	16605	1855
塑料橡胶及其制品	22019	19702	2317
生皮皮革毛皮及制品	9473	9407	66
木及木制品、他编结材料制品	552	552	0
纸浆、纸、纸板及其制品	1668	1593	75
纺织原料及纺织制品	74180	72710	1469
鞋帽伞杖鞭羽毛制品、人造花	30810	30798	12
石料及其制品、陶瓷玻璃及制品	13276	11224	2052
珍珠宝石贵金属、仿首饰、硬币	3319	3318	1
贱金属及其制品	31013	28101	2912
机器、电子产品、电气设备及零件	102975	87302	15673
车辆、航空器、船舶及运输设备	606	567	39
光学检测医疗设备、钟表乐器	31715	31092	623
杂项制品	42813	42142	671
# 纺织品	78903	77834	1069
机电产品	168843	150272	18572
高新技术产品	54582	50790	3791
农产品	7573	2498	5075
电子通信	43904	40377	3527

8-8 出口总额前20家企业名录(2016年)

序号	单位名称
1	南通豪坤家纺有限公司
2	南通市巴尔干国际贸易有限公司
3	南通市福载国际贸易有限公司
4	燕达(海门)重型装备制造有限公司
5	南通丰盈达国际贸易有限公司
6	南通市钮思达国际贸易有限公司
7	南通威特斯国际贸易有限公司
8	南通市吾斯特贸易有限公司
9	南通市赛丝登国际贸易有限公司
10	南通市苏尔赫国际贸易有限公司
11	南通市莎博斯国际贸易有限公司
12	南通奥格国际贸易有限公司
13	南通六月天国际贸易有限公司
14	南通惠基国际贸易有限公司
15	江苏叠石桥国际贸易有限公司
16	南通红月亮国际贸易有限公司
17	南通市面创国际贸易有限公司
18	南通市鼎禾盛国际贸易有限公司
19	南通活力国际贸易有限公司
20	路特利举升机(海门)有限公司

8-9 旅游人数和旅游收入

指标	单位	2016	2015	2014
国内旅行社个数(市内)	个	6	6	6
旅游人数(注 1)	万人	348.83	295.37	241.20
国际旅游者人数	人	101300	100600	98400
# 外国人	人	49800	49000	48300
# 港澳台同胞	人	51500	50700	50100
接待海外旅游者住宿客房出租间天数	间天	159700	143600	131200
接待海外旅游者住宿客房核定出租间天数	间天	176300	159200	145800
星级饭店(宾馆)数	个	6	7	7
星级饭店客房总数	间	836	855	855
旅游总收入(注 2)	万元	320600	271100	217900
旅游外汇收入	万美元	1136.32	1042.33	937.45

注:1. 含出境居民和国内过夜游客

2. 含国内旅游收入

主要统计指标解释

利用外资　指我国各级政府、部门、企业和其他经济组织通过对外借款、吸收外商直接投资以及用其他方式筹措境外现汇、设备、技术等。

新签协议个数　是指报告期内新批准的外国政府贷款和国际金融组织贷款等对外借款协议项目个数、新批准设立的外商直接投资企业个数、海洋石油勘探开发以签订的独立勘探开发的合同份数、新签订的外商其他投资合同份数。

协议外资金额　指报告期内新签协议(合同)中规定的外资金额。具体包括:①经批准对外正式签订的借款协议中规定的借款金额;②新批外商直接投资企业的合同规定的外商投资额(即合同外资金额);③新签订的加工装配和补偿贸易协议中规定的商提供设备价款,以及国际租赁协议中我方应付的设备租金。

合同外资金额　指新批外商投资企业的合同规定的可使用的外方投资额。

实际利用外资　是指协议(合同)正式签订并经批准后,在协议(合同)执行过程中实际发生的资本拨交价值。它是衡量一个国家或地区实际利用外资规模的总量指标。具体包括:①实际提取的对外借款数或拨交使用金额;②外商投资企业中外方实际投入的资本(即外商实际投资),包括现金、实物、工业产权、专有技术等,外商投资收益的再投资也包括在内;③“三来一补”(加工装配和补偿贸易)业务中外商作价提供的设备实际进口到货金额(即我方应付的设备款),以及国际租赁业务中租赁的设备实际进口到货后,我方应付的租金总额等。

进出口总额　指实际进出我国国境的货物总金额。包括对外贸易实际进出口货物、来料加工装配进出口货物,国家间、联合国及国际组织无偿援助物资和赠送品,华侨、港澳台同胞和外籍华人捐赠品,租赁期满归承租人所有的租赁货物,进料加工进出口货物,边境地方贸易及边境地区小额贸易进出口货物(边民互市贸易除外),外商投资企业进出口货物和公用物品,到、离岸价格在规定限额以上的进出口货样和广告品(无商业价值、无使用价值和免费提供出口的除外),从保税仓库提取在中国境内销售的进口货物以及其他进出口货物。进出口总额用以观察一个国家或地区在对外贸易方面的总规模,海关统计制度规定:出口货物按离岸价格统计,进口货物按到岸价格统计。

对外劳务合作　指以收取工资的形式向业主或承包商提供技术和劳动服务的活动。我国对外承包公司在境外开办的合营企业,中国公司同时有提供劳务的,其劳务部分也纳入劳务合作统计。劳务合作营业额按报告期内向雇主提交的结算数(包括工资、加班费和奖金等)统计。

对外承包劳务合同额　指对外承包劳务企业在报告期内签订的对外承包工程、劳务合作和设计咨询项目的合同金额。

对外承包劳务营业额　指对外承包劳务企业在报告期内完成的以货币表现的承包工程工作量、劳务合作收入、设计咨询收入(包括以前年度签订合同和本年新签订的合同在报告期完成的工作量)。

国际旅游接待人数　指来我国参观、访问、旅行、探亲、访友、休养、考察、参加会议和从事经济、科技、文化、教育、体育、宗教等活动的外国人、港澳台同胞的人数。不包括外国在我国的常驻机构,如使领馆、通讯社、企业办事处的工作人员和来我国常驻的外国专家、留学生以及在口岸逗留不过夜人员。

外 国 人　是指外国国籍的人。外籍华人应包括在外国人中,它是指加入外国国籍的中国血统华人。

华　　侨　是指居住在国外但未加入居住国和其他国家国籍的中国同胞。

港澳同胞　是指居住在我国港澳地区的中国同胞。

台湾同胞　是指居住在我国台湾省的同胞。凡以加入外国国籍,或定居在其他国家、地区的台湾同胞应分别统计在“外国人”或“华侨”项内。

国际旅游外汇收入　指入境旅游的外国人、港澳台同胞在中国大陆旅游过程中发生的一切旅游支出,对于国家或地区来说就是国际旅游外汇收入。

国内旅游人数　指报告期内在中国(大陆)观光游览、度假、探亲访友、就医疗养、购物、参加会议或从事经济、文化、体育、学教活动的中国(大陆)居民,其出游的目的不是通过所从事的活动得取报酬。统计时,国内游客按每出游一次统计 1 人次。

第九篇

能源 资源 环境保护

Chapter 9

Energy, Resources and Environmental Protection

责任编辑:张 宇 卢 静

9-1　2006-2016 年单位 GDP 能耗、电耗

年份	单位 GDP 能耗（吨标煤/万元）	单位 GDP 能耗增幅（%）	单位 GDP 电耗（千瓦时/万元）	单位 GDP 电耗增幅（%）
2006	0.679		721.1	
2007	0.655	-3.54	668.5	-7.3
2008	0.618	-5.65	618.7	-7.5
2009	0.587	-5.08	594.1	-4.0
2010	0.565	-3.75	590.0	-0.7
2011	0.480	-3.67	515.1	-1.0
2012	0.462	-3.73	500.5	-2.8
2013	0.444	-3.89	492.0	-1.7
2014	0.412	-7.15	453.2	-7.9
2015	0.377	-6.45	423.5	-6.6
2016	0.294	-4.27	385.4	-2.2

9-2 规模以上工业企业

	原煤(吨)	无烟煤(吨)	一般烟煤(吨)	焦炭(吨)	天然气(万立方米)
总计	**971294**	**3250**	**968044**	**7138**	**1434**
按地区分	—	—	—	—	—
海门开发区	261907		261907	617	934
海门工业园区	34219		34219		
海门港新区	40849		40849	568	310
临江新区	128907	3250	125657		180
海门高新区	16531		16531		10
三厂工业园区	240617		240617	54	
常乐镇	45679		45679	1747	
悦来镇	178818		178818	4152	
四甲镇	2098		2098		
余东镇	12322		12322		
正余镇	9348		9348		
海永镇					
国营江心沙农场					
按轻重工业分					
轻工业	349806	3250	346556		180
重工业	621488		621488	7138	1254
按行业分					
制造业	589168	3250	585918	7138	1434
农副食品加工业	75		75		
食品制造业	103		103		
纺织业	241704	3250	238454		
纺织服装、服饰业	4256		4256		

主要能源品种消费量（2016 年）

液化天然气 (吨)	汽油 (吨)	煤油 (吨)	柴油 (吨)	燃料油 (吨)	液化石油气 (吨)	热力 (百万千焦)	电力 (万千瓦时)	生物质废料 用于燃料 （吨标准煤）
8545	19061	1605	10007	3520	1260	6059662	302583	165173
—	—	—	—	—	—	—	—	—
6994	2530		2355		64	157041	57861	
	3207	46	119				26112	
	166		344				33759	
	20		854		530	4000792	31155	165173
	1435		956			28590	39719	
1551	305		141	43		1873239	44246	
	6943	1518	3159	3477			11618	
	1952	41	812				24107	
	267		139		666		16440	
	833		338				5544	
	1364		729				8175	
							2463	
							383	
165	10298	46	1325		530	1410304	82663	
8380	8763	1559	8682	3520	730	4649358	219920	165173
8545	19045	1605	9953	3520	1260	6059662	295528	
	819					24100	4573	
	36					421550	4383	
165	1787		494			627798	31373	
	439		145			120	3007	

	原煤 (吨)	无烟煤 (吨)	一般烟煤 (吨)	焦炭 (吨)	天然气 (万立方米)
皮革、毛皮、羽毛及其制品和制鞋业	5424		5424		
木材加工和木、竹、藤、棕、草制品业					
家具制造业					
造纸和纸制品业	7109		7109		
印刷和记录媒介复制业	880		880		
文教、工美、体育和娱乐用品制造业	56862		56862		
化学原料和化学制品制造业	140050		140050		180
医药制造业	10248		10248		
化学纤维制造业	3801		3801		
橡胶和塑料制品业	2759		2759		
非金属矿物制品业	50143		50143		
黑色金属冶炼和压延加工业	23063		23063	4668	
有色金属冶炼和压延加工业	4313		4313	2364	
金属制品业	23937		23937		387
通用设备制造业	246		246	106	5
专用设备制造业	12407		12407		756
汽车制造业					
铁路、船舶、航空航天和其他运输设备制造业					
电气机械和器材制造业	1790		1790		
计算机、通信和其他电子设备制造业					106
仪器仪表制造业					
电力、热力、燃气及水生产和供应业	382126		382126		
电力、热力生产和供应业	382126		382126		
燃气生产和供应业					
水的生产和供应业					

续表

液化天然气(吨)	汽油(吨)	煤油(吨)	柴油(吨)	燃料油(吨)	液化石油气(吨)	热力(百万千焦)	电力(万千瓦时)	生物质废料用于燃料(吨标准煤)
	319		111				3755	
							29	
							96	
	26		169				1270	
	35						484	
	2482	46	177		530		16109	
36	2428	1400	1166			4418440	45082	
	3140		20			141915	4231	
	61						731	
	491		185			7240	7413	
	438		1494				30978	
1350	317	41	308	43		39510	11478	
	160		985				17462	
6850	904		165			245273	26772	
144	1537	118	1149				17736	
	1801		2389	3477	666		15259	
	12		56				563	
	101		187			21	3492	
	1113		503		64		32402	
	427		208			133695	8806	
	173		43				8009	
	16		54				7055	165173
			54				6072	165173
	16						983	

9-3 规模以上工业企业能源购进、消费与库存(2016 年)

能源品种	计量单位	年初库存量	购进量		消费量			期末库存量
				其中购自省外	工业生产消费	非工业生产消费	运输工具消费	
能源合计	**吨标准煤**				**1462001**			
原煤	吨	931	970770	161919	971294			407
# 无烟煤	吨		3250		3250			
炼焦烟煤	吨							
一般烟煤	吨	931	967520	161919	968044			407
褐煤	吨							
焦炭	吨		7138		7138			
天然气	万立方米		1434		1434			
液化天然气	吨		8545		8545			
汽油	吨		19101	23	19061		10192	
煤油	吨		1605		1605			
柴油	吨	6	10008		10007		5061	7
燃料油	吨		3520		3520			
液化石油气	吨		1260		1260			
热力	百万千焦		6059663		6059662			
电力	万千瓦时		296640		302583			
生物质废料用于燃料	吨标准煤		165173		165173			

9-4 规模以上工业企业分行业综合能耗(2016年)

指标	企业单位数	综合能源消费量（吨标准煤）	工业总产值（万元）	万元产值能耗（吨标准煤/万元）
总计	**603**	**1273790**	**20869674**	**0.06**
按轻重工业分				
轻工业	277	421037	4909543	0.09
重工业	326	852752	15960131	0.05
按行业分				
制造业	599	1084352	20815796	0.05
农副食品加工业	9	7701	315688	0.02
食品制造业	3	19888	108029	0.18
纺织业	123	236996	1452895	0.16
纺织服装、服饰业	24	7597	277840	0.03
皮革、毛皮、羽毛及其制品和制鞋业	15	9120	429021	0.02
木材加工和木、竹、藤、棕、草制品业	1	36	2804	0.01
家具制造业	1	118	3740	0.03
造纸和纸制品业	5	6924	47838	0.14
印刷和记录媒介复制业	3	1276	46778	0.03
文教、工美、体育和娱乐用品制造业	51	65301	1311892	0.05
化学原料和化学制品制造业	49	315900	2996019	0.11
医药制造业	13	22009	404500	0.05
化学纤维制造业	1	3703	14088	0.26
橡胶和塑料制品业	25	12320	310016	0.04
非金属矿物制品业	40	76712	621223	0.12
黑色金属冶炼和压延加工业	14	39871	310510	0.13
有色金属冶炼和压延加工业	20	28508	766035	0.04
金属制品业	36	77096	1125591	0.07
通用设备制造业	64	26489	1881098	0.01
专用设备制造业	21	49910	1783436	0.03
汽车制造业	4	790	14073	0.06
铁路、船舶、航空航天和其他运输设备制造业	8	4713	228015	0.02
电气机械和器材制造业	47	43580	5231872	0.01
计算机、通信和其他电子设备制造业	16	17591	313527	0.06
仪器仪表制造业	5	10160	813109	0.01
电力、热力、燃气及水生产和供应业	4	189438	53878	3.52
电力、热力生产和供应业	3	188207	38470	4.89
燃气生产和供应业				
水的生产和供应业	1	1231	15408	0.08

9–5 规模以上工业企业用水情况(2016年)

指标名称	计量单位	取水量		外供水量	
		本期	上年同期	本期	上年同期
总计	**立方米**	**94415979**	**88353928**	**62591417**	**60587642**
地表淡水	立方米	73585879	68045734		
地下淡水	立方米	8118462	7749095		
自来水	立方米	11663704	11361901	62311969	60587642
其他水	立方米	1047933	1197198	279448	

补充指标

指标名称	计量单位	本期	上年同期
外排水量	立方米	18684099	18325480
重复用水量	立方米	8783857	8668889

9–6 规模以上工业企业综合能耗(2016年)

综合能源消费量		产值能耗(吨标准煤/万元)	
指标值(吨标准煤)	增幅(%)	指标值(吨标准煤/万元)	增幅(%)
1273790	1.1	0.061	-12.8

9-7 全社会用电情况

单位：万千瓦时

指标	2016	2015	2014
全社会用电总计	**385968**	**360430**	**351180**
全行业用电合计	**321122**	**304609**	**297671**
第一产业	11201	9689	9028
第二产业	264471	255721	251751
第三产业	45450	39199	36892
城乡居民生活用电合计	**64846**	**55821**	**53509**
城镇居民	21981	19668	17381
乡村居民	42865	36153	36128
全行业用电分类	**321122**	**304609**	**297671**
农、林、牧、渔业	11201	9689	9028
工业	259137	250184	245506
轻工业	91449	88178	88203
重工业	167688	162006	157303
建筑业	5334	5537	6245
交通运输、仓储和邮政业	1210	1008	934
信息传输、计算机服务和软件业	3715	3436	3298
商业、住宿和餐饮业	20291	16965	16446
金融、房地产、商务及居民服务业	8482	7277	6236
公共事业及管理组织	11752	10513	9978

9-8 分区镇工业用电情况

单位：万千瓦时

区镇	2016	2015	2014	2013	2012
海门开发区	71390	72538	72916	69488	59343
海门工业园区	21355	19390	19013	17858	17252
海门港新区	21647	20012	20031	18772	18040
临江新区	23465	21169	20986	19319	25551
海门高新区	22560	20111	20091	22381	42443
三厂工业园区	30583	28308	28669	29826	22177
常乐镇	9606	9428	11055	11116	10359
悦来镇	9636	8705	8457	8095	7766
四甲镇	9082	8960	8847	8975	8524
余东镇	5666	5216	5212	5011	5937
正余镇	7562	6656	6742	6216	5976
海永镇	—	—	—	—	—

9-9 工业污染排放及处理利用情况

指标	单位	2016 年	2015 年
一、企业基本情况			
汇总工业企业数	个	185	172
工业总产值(当年价格)	亿元	247	180
取水量	万吨	1617	1804
煤炭消耗量	万吨	60	55
其中:燃料煤消耗量	万吨	60	55
燃料煤平均含硫量	%	0.8	0.9
燃料煤平均灰分	%	20.1	21.2
燃料煤平均干燥无灰基挥发分	%	32.5	34.4
燃料油消耗量(不含车船用)	万吨	0.27	0.30
燃料油平均含硫量	%	0.2	0.2
焦炭消耗量	万吨	0.05	0.05
焦炭平均含硫量	%	0	0
焦炭平均灰分	%	0	0
天然气消耗量	亿立方米	0.17	0.10
其他燃料消耗量	万吨标煤	0.25	0.50
用电量	亿千瓦时	11	11
工业锅炉数	台	79	85
其中:35 蒸吨及以上的	台	4	4
其中:20(含)-35 蒸吨之间的	台	4	2
其中:10(含)-20 蒸吨之间的	台	1	8
其中:10 蒸吨以下的	台	74	71
工业锅炉蒸吨数	蒸吨	661	697
其中:20 蒸吨以上的蒸吨数(蒸吨)	蒸吨	300	300
其中:安装脱硫设施的蒸吨数(蒸吨)	蒸吨	300	
其中:10-20(含)蒸吨之间的蒸吨数(蒸吨)	蒸吨	20	
其中:10(含)蒸吨以下的蒸吨数(蒸吨)	蒸吨	341	

9-9 续表1

指标	单位	2016年	2015年
工业窑炉数	座	55	32
二、工业废水			
废水治理设施数	套	147	134
废水治理设施处理能力	万吨/日	10	9
废水治理设施设备运行费用	万元	8550	13535
工业废水处理量	万吨	1216	1297
工业废水排放量	万吨	1350	1288
其中:直接排入环境的	万吨	168	553
排入污水处理厂的	万吨	1182	735
化学需氧量产生量	吨	16122	23286
化学需氧量排放量	吨	1054	2427
氨氮产生量	吨	736	591
氨氮排放量	吨	118	138
总氮产生量	吨	1105	
总氮排放量	吨	294	
总磷产生量	吨	151	
总磷排放量	吨	28	
石油类产生量	吨	123	65
石油类排放量	吨	21	17
挥发酚产生量	千克	929	927
挥发酚排放量	千克	466	467
氰化物产生量	千克	9640	10001
氰化物排放量	千克	190	233
废水砷产生量	千克	0	3.3
废水砷排放量	千克	0	1.6
废水铅产生量	千克	0	0.05
废水铅排放量	千克	0	0.05
废水镉产生量	千克	0	0.02
废水镉排放量	千克	0	0.02
废水汞产生量	千克	20	20
废水汞排放量	千克	1	1

9-9 续表2

指标	单位	2016年	2015年
废水总铬产生量	千克	11297	13544
废水总铬排放量	千克	253	1250
废水六价铬产生量	千克	11264	13478
废水六价铬排放量	千克	242	1214
三、工业废气			
工业废气排放量	亿立方米	73	137
废气治理设施数	套	367	257
废气治理设施处理能力	万立方米/时	381	328
废气治理设施运行费用	万元	5524	4016
脱硫设施数	套	10	25
脱硝设施数	套	5	4
除尘设施数	套	64	178
VOCs处理设施数	套	51	
二氧化硫产生量	吨	11012	9959
二氧化硫排放量	吨	3029	5505
氮氧化物产生量	吨	3077	3045
氮氧化物排放量	吨	1834	2450
烟(粉)尘产生量	吨	77818	96378
烟(粉)尘排放量	吨	1767	3765
挥发性有机物(VOCs)产生量	吨	2189	
挥发性有机物(VOCs)排放量	吨	285	
废气砷产生量	千克	0	24
废气砷排放量	千克	0	0
废气铅产生量	千克	0	0
废气铅排放量	千克	0	0

9-9 续表3

指标	单位	2016年	2015年
废气镉产生量	千克	0	0
废气镉排放量	千克	0	0
废气汞产生量	千克	0	0
废气汞排放量	千克	0	0
废气总铬产生量	千克	0	0
废气总铬排放量	千克	0	0
废气六价铬产生量	千克	0	0
废气六价铬排放量	千克	0	0
四、工业固体废物			
一般工业固体废物产生量	万吨	21	15
一般工业固体废物综合利用量	万吨	20	15
其中：综合利用往年贮存量(一般固体废物)	万吨	0.05	0
一般工业固体废物处置量	万吨	0.06	0.15
其中：处置往年贮存量(一般固体废物)	万吨	0	0
一般工业固体废物贮存量	万吨	0.56	0
一般工业固体废物倾倒丢弃量	万吨	0	0
危险废物产生量	万吨	1.47	0.74
危险废物综合利用量	万吨	0	0
其中：综合利用往年贮存量(危险废物)	万吨	0	0
其中：送外单位综合利用量	万吨	0	0
危险废物处置量	万吨	0.69	0.74
其中：处置往年贮存量(危险废物)	万吨	0	0
送外单位处置量_其中：送持证单位处置量	万吨	0.69	0.74
危险废物贮存量	万吨	0.78	0
危险废物累计贮存量	万吨	0.78	0
危险废物倾倒丢弃量	万吨	0	0
危险废物内部年综合利用/处置能力	万吨	0	0

主要统计指标解释

能源消费量 指能源使用单位在报告期内实际消费的一次能源或二次能源的数量。就每种能源的实物消耗而言，是其消费量；如果将实际消费的各种能源折标准量相加所得到的能源消费量合计数据是企业投入消费的全部能源，没有扣除能源品种加工转换的重复因素。耗能工质(如水、氧气、压缩空气等)，不论是外购的还是自产自用的，均不统计在能源消费量中。

工业生产能源消费 指工业企业为进行工业生产活动所消费的能源。主要包括：(1)用于本企业产品生产、工业性作业的能源，包括用作原料、材料、燃料、动力；作为能源加工转换企业，还包括用作加工转换的能源。(2)产品生产过程中作为辅助材料使用的能源。(3)生产工艺过程使用的能源。(4)新技术研究、新产品试制、科学试验使用的能源。(5)为了工业生产活动而在进行的各种修理过程中使用的能源。(6)生产区内的劳动保护用能等。

非工业生产能源消费 指在工业企业能源消费中，除"工业生产能源消费"以外的能源消费，即非工业生产用能和工业企业附属的不从事工业生产活动的非独立核算单位用能。比如本企业施工单位进行技术更新改造、维修等过程用能，非生产区的劳动保护用能，科研单位、农场、车队、学校、医院、食堂、托儿所等单位用能。但是必须注意，上述单位如果是独立核算的，其用能既不能包括在"工业企业能源消费"中，亦不能包括在"非工业生产能源消费"中。生产交通运输工具的企业(如造船厂、汽车制造厂)，向成品轮船、汽车中添加动力用油，应算作企业的非工业生产消费。

能源加工、转换投入 能源加工、转换是为了特定的用途，将一种能源(一般为一次能源)，经过一定的工艺，加工或转换成另外一种能源(二次能源)。

用作能源加工、转换的能源不能算作用于原材料。两者的区别是：用作加工、转换，投入的是能源，产出的主要产品还是能源，或产出的产品属于加工、转换过程中产生的不作能源使用的其他副产品和联产品。而用作原材料时，投入的是能源，产出的主要产品却是能源范畴以外的产品，包括产出的某种产品在广义上可以用作能源(比如可以燃烧以提供热量)，但通常意义上不作能源使用的产品。

能源加工转换产出量 指经过能源加工转换装置产出的二次能源产品(包括不作能源使用的其他副产品和联产品)，比如火力发电产出的电力，热电联产同时产出的电力、蒸汽、热水，洗煤产出的洗精煤、洗中煤、洗煤泥等，炼焦产出的焦炭、焦炉煤气和其他焦化产品，炼油产出的汽油、煤油、柴油、燃料油、液化石油气、炼厂干气和其他石油制品(石脑油、各种原料油、溶剂油、石蜡、润滑油、石油沥青等)，制气产出的是焦炉煤气、其他煤气、焦炭和其他焦化产品(煤焦油、粗苯等)。

用作原材料的能源消费 指能源产品不作能源使用，即不作燃料、动力使用，而作为生产另外一种产品(非能源产品)的原料或作为辅助材料使用，作原料使用时通常构成这种产品的实体。它与用作加工、转换的区别是：用作加工、转换，投入的是能源，产出的主要产品还是能源(或产出的产品属于加工、转换过程中产生的不作能源使用的其他副产品和联产品)。而用作原材料时，投入的是能源，产出的主要产品却是能源范畴以外的产品，包括产出的某种产品在广义上可以用作能源(比如可以燃烧以提供热量)，但通常意义上不作能源使用的产品。

综合能源消费量 指报告期内工业企业在工业生产活动中实际消费的各种能源的总和净值。计算综合能源消费量时，需要先将使用的各种能源折算成标准燃料后再进行计算。

综合能源消费量=工业生产消费的能源合计-加工转换产出能源合计 -回收利用能源合计。

终端能源消费量 是全国能源平衡表和地区能源平衡表中使用的概念，能源消费分两个部分，即加工转换消费和终端消费。终端能源消费，是在能源核算时，为反映能源的实际消费情况而设置的一个综合指标，它是指没有经过加工转换的一次能源或经过加工转换后的二次能源直接用作原料、材料、燃料、动力以及工艺性消费的数量，不包括用于加工转换的能源。

标准煤 亦称煤当量，指具有统一规定的标准热值的一种能源标准计量单位。我国规定每千克标准煤的热值为 7000 千卡。将不同品种、不同含量的能源按各自不同的热值，以 7000 千卡为一个计量单位换算成标准燃料，即为标准煤。

当量值 是指某种能源本身所含的热量，当量热值是固定不变的。

等价值 是指为了获得一个度量单位的某种二次能源(如汽油、柴油、电力、蒸气等)或耗能工质(如压缩空气、氧气、各种水等)所消耗的以热值表示的一次能源量。等价热值，实质上是除当量热值外，加上了能源转换过程中的能量损失，因此等价热值是个变动值,它与能源加工转换技术有关。随着技术水平的提高,等价值会不断降低,而趋向于二次能源所具有的能量。等价值可由下面的计算公式求得:等价热值当量热值/转化效率。

单位 GDP 能耗 是反映能源消费水平和节能降耗状况的主要指标,指一定时期内一个国家(地区)每生产一个单位的国内(地区)生产总值所消耗的能源。

计算公式为:单位 GDP 能耗=$\frac{\text{能源消费总量}}{\text{GDP}}$(注:十二五期间,GDP 均按 2010 年价格计算)

单位 GDP 能耗上升或下降(±%)=($\frac{\text{能源消费总量增长指数}}{\text{GDP 增长指数}}$-1)×100%

单位 GDP 电耗 是指一定期内一个国家(地区)每生产一个单位的国内(地区)生产总值所消耗的电力。

计算公式为:单位 GDP 电耗=$\frac{\text{全社会用电量}}{\text{GDP}}$(注:十二五期间,GDP 均按 2010 年价格计算)

单位 GDP 电耗上升或下降(±%)=($\frac{\text{全社会用电量增长指数}}{\text{GDP 增长指数}}$-1)×100%

取水量 指工业企业法人单位从各种水源实际提取的新水量。取水源包括地表水、地下水、自来水、污水处理达标水、未达标污水、收集雨水利用、以及企业从市场购得的其他水或水的产品(如纯净水、矿泉水等)。工业取水量包括采盐业所取的海水、汲取的地下卤水、盐湖水,包括海水淡化企业所取的海水,包括自来水生产企业所取的地表水和地下水,包括污水处理厂处理的污水。

取水量不包括重复用水量;不包括企业采自河流、水库、湖泊、海洋的水用于冷却,不重复使用,又排回到河流、水库、湖泊、海洋的水,我们称之为河湖海冷却水;不包括水力发电厂的发电动力用水量。

取水量按取水企业和供水单位商定的结算水表的流量计算。如没有水表,应按取水企业和供水单位商定的、或有关管理部门规定的计算方法计算取水量。

外供水量 指供水单位向用水单位提供的符合用水单位质量要求的水量。主要有自来水生产企业向城镇用户供应的自来水量;或者是纯净水、矿泉水生产企业向社会销售的产品水量;或者是污水处理厂将污水处理后得到的中水或符合用户要求标准的水质向用户单位提供的水量;或者是海水淡化水企业外供的淡化水量,或者是一些工业企业提取的低下水、地表水向外单位用户提供的水量。不包括向自然界直接排放的水量。

地表水 指河流、湖泊、水库、海洋等地表水源的水。地表水分为淡水和咸水。海水和内陆咸水湖的水为咸水。一般的河流、湖泊、水库的水是淡水。

地下水 指在地质岩层或土层中的水源,地下水的开采一般是通过钻井从地下抽取水量。地下水也分为淡水和咸水。

自来水 指地表水、地下水等经过供水企业加工处理,经认定达到自来水供水标准,通过城镇自来水管道网供应的水。

其他水 指上述水源没有涵盖的,或者界定不清的水。比如一些产品水,如纯净水、矿泉水、海水淡化水,或者污水处理厂处理的水等。其他水不应包括茶饮料、碳酸饮料、果汁饮料、酒类等大量用水的产品。

重复用水量 工业企业重复用水量就是指在企业内部,对生产和生活排放的废水直接或经过处理后回收再利用的水量,不包括企业从城市污水处理厂购买的中水或符合企业用水标准的水。企业废水在报告期每重复利用一次,计算一次重复用水量。重复用水量不包括河湖海冷却水用量。

河湖海冷却水用量 指企业采自河流、水库、湖泊、海洋的水用于冷却,不重复使用,又直接排回到的河流、水库、湖泊、海洋的水。河湖海冷却水用量是作为单独一项指标统计,不应包含在取水量的指标中。河湖海冷却水用量一般多见于发电厂。

废水排放量 指用水单位将所取水使用后,向本单位外排放的水量。废水排放可能经过本企业的净化处理,达到环保排放标准,也可能没有经过净化处理排放。废水排放量不包括河湖海冷却水。

废水排放量企业有计量装置的,按计量装置计量数据计算排放量。没有计量装置的,应依据有关管理部门规定的计算方法计算排水量,如没有具体的计算方法规定,可将取水量视为排水量填报。

废水处理达标水排放量 指用水单位所用的水,经过污水处理达到环保部门认可排放标准的水,向本单位外排放的水量。

废水未处理或未达标排放量 指用水单位所用的水,未经污水处理或经简单处理却没有达到环保部门认可排放标准的水,向本单位外排放的水量。

第十篇 农 业

Chapter 10

Agriculture

责任编辑：陈　辉　卢　静

10-1 主要年份农村基本情况

年份	乡个数(个)	镇个数(个)	乡村从业人员(万人)			
				农林牧渔劳动力	工业劳动力	建筑劳动力
1949	111	3	296450	241557		
1952	147	3	308698	255869		
1957	67	2	336740	280534		
1962	31	4	351932	294992		
1965	31	2	394466	360888		
1970	31	2	468753	455597		
1975	31	2	505676	474436	15206	3810
1978	31	2	520310	444877	42788	8004
1980	31	2	540327	427552	66597	8926
1985	31	3	547968	313766	115206	53014
1990	23	11	547841	291678	112228	73048
1991	23	11	567014	328430	111439	75252
1992	19	11	585417	314122	113807	76217
1993	19	11	574411	305505	108408	80939
1994	13	17	571348	294911	106912	85623
1995	13	17	565844	272013	108614	93214
1996	11	19	561823	268940	108849	95904
1997	11	19	572543	281959	106737	99965
1998	11	19	570156	287405	95273	101112
1999	11	19	564409	284735	89621	101219
2000	4	18	562701	281164	86854	103340
2001	1	21	561902	272872	89657	105628
2002	1	21	540782	250598	90989	104182
2003	1	21	507946	243313	93263	107603
2004	1	21	530479	203849	100045	110900
2005	1	21	537243	206574	92908	108103
2006	1	21	512873	163745	96382	107051
2007	1	21	508755	145601	102761	106609
2008	1	21	503063	139481	103787	107391
2009	1	21	503397	133966	106868	109624
2010	1	21	500818	129483	107668	110301
2011	1	21	499249	131142	104393	110804
2012	1	11	496739	125196	113756	114161
2013	1	11	492220	120670	113832	114205
2014	1	11	489900	117170	114032	114500
2015	0	12	490100	115800	114100	114200
2016	0	12	488800	115700	114000	113600

10-2 主要年份耕地面积及农产品产量

年份	年末实有耕地面积(公顷)	粮食作物播种面积(公顷)	粮食产量(吨)	棉花播种面积(公顷)	棉花产量(吨)	油料作物播种面积(公顷)	油料产量(吨)
1949	72414	107613	67400	13491	1518	3906	2432
1952	72007	96271	110532	23278	5581	4124	3781
1957	70643	77907	111337	30840	8589	1929	1945
1962	62158	86345	142136	18752	4990	723	1070
1965	61375	75364	220651	26976	22774	1833	2914
1970	60053	73518	219000	27079	16835	1379	2093
1975	59136	65527	242859	26832	27500	1367	3294
1978	58503	65412	267434	26530	25991	1415	5827
1980	59047	67210	269831	27148	16281	2170	4984
1985	59416	62466	225219	17020	7156	4273	21321
1990	59347	70773	288961	14933	9798	12246	40103
1991	59310	68780	250916	15480	10498	14346	43470
1992	59210	68300	288173	15113	12091	14406	46012
1993	59000	66526	265660	11598	7453	18545	46308
1994	58850	66380	257035	11920	8140	21820	54203
1995	58480	65573	282487	13500	11336	21890	58414
1996	58300	68686	281688	10930	13014	22670	60984
1997	56912	70213	314574	10700	10887	21440	57118
1998	56760	65680	278153	10733	9970	20320	42667
1999	56805	62593	284557	3611	3580	28659	81024
2000	56706	56811	262217	2693	3029	33799	101723
2001	60810	52170	238035	4630	5343	32220	86859
2002	60772	49310	210120	3870	4934	33210	91428
2003	60697	48040	208779	4680	5944	32140	96731
2004	60039	48130	213543	6300	8033	30570	96180
2005	60031	46470	177239	8000	9000	30320	93990
2006	60159	45900	187732	7990	9590	29770	94196
2007	60160	45240	191374	8240	10012	29190	92865
2008	60160	43290	187066	10660	13111	30350	88507
2009	60101	42730	188484	10700	11717	30210	96270
2010	59773	42310	188484	10400	11717	30400	96270
2011	59773	40970	178376	11430	12859	30120	94547
2012	53342	38920	184305	10620	13063	29780	92830
2013	53323	37810	183800	9560	11472	29290	95388
2014	53301	38810	189600	9150	10700	28590	91000
2015	53084	39240	194615	9140	10645	28030	92270
2016	53311	39940	191627	8500	10593	26820	85772

10-3 主要年份农林牧渔业总产值

单位：万元

年 份	农林牧渔总产值	农 业	林 业	牧 业	渔 业	农林牧渔服务业
1965	–	–	–	–	–	–
1970	–	–	–	–	–	–
1975	–	–	–	–	–	–
1978	–	–	–	–	–	–
1980	–	–	–	–	–	–
1985	40219	27796	309	9186	2928	–
1990	85283	56441	300	16871	11671	–
1991	73191	43574	261	16188	13168	–
1992	81739	47852	498	18489	14900	–
1993	88252	47482	199	21503	19068	–
1994	179915	90396	347	47774	41398	–
1995	252661	143582	871	54313	53895	–
1996	268695	169370	1092	42722	55511	–
1997	291301	177591	1085	42678	69947	–
1998	303182	179072	1114	42517	80479	–
1999	310931	197738	1123	42209	69861	–
2000	324568	205846	1099	43675	73948	–
2001	342316	228040	1143	40740	72393	–
2002	361611	232062	1240	53478	74831	–
2003	313361	158561	1456	56481	75974	20889
2004	355406	177772	1847	63809	88520	23458
2005	380709	180134	2128	69728	102212	26507
2006	397063	193346	3678	67925	102999	29115
2007	409373	193662	4128	75884	105273	30426
2008	475658	228967	4322	92385	116435	33549
2009	542551	259044	4530	100086	138230	40661
2010	599831	296557	4667	104669	150244	43694
2011	660399	326839	4910	112155	160567	55928
2012	737042	368544	5400	103000	180020	80078
2013	804290	398845	5900	115299	196246	88000
2014	863767	427837	7208	116361	210861	101500
2015	908461	455275	10439	122613	212778	107356
2016	941171	469257	10468	125666	218045	111735

注：本表按当年价格计算。

10-4 主要年份农林牧渔业主要产品产量

年 份	年末实有耕地面积（亩/公顷）	主要农产品产量			水产品产量（吨）	生猪年末存栏头数（头）	羊年末存栏数（只）
		粮 食（吨）	棉 花（吨）	油 料（吨）			
1965	920622/61357	220651	22774	2914	12585	169438	206384
1970	900800/60053	219000	16835	2093	7174	240213	214498
1975	887042/59136	242859	27500	3294	16239	238803	319158
1978	817540/58503	267434	25991	5827	12130	249011	337582
1980	885700/59047	269831	16281	4984	13000	200296	269717
1985	891232/59416	225219	7156	21321	14716	148000	277400
1990	890199/59347	288961	9798	40103	20109	58800	437700
1991	889650/59310	250916	10495	43470	22494	56300	442700
1992	888150/59210	288173	12091	46012	24048	59000	418200
1993	885000/59000	265660	7453	46308	30323	36187	463620
1994	882750/58850	257035	8140	54203	40119	39100	488400
1995	877200/58480	282487	11336	58414	47640	38242	543957
1996	874500/58300	281688	13014	60984	40043	33500	612500
1997	853683/56912	314574	10887	57118	63046	53000	512600
1998	851400/56760	278153	9970	42667	64190	55600	552300
1999	852075/56805	284557	3580	81024	61622	57876	603204
2000	850590/56706	262217	3029	101723	62036	61985	659535
2001	912150/60810	238035	5343	86859	64850	62418	694490
2002	911580/60772	210120	4934	91428	65276	63214	706656
2003	910455/60697	208779	5944	96731	67845	64779	731300
2004	900585/60039	213543	8033	96180	68499	66615	740314
2005	900465/60031	177239	9000	93990	70025	68400	763500
2006	902385/60159	187732	9590	94196	71582	71100	360000
2007	902400/60160	191374	10012	92865	75029	81000	327000
2008	902400/60160	187066	13111	88507	77685	89100	350000
2009	902400/60160	188484	11717	96270	79385	90800	380000
2010	899592/59773	188484	11717	96270	80823	92500	410800
2011	899592/59773*	178376	12859	94547	82000	93300	450300
2012	800130/53342	184305	13063	92830	87087	94600	458900
2013	793845/53323	183800	11472	95388	86996	96600	474500
2014	799516/53301	189600	10700	91000	94272	99100	468300
2015	796260/53084	194615	10645	92270	95738	100400	459900
2016	799668/53311	191627	10593	85772	91321	100300	461100

10-5 乡村实有

单位	一、劳动年龄内人口数			二、超过劳动年龄而实际参加劳动的人数
	合计	其中		
		上学学生数	丧失劳动能力的人数	
海门市	**441200**	**23600**	**15000**	**88200**
开发区	18467	2392	1218	8264
海门工业园区	42257	2019	2098	8162
海门港新区	90547	3770	2112	12844
临江新区	20085	1063	1473	4643
海门高新区	42189	3276	1154	14622
三厂工业园区	20442	705	65	4604
常乐镇	40346	2753	904	6680
悦来镇	78256	2027	541	9370
四甲镇	31221	2258	2878	7532
余东镇	27727	1862	1352	5545
正余镇	27012	1255	959	5402
海永镇	2651	220	246	530

劳动力(2016年)

单位:人

三、乡村实有从业人员				四、从业人员构成情况		
小计		1、男从业人员	2、女从业人员	1、从业牧渔从业人员		2、工业从业人员
	其中:劳动年龄内从业人员数			小计	其中:种植业从业人员	
488800	**399800**	**234300**	**165500**	**115700**	**91600**	**114000**
24258	16075	9879	6196	2710	2288	5831
43022	40238	20315	19923	9312	8819	13118
97923	86777	47184	39593	21662	16601	18034
23174	19022	10958	8064	6612	5831	6041
49652	38913	23503	15410	12083	10170	13832
21893	19737	10176	9561	3313	2233	4374
46257	37593	20431	17162	14979	12827	12354
82689	76229	43500	32729	17419	10122	16325
35559	28963	16031	12932	9621	7954	9183
30239	25865	16267	9598	9278	8176	7513
31515	25757	14778	10979	8060	6271	6914
2619	2431	1278	1153	651	308	579

单位	四、从业人员构成情况				
	3、建筑从业人员	4、交通运输业、仓储业和邮政从业人员	5、信息传输、计算机服务和软件业从业人员	6、批发与零售业从业人员	7、住宿和餐饮业从业人员
海门市	**113600**	**23000**	**4700**	**67000**	**12600**
海门开发区	6201	810	294	1503	382
海门工业园区	6644	2877	271	15153	1842
海门港新区	19916	4910	1131	10050	2344
临江新区	6970	2387	352	5653	1425
海门高新区	9229	1771	483	4156	1163
三厂工业园区	3596	1710	69	4465	664
常乐镇	13883	1546	321	4154	510
悦来镇	16576	2376	519	5082	1123
四甲镇	10249	1883	442	7614	1179
余东镇	9902	1127	460	7087	944
正余镇	10140	1277	326	2680	875
海永镇	894	226	32	103	49

续表

单位：人

四、从业人员构成情况						
8、金融、保险业从业人员	9、房地产、社会服务从业人员	10、卫生、体育和社会福利业从业人员	11、教育、文化、艺术和广播电视事业从业人员	12、科学研究和综合技术服务事业从业人员	13、乡经济组织管理从业人员	14、其他从业人员
2200	**18200**	**2600**	**2400**	**900**	**1900**	**10000**
134	499	89	99	22	45	721
217	1662	183	483	281	169	733
355	5368	436	334	87	200	2153
101	2497	491	84	27	74	245
381	904	330	350	184	469	983
55	951	79	66	21	51	379
190	759	187	111	30	126	816
257	769	210	259	94	292	1051
297	1295	275	368	62	129	1062
139	2341	213	147	49	174	790
104	1014	107	99	43	152	1162
0	40	0	0	0	19	5

10-6 农村组织情况(2016年)

单位:个、人

区镇	村民委员会数	村民小组数	乡村户数	乡村人口数	乡村常住户数	乡村常住人口数	外来从业人员	当年到境外从业的从业人员数
海门市	**231**	**8195**	**377436**	**1000978**	**208800**	**506600**	**64880**	**4806**
海门开发区	11	351	31890	86633	8643	29838	2230	284
海门工业园区	24	904	36009	92746	29897	94344	34551	785
海门港新区	39	1374	55310	145957	29434	11033	3115	293
临江新区	17	561	21523	52756	14942	34589	4623	249
海门高新区	16	732	61166	166164	21860	39123	9331	631
三厂工业园区	9	289	19031	52321	10034	27188	1698	155
常乐镇	23	875	28772	75913	14833	42487	1742	547
悦来镇	35	1176	42721	106482	29572	80895	745	465
四甲镇	21	735	30479	85589	23637	67513	1956	676
余东镇	17	638	23270	63015	9227	23353	3015	335
正余镇	17	524	22208	61390	15680	54192	1686	364
海永镇	2	36	2652	6026	1041	2045	188	22

10-7 县(市)社会经济基本情况

指标名称	计量单位	2016	2015
街道办事处个数	个	3	3
乡村从业人员中离开本乡镇外出劳务人数	万人	19.38	19.52
耕地面积	公顷	53084	53084
森林面积	公顷		
林地面积	公顷	15780	15780
内陆水域面积	公顷	29560	29560
# 养殖水面面积	公顷	7180	6980
农业保险面积	公顷	53662	53059
设施农业占地面积	公顷	20822	20267
自然灾害成灾面积	公顷		
粮食良种播种面积	公顷	35020	34490
规模种植户数	户	3780	3920
专业化种植村个数	个	162	165
规模及专业化种植产出占种植业总产出的比重	%	51	52
专业养殖户数	户	3952	4020
专业化养殖村个数	个	82	83
规模及专业化养殖产出占畜牧业总产出的比重	%	61	63
龙头企业个数	个	113	95
资产总额	万元	194224	172080
销售收入	万元	882520	768850
农产品交易专业市场个数	个	35	35
年成交额	万元	405522	401120
农副产品创省级以上名牌	个	12	12
农副产品获证明商标和集体商标	个	415	318
农产品及其加工品出口创汇额	万美元	8200	7600
金融机构农业贷款	万元	140820	145500
财政支持农业资金总额	万元	55880	58860
工商企业支持参与农业发展资金	万元	15220	14020
民间资本支持农业发展资金	万元	85662	78550
农业利用外资	万美元	3900	4500

10-8 农作物播种面积与产量(2016年)

指标名称	本年		
	播种面积	单产	总产量
	千公顷	公斤/公顷	吨
农作物总播种面积	**112.57**		
一、粮食作物	**39.94**	**4798**	**191627**
(一)夏收粮食	15.28	2968	45347
1、夏收谷物	5.63	4453	25072
(1)小麦	4.63	4595	21276
(2)元麦	0.5	3950	1975
(3)大麦	0.5	3642	1821
2、夏收豆类(蚕豌豆)	9.65	2101	20275
(二)秋收粮食	24.66	5932	146280
1、秋收谷物	16.11	6874	110741
(1)稻谷	1.45	8779	12730
①早稻			
②中稻和单季晚稻	1.45	8779	12730
③双季后作稻			
稻谷中:籼稻			
粳稻	1.45	8779	12730
糯稻			
(2)玉米	14.12	6842	96602
(3)谷子	0.15	1387	208
(4)高粱	0.04	2075	83
(5)荞麦			
(6)其它谷物	0.35	3194	1118
2、秋收豆类	6.41	1989	12751
其中:大豆	6	2002	12012
绿豆	0.03	1833	55
红小豆	0.38	1800	684
3、秋收薯类	2.14	10649	22788
二、油料	**26.82**	**3198**	**85772**

10-8 续表

指标名称	本年		
	播种面积	单产	总产量
	千公顷	公斤/公顷	吨
其中:花生	6.34	3412	21629
油菜籽	20.03	3168	63455
芝麻	0.45	1529	688
胡麻籽			
葵花籽			
三、棉花(皮棉)	**8.5**	**1246**	**10593**
四、生麻			
其中:生黄麻			
生红麻(洋麻)			
生苎麻			
生大麻(线麻)			
生亚麻			
五、糖料	**0.48**	**56000**	**26880**
(一)甘蔗	0.48	56000	26880
(二)甜菜			
六、烟叶(未加工烟草)			
其中:烤烟(未去梗烤烟叶)			
七、中草药材	**0.54**		
八、蔬菜(含菜用瓜)	**31.04**	**29214**	**906802**
九、瓜果类	**3.75**	**30223**	**113336**
其中:西瓜	3.02	33000	99660
香瓜(甜瓜)	0.3	28600	8580
草莓	0.43	11851	5096
十、其它农作物	**1.5**		
其中:青饲料	0.33		
绿肥	0.13		
薄荷	0.12	133	16
留兰香			
附:常年种蔬菜面积	9		
饲料用青贮玉米面积			

10-9 农业主要能源和物质消耗(2016年)

指标	计量单位	数量
乡、村办水电站数	个	0
装机容量	万千瓦	0
发电量	万千瓦小时	0
农村用电量	万千瓦小时	269433
农用化肥施用量(按折纯法)	吨	44001
氮肥	吨	16482
磷肥	吨	10146
钾肥	吨	2778
复合肥	吨	14595
农用塑料薄膜使用量	吨	2922
# 地膜使用量	吨	1150
地膜覆盖面积	公顷	17620
农用柴油使用量	吨	4210
农药使用量	吨	1060
旱涝保收面积	千公顷	–
机电排灌面积	千公顷	–

10-10 农林牧渔业总产值(2016 年)

指标名称	按现行价格计算	按可比价格计算
农林牧渔业总产值	941171	920639
一、农业产值	469257	455122
1.谷物及其他作物	179876	175318
(1)谷物	53343	
其中:小麦	6596	
稻谷	3946	
玉米	38641	
(2)薯类	17948	
(3)油料	51844	
其中:花生	14667	
油菜籽	34900	
(4)豆类	19748	
其中:大豆	6967	
(5)棉花	29527	
(6)生麻		
(7)糖料	6720	
(8)烟草		
(9)其他农作物	746	
其中:饲料作物	70	
2.蔬菜、食用菌及花卉盆景园艺产品	226486	219463
(1)蔬菜(含菜用瓜)	221134	
(2)食用菌	767	
(3)花卉	336	
(4)其他园艺作物	4249	
3.水果、坚果、饮料和香料作物	45346	43770
(1)水果(含果用瓜)	45346	

10-10 续表1

指标名称	按现行价格计算	按可比价格计算
其中:苹果		
梨	807	
柑橘	482	
(2)食用坚果		
(3)茶及其他饮料		
其中:茶		
(4)香料作物		
4.中药材	17549	16571
二、林业产值	**10468**	**10153**
(一)林木的培育和种植	10468	10153
1.育种育苗	3252	
2.造林	4848	
3.抚育和管理	2368	
(二)竹木采运		
其中:村及村以下		
(三)林产品		
三、牧业产值	**125666**	**123566**
(一)牲畜饲养	44938	44187
1.牛的饲养		
2.羊的饲养	43176	
3.其他牲畜饲养		
4.奶产品	1762	
其中:生牛奶	1762	
5.毛绒产品		
其中:羊毛		
山羊绒		
6.其他牲畜副产品		

说明:1、本表的计算资料主要取自于市县农林牧渔业生产年报和市县农产品生产价格调查。

10-10 续表2

指标名称	按现行价格计算	按可比价格计算
(二)猪的饲养	18028	17727
1.肉猪	18028	
2.猪的副产品		
(三)家禽饲养	57472	56511
1.肉禽	22200	
2.禽蛋	35272	
3.羽绒		
(四)狩猎和捕捉动物		
(五)其他畜牧业	5228	5141
其中:蚕茧	1814	
家兔		
四、渔业产值	**218045**	**214415**
(一)海水产品	150196	147831
其中:养殖		
1.鱼类	52276	
2.虾蟹类	13809	
3.贝类	78136	
4.藻类	798	
5.其他	5177	
(二)淡水产品	67849	66584
其中:养殖		
1.鱼类	39744	
2.虾蟹类	27286	
3.贝类	171	
4.藻类		
5.其他	648	
五、农林牧渔服务业	**117735**	**117383**

10-11 畜牧业产量(2016年)

品种	指标	2016	2015	增幅%
猪	饲养量	24.19	24.31	-0.5
	当年出栏	14.16	14.27	-0.8
	年末存栏	10.03	10.04	-0.1
羊	饲养量	94.03	93.96	0.1
	当年出栏	47.92	47.97	-0.1
	年末存栏	46.11	45.99	0.3
禽	饲养量	1653.19	1665.11	-0.7
	当年出栏	1332.64	1345.68	-1.0
	年末存栏	320.55	319.43	0.4

10-12 分区镇农业总产值

单位：万元

区镇	2016	2015	2014	2013	2012
海门市	**941171**	**908491**	**863767**	**804290**	**737042**
海门开发区	36281	35022	33299	28843	26558
海门工业园区	89473	86366	82090	77134	74532
海门港新区	213492	206079	195940	190984	174995
临江新区	72015	69514	66094	60638	55513
海门高新区	74917	72316	68758	58343	50224
三厂工业园区	33483	32277	30689	26233	23863
常乐镇	87567	84526	80368	75912	68883
悦来镇	113902	109947	104538	100082	91776
四甲镇	71190	68719	65338	60382	55433
余东镇	58153	56134	53372	48916	45087
正余镇	84031	81113	77122	72664	66523
海永镇	6667	6478	6159	4159	3654

10-13 分区镇农业总产值构成(2016年)

单位:万元

区镇	合计	种植业	林业	牧业	渔业	农林牧渔服务业
海门市	**941171**	**469257**	**10486**	**125666**	**218046**	**117735**
开发区	36281	18067	433	4843	8403	4535
海门工业园区	89473	44556	1067	11944	20722	11184
海门港新区	213492	106319	2540	28501	49445	26687
临江新区	72015	35863	857	9614	16679	9002
海门高新区	74917	37309	891	10001	17351	9365
三厂工业园区	33483	16674	400	4470	7754	4185
常乐镇	87567	43608	1043	11690	20280	10946
悦来镇	113902	56723	1356	15206	26379	14238
四甲镇	71190	35453	847	9504	16487	8899
余东镇	58153	28960	702	7763	13459	7269
正余镇	84031	41847	1001	11218	19462	10503
海永镇	6667	3878	120	912	1625	922

10-14 分区镇农业增加值(2016年)

单位:万元

区镇	合计	种植业	林业	牧业	渔业	农林牧渔服务业
海门市	**596347**	**335686**	**6335**	**53046**	**137720**	**61580**
海门开发区	22988	12924	340	2044	5307	2372
海门工业园区	56692	31873	839	5042	13088	5850
海门港新区	135273	76056	1998	12031	31230	13958
临江新区	45630	25655	674	4058	10535	4708
海门高新区	47469	26689	701	4222	10959	4898
三厂工业园区	21216	11928	314	1887	4898	2189
常乐镇	55484	31195	820	4935	12809	5725
悦来镇	72171	40577	1067	6419	16661	7447
四甲镇	45108	25362	666	4012	10413	4655
余东镇	36847	20717	551	3277	8501	3802
正余镇	53244	29936	787	4735	12292	5493
海永镇	4224	2774	60	385	1026	482

10-15 农业机械年末拥有量(2016 年)

	计量单位	数量
一、农业机械总动力	千瓦	381918
1.柴油发动机动力	千瓦	233956
2.汽油发动机动力	千瓦	11246
3.电动机动力	千瓦	136716
4.其它机械动力	千瓦	0
二、拖拉机及配套机械		
(一)拖拉机	台	2678
	千瓦	81026
1.大中型(14.7 千瓦及以上)	台	1273
	千瓦	67674
其中:14.7-18.4 千瓦(含 14.7 千瓦)	台	4
	千瓦	71
18.4-36.7 千瓦(含 18.4 千瓦)	台	386
	千瓦	10736
36.7-58.8 千瓦(含 36.7 千瓦)	台	429
	千瓦	21954
58.8 千瓦及以上	台	454
	千瓦	34913
其中:轮式	台	1266
	千瓦	67349
2.小型(2.2-14.7 千瓦,含 2.2 千瓦)	台	1405
	千瓦	13352
其中:手扶式	台	1363
	千瓦	12556
(二)拖拉机配套农具	台	4441
1.大中型	台	2038
2.小型	台	2403
三、种植业机械		

10-15 续表1

	计量单位	数量
(一)耕整地机械		
1.耕整机	台(套)	272
	千瓦	1435
2.机耕船	艘	
	千瓦	
3.机引犁	台	121
4.旋耕机	台	2185
5.深松机	台	16
6.机引耙	台	28
(二)种植施肥机械		
1.播种机	台	895
其中:免耕播种机	台	583
精少量播种机	台	235
2.水稻种植机械		
(1)水稻直播机	台	12
(2)水稻插秧机	台	46
	千瓦	441
其中:乘坐式	台	31
	千瓦	366
(3)水稻浅栽机	台	
	千瓦	
3.化肥深施机	台	
4.地膜覆盖机	台	4
(三)农用排灌机械		
1.排灌动力机械	台	33691
	千瓦	52812
其中:柴油机	台	740
	千瓦	6338

10-15 续表2

	计量单位	数量
电动机	台	32854
	千瓦	46036
2.农用水泵	台	33026
3.节水灌溉类机械	套	176
(四)田间管理机械		
1.机动喷雾(粉)机	台	6501
	千瓦	8572
2.茶叶修剪机	台	
	千瓦	
(五)收获机械		
1.联合收获机	台	200
	千瓦	11272
(1)稻麦联合收割机	台	185
	千瓦	10281
其中:自走式	台	148
其中:半喂入式	台	27
	千瓦	1658
(2)玉米联合收获机	台	15
	千瓦	991
其中:自走式	台	15
2.割晒机	台	4
	千瓦	21
3.其他收获机械	台	1003
	千瓦	10914
其中:大豆收获机	台	
	千瓦	
油菜籽收获机	台	110
	千瓦	6353

10-15 续表3

	计量单位	数量
马铃薯收获机	台	
	千瓦	
甜菜收获机	台	
	千瓦	
花生收获机	台	
	千瓦	
棉花收获机	台	
	千瓦	
蔬菜收获机	台	5
	千瓦	241
茶叶采摘机	台	
	千瓦	
青饲料收获机	台	6
	千瓦	51
牧草收获机	台	
	千瓦	
秸秆粉碎还田机	台	763
秸秆捡拾打捆机	台	71
	千瓦	2280
玉米收获专用割台	台	15
大豆收获专用割台	台	
油菜籽收获专用割台	台	
(六)收获后处理机械		
1.机动脱粒机	台	2686
	千瓦	4991
2.谷物烘干机	台	86
	千瓦	719
3.种子加工机械	台	13
	千瓦	71

10-15 续表4

	计量单位	数量
4.保鲜储藏设备	台(套)	78
	千瓦	556
(七)设施农业设备		
1.水稻工厂化育秧设备	套	3
2.温室	平方米	86779800
其中:设施总面积	平方米	86589850
连栋温室	平方米	1677750
日光温室	平方米	80000
塑料大棚	平方米	84832100
四、农产品初加工机械		
(一)农产品初加工动力机械	台	6905
	千瓦	56948
其中:柴油机	台	1097
	千瓦	10224
电动机	台	5808
	千瓦	46724
(二)农产品初加工作业机械	台	5309
其中:1.粮食加工机械	台	3896
2.油料加工机械	台	300
3.棉花加工机械	台	485
4.果蔬加工机械	台(套)	557
5.茶叶加工机械	台(套)	
五、畜牧养殖机械	**台(套)**	**3067**
	千瓦	16561
其中:饲草料加工机械	台(套)	2208
	千瓦	13404
畜牧饲养机械	台(套)	833
	千瓦	2988
畜产品采集加工机械	台(套)	17
	千瓦	159

10-15 续表5

	计量单位	数量
其中:挤奶机	台	16
	千瓦	144
剪羊毛机	台	
	千瓦	
六、渔业机械	**台**	**4460**
	千瓦	56027
其中:增氧机	台	3073
	千瓦	7063
投饵机	台	731
	千瓦	394
七、林果业机械	**台**	
	千瓦	
其中:挖坑机	台	
	千瓦	
果树修剪机	台	
	千瓦	
八、运输机械		
1.手扶变型运输机	台	1764
	千瓦	36920
2.农用挂车	台	
九、农田基本建设机械	**台**	**675**
	千瓦	30608
十、其他机械		
其中:农用飞机	架	
十一、农业机械原值和净值		
1.农业机械原值	万元	59133
2.农业机械净值	万元	23377

10-16 农机化作业情况(2016年)

指标名称	计量单位	数量
一、农机化作业总体情况		
(一)机耕面积	公顷	47493
(二)机播面积	公顷	20498
(三)机电灌溉面积	公顷	59784
(四)机械植保面积	公顷	78561
(五)机收面积	公顷	19181
二、主要农作物农机化作业情况		
(一)小麦		
1.小麦机耕面积	公顷	9330
2.小麦机播面积	公顷	9330
3.小麦机收面积	公顷	8966
(二)水稻		
1.水稻机耕面积	公顷	3953
2.水稻机械种植面积	公顷	3953
其中:水稻机播面积	公顷	2273
水稻机插面积	公顷	1680
水稻机浅栽面积	公顷	
3.水稻机收面积	公顷	3950
(三)玉米		
1.玉米机耕面积	公顷	13200
2.玉米机播面积	公顷	2265
3.玉米机收面积	公顷	1930
(四)大豆		
1.大豆机耕面积	公顷	4350
2.大豆机播面积	公顷	4170
3.大豆机收面积	公顷	2875
(五)油菜		
1.油菜机耕面积	公顷	8350
2.油菜机播面积	公顷	780

10-16 续表 1

指标名称	计量单位	数量
3.油菜机收面积	公顷	1460
(六)马铃薯		
1.马铃薯机耕面积	公顷	0
2.马铃薯机播面积	公顷	0
3.马铃薯机收面积	公顷	0
(七)花生		
1.花生机耕面积	公顷	7500
2.花生机播面积	公顷	0
3.花生机收面积	公顷	0
(八)棉花		
1.棉花机耕面积	公顷	810
2.棉花机播面积	公顷	0
3.棉花机收面积	公顷	0
三、单项农机化作业情况		
1.机械深耕面积	公顷	650
2.机械深松面积	公顷	340
3.机械化免耕播种面积	公顷	0
其中:机械化免耕覆盖播种面积	公顷	0
4.保护性耕作面积	公顷	0
5.精少量播种面积	公顷	2120
6.机械深施化肥面积	公顷	0
7.机械铺膜面积	公顷	100
8.农田机械节水灌溉面积	公顷	2510
9.机械播种牧草面积	公顷	0
10.机械收获牧草数量	吨	0
11.机械化秸秆还田面积	公顷	11930
12.秸秆捡拾打捆面积	公顷	0
13.机械化青贮秸秆数量	吨	62000
14.农机运输作业量	万吨.公里	2280
其中:农业运输作业量	万吨.公里	42

10-16 续表 2

指标名称	计量单位	数量
15.农田基本建设作业量	立方米	410
16.农用飞机作业面积	公顷	0
17.农机专业合作社作业服务面积	公顷	124299
18.农机跨区作业面积	公顷	4400
其中:(1)跨区机耕面积	公顷	2010
(2)跨区机播面积	公顷	1820
(3)跨区机收面积	公顷	570
其中:跨区机收小麦	公顷	340
跨区机收水稻	公顷	230
跨区机收玉米	公顷	0
四、农产品初加工机械化作业情况		
1.实际脱出农产品总量	吨	1247000
其中:机械脱出农产品数量	吨	548000
其中:机械脱粒粮食数量	吨	201100
2.实际清选农产品总量	吨	1243000
其中:机械清选农产品数量	吨	732100
3.实际保质农产品总量	吨	1243000
其中:机械保质农产品数量	吨	399600
其中:机械烘干粮食数量	吨	104720
4.机械初加工农产品数量	吨	499000
其中:加工粮食数量	吨	206000
加工油料数量	吨	18800
加工棉花数量	吨	700
加工果蔬数量	吨	273200
加工茶叶数量	吨	0
五、畜牧业机械化作业情况		
1.收获的饲草秸秆总量	吨	1747000
其中:机械收获饲草秸秆量	吨	1350000
2.饲草料加工总量	吨	601000
其中:机械化饲草料加工数量	吨	591000

10-16 续表3

指标名称	计量单位	数量
3.畜禽总数(折算为羊单位)	个	2152000
其中:机械饲喂的畜禽数量(折算为羊单位)	个	761000
机械清粪的畜禽数量(折算为羊单位)	个	663000
4.环控畜禽总数(折算为羊单位)	个	1110000
其中:机械环控的畜禽数量(折算为羊单位)	个	751000
5.产奶家畜数量(折算为羊单位)	个	10200
其中:机械挤奶的家畜数量(折算为羊单位)	个	10200
6.产毛畜禽数量(折算为羊单位)	个	0
其中:机械剪毛的畜禽数量(折算为羊单位)	个	0
7.蛋禽数量(折算为羊单位)	个	125600
其中:机械捡蛋的蛋禽数量(折算为羊单位)	个	13700
六、林果业机械化作业情况		
1.林果业(果茶桑)种植面积	公顷	1978
其中:机械中耕面积	公顷	1622
机械施肥面积	公顷	597
机械植保面积	公顷	1910
机械修剪面积	公顷	1510
2.林果业(果茶桑)采收产量	吨	101230
其中:机械采收产量	吨	2580
其中:机械田间转运产量	吨	56110
七、设施农业机械化作业情况		
1.设施耕整地机械化面积	公顷	6810
2.设施种植机械化面积	公顷	2020
3.设施采运机械化面积	公顷	1910
4.设施灌溉施肥机械化面积	公顷	5620
5.设施环境调控机械化面积	公顷	3220
补充资料:免耕播种面积	公顷	
其中:小麦免耕播种面积	公顷	
水稻免耕播种面积	公顷	
玉米免耕播种面积	公顷	

10-17 农机化管理服务与经营效益情况(2016年)

指标名称	计量单位	数量
一、农机化培训	**人次**	**1328**
其中:培训农机管理人员	人次	280
培训农机技术人员	人次	500
培训农机监理人员	人次	30
培训农机操作人员	人次	518
二、农机维修		
1.维修拖拉机	台次	5730
2.维修联合收获机	台次	890
3.维修水稻插秧机	台次	33
4.维修运输机械	台次	7630
5.维修其它农机具	台次	9670
三、农机鉴定		
推广鉴定证书当年发证数量	件	0
四、农机监理装备		
1.监理车辆	辆	1
2.安全检测设备	套	1
其中:拖拉机检测设备	套	1
五、农机化投入情况		
农机化总投入	万元	10935
1.一般行政事业支出	万元	1510
2.基本建设	万元	3130
3.科研	万元	70
4.推广培训	万元	85
5.农业机械购置	万元	4965
6.其他	万元	1175
六、经营效益情况		
1.总收入	万元	28700
2.成本与费用	万元	21190
3.利润总额	万元	7510

主要统计指标解释

农林牧渔业总产值 指以货币表现的农、林、牧、渔业全部产品和对农业生产进行各种支持性服务活动的总量,它反映一定时期内农业总规模和总成果。从 2003 年开始农林牧渔业总产值执行新的国民经济行业分类标准,包括农业、林业、牧业、渔业、农林牧渔服务业,不再包括包民家庭兼营商品性工业。农林牧渔业总产值中的农、林、牧、渔四业的计算方法通常是按农、林、牧、渔业产吕及其副产品的产量分别乘以各自单位产品价格求得,现行价格从 2003 年开始使用生产价格调查的价格;少数生产周期较长,当年没有产品或产品产量不易统计的,则采用间接方法匡算其产值;然后将四业产品产值与农林牧渔服务业产值相加即为农林牧渔业总产值。

粮食产量 指全社会的产量。包括国有经济经营的、集体统一经营的和农民家庭经营的粮食产量,还包括工矿企业办的农场和其他生产单位的产量。粮食除包括稻谷、小麦、玉米、高梁、谷子及其他杂粮外,还包括薯类和豆类。其产量计算方法,豆类按去豆荚后的干豆计算;薯类(包括甘薯和马铃薯,不包括芋头和木薯)按 5 公斤鲜薯折 1 公斤粮食计算。

棉花产量 指全社会的产量,产量按皮棉计算。

油料产量 指全部油料作物的生产量。包括花生、油菜籽、芝麻、向日葵籽、胡麻籽、(亚麻籽)和其他油料。不包括大豆、大本油料和野生油料。花生以带壳干花生计算。

水产品产量 指人工养殖的水产品和天然生长的水产品的捕捞量。包括海水的鱼类、虾蟹类、贝类和藻类以及内陆水域的鱼类、虾蟹类和贝类,不包括淡水水生植物。

猪、牛、羊肉产量 指当年出栏并已屠宰、除去头蹄下水后带骨肉(即胴体重)的重量。

期初(末)畜禽存栏头(只)数 指报告期初(末)农村各种合作经济组织和国营农场、农民个人、机关、团体、学校、工矿企业、部队等单位以及城镇居民饲养的大牲畜、猪、羊、家禽等畜的存栏数。

耕地面积 是指年初可用来种植农作物并经常进行耕种、能够正常收获土地。包括当年实际耕种的熟地、当年新开荒地、休闲不满三年随时可以复耕的地和当年休闲以及以种植农作物为主并附带种植桑树、茶树、果树和其他林木的土地、沿海、沿湖地区已围垦利用的"海涂"、"湖田"等面积。不包括临时种值农作物的坡度在 25 度以上的陡坡地、在河套、湖畔、库区临时开发的成片或零星土地,属于专业性的桑园、茶图、果园、果木苗圃、林地、芦苇地、天然或人工草地面积、也不包括已列为国家和省(区、市)退耕计划但临时耕种的土地。

农作物播种面积 指实际播种或移植有农作物的面积。凡是实际种植有农作物的面积,不论种植在耕地上还是种植在非耕地上,均包括在农作物播种面积中。在播种季节基本结束后,因遭灾而重新改种和补种的农作物面积,也包括在内。

有效灌溉面积 指具有一定的水源,地块比较平整,灌溉工程或设备已经配套,在一般年景下当年能够进行正常灌溉的耕地面积。在一般情况下,有效灌溉面积应等于灌溉工程或设备已经配备,能够进行正常灌溉的水男和水浇地面积之和。

农用化肥施用量 指本年内实际用于农业生产的化肥数量,包括氮肥、磷肥、钾肥和复合肥。化肥施用量要求按折纯量计算数量。折纯量是指把氮肥、磷肥、钾肥分别按含氮、含五氧化二磷、含氧化钾的百分之一百成份进行折算后的数量。复合肥按其所含主要成分析算。

农业机械总动力 指主要用于农、林、牧、渔业的各种动力机械的动力总和。包括耕地机械、排灌机械、收获机械、农用运输机械、植物保护机械、牧业机械、林业机械、渔业机械和其他农业机械(内燃机按引擎马力折成瓦(特)计算、电动机按功率折成瓦(特)计算)。不包括专门用于乡、镇、村、组办工业、基本建设、非农业运输、科学试验和教学等非农业生产方面用的动力机械与作业机械。

第十一篇 11

工　业 Chapter

Industry

责任编辑:张　宇

11-1 主要年份规模以上工业企业主要经济指标

单位：万人、万元

年份	规模以上工业企业从业人员平均人数	规模以上工业总产值	资产合计	流动资产合计	主营业务收入	利润总额	利税总额
1978				6835	16986	2343	2758
1979				8869	18888	2867	3361
1980				9342	24376	3489	4048
1981				11978	27724	3602	4158
1982				12456	30832	3160	3694
1983				12874	37079	4241	5385
1984				13940	43256	3540	4681
1985				32163	59093	6824	9003
1986				36612	71796	6319	9232
1987				34196	96100	7991	10122
1988				48143	138989	9822	12849
1989				95187	143796	3692	11155
1990				103820	149889	3639	13733
1991				124249	186555	4379	15227
1992				203982	247864	7226	18145
1993				191243	375493	9783	26845
1994				242631	416371	7181	24667
1995				305645	495504	2812	27303
1996				326587	482202	3713	34549
1997				342839	595902	4213	33361
1998		680868		288784	526119	5062	25754
1999		784348		420664	714213	6719	37433
2000	5	891076	568209		699604	12375	41122
2001	5	1054863	588238	315810	857175	26710	60793
2002	5	1333682	657725	337811	1104201	33671	72297
2003	5	1633110	760402	429736	1492761	71947	120241
2004	5	2431743			2338309		
2005	6	3366585	1187107		3263915	185896	308559
2006	6	4883709	1561048		4829145	268294	428416
2007	8	6320511	2054654	1267329	6242472	435591	708868
2008	8	8000306	2595162		7907904	608980	983452
2009	9	9459221	3256492		9342866	743769	1207240
2010	9	11037005	3680261	2075544	10939987	1002780	1536283
2011	10	12365551	4279079	2336126	12158918	1329658	1966219
2012	10	14146136	4797090	2636402	14018880	1530333	2310204
2013	11	16364036	5835385	3176754	16263762	1794930	2716590
2014	12	18016183	8197070	4220706	17846058	1957678	2958221
2015	12	18922947	8853375	4285961	18772727	2064915	3116985
2016	12	20869674	10017261	4830980	20571036	2197159	3241082

11-2 规模以上工业企业单位数

单位:个

指标名称	2016 年	2015 年	2014 年
总计	**621**	**648**	**626**
# 亏损企业	11	18	13
# 国有控股企业	7	7	5
# 轻工业	284	307	289
重工业	337	341	337
# 大型企业	11	10	9
中型企业	59	62	53
小型企业	542	564	554
微型企业	9	12	10
按登记注册类型分组:			
内资企业	388	386	356
国有企业	2	2	2
集体企业	4	5	4
股份合作企业	5	5	5
联营企业	1	1	1
有限责任公司	57	51	39
股份有限公司	8	8	7
私营企业	311	314	298
其他企业	0	0	0
港、澳、台商投资企业	117	128	131
合资经营企业(港或澳、台资)	29	33	33
合作经营企业(港或澳、台资)	1	1	1
港澳台商独资经营企业	87	94	97
港澳台商投资股份有限公司	0	0	0
其他港澳台商投资企业	0	0	0
外商投资企业	116	134	139
中外合资经营企业	41	45	46
中外合作经营企业	0	0	0
外资企业	75	89	93
外商投资股份有限公司	0	0	0
其他外商投资企业	0	0	0
按经济组织类型分组			
独资企业	179	202	208
国有企业	2	2	2

11-2 续表1

单位:个

指标名称	2016年	2015年	2014年
集体企业	4	5	4
私营独资企业	11	12	12
港澳台商独资经营企业	87	94	97
外资企业	75	89	93
合作、合伙企业	11	11	11
股份合作企业	5	5	5
国有联营企业	0	0	0
集体联营企业	1	1	1
国有与集体联营企业	0	0	0
其他联营企业	0	0	0
私营合伙企业	4	4	4
与港澳台商合作经营企业	1	1	1
股份有限公司	16	17	15
股份有限公司(内资)	8	8	7
私营股份有限公司	8	9	8
港澳台商投资股份有限公司	0	0	0
外商投资股份有限公司	0	0	0
有限责任公司	415	418	392
国有独资公司	0	0	0
私营有限责任公司	288	289	274
与港澳台商合资经营企业	29	33	33
中外合资经营企业	41	45	46
按行业分			
制造业	621	648	626
农副食品加工业	9	9	9
食品制造业	3	3	3
纺织业	126	160	149
纺织服装、服饰业	26	27	23
皮革、毛皮、羽毛及其制品和制鞋业	16	16	14
木材加工和木、竹、藤、棕、草制品业	1	2	1
家具制造业	1	2	2
造纸和纸制品业	5	6	6
印刷和记录媒介复制业	3	3	2
文教、工美、体育和娱乐用品制造业	52	52	55

11-2　续表 2

单位:个

指标名称	2016 年	2015 年	2014 年
石油加工、炼焦和核燃料加工业	0	0	0
化学原料和化学制品制造业	50	48	46
医药制造业	13	13	12
化学纤维制造业	1	1	1
橡胶和塑料制品业	26	25	26
非金属矿物制品业	40	40	36
黑色金属冶炼和压延加工业	15	15	12
有色金属冶炼和压延加工业	22	22	22
金属制品业	37	39	41
通用设备制造业	65	61	66
专用设备制造业	23	21	20
汽车制造业	4	1	1
铁路、船舶、航空航天和其他运输设备制造业	9	8	8
电气机械和器材制造业	48	47	44
计算机、通信和其他电子设备制造业	16	17	17
仪器仪表制造业	5	5	5
电力、热力生产和供应业	3	3	3
燃气生产和供应业	0	1	1
水的生产和供应业	1	1	1
按区镇分组			
海门开发区	138	141	143
海门工业园区	104	116	108
海门港新区	66	68	66
临江新区	35	33	32
海门高新区	60	66	67
三厂工业园区	40	39	39
常乐镇	33	39	35
悦来镇	49	48	47
四甲镇	22	25	22
余东镇	33	34	31
正余镇	39	37	34
海永镇	1	1	1
江心沙农场	1	1	1

11-3 规模以上工业企业现价产值

单位:万元

指标名称	2016 年
总计	20869674
# 新产品产值	3727234
# 国有控股企业	269456
大中型企业	200839
# 轻工业	4909543
重工业	15960131
# 民营工业	12865208
私营企业	10826673
按登记注册类型分组	
国有企业	62442
集体企业	38304
股份合作企业	197881
股份制企业	12580275
外商及港澳台商投资企业	7786419
其他经济类型企业	178727
按行业分组	
农副食品加工业	315688
食品制造业	108029
酒、饮料和精制茶制造业	60817
纺织业	2544945
纺织服装、服饰业	277840
皮革、毛皮、羽毛及其制品和制鞋业	429021
木材加工和木、竹、藤、棕、草制品业	2804

11-3 续表

单位：万元

指标名称	2016 年
家具制造业	3740
造纸和纸制品业	71623
印刷和记录媒介复制业	16694
文教、工美、体育和娱乐用品制造业	173121
化学原料和化学制品制造业	2872880
医药制造业	404500
化学纤维制造业	17918
橡胶和塑料制品业	312233
非金属矿物制品业	640227
黑色金属冶炼和压延加工业	380007
有色金属冶炼和压延加工业	578426
金属制品业	1075770
通用设备制造业	1838058
专用设备制造业	1789060
汽车制造业	21808
铁路、船舶、航空航天和其他运输设备制造业	252015
电气机械和器材制造业	5486678
计算机、通信和其他电子设备制造业	313527
仪器仪表制造业	822208
金属制品、机械和设备修理业	6159
电力、热力生产和供应业	38470
水的生产和供应业	15408

11-4 规模以上工业企业销售产值

单位：万元

指标名称	2016年	2015年	2014年
总计	**20844049**	**18889092**	**17985018**
# 出口交货值	1429637	1433569	1368252
# 国有控股企业	268298	235957	160908
大中型企业	200839	138728	112645
# 轻工业	4906944	4578793	4906789
重工业	15937105	14310299	13078230
# 民营工业	12847612	11471611	11082354
私营企业	10815007	9703683	9419560
# 大中型工业企业	11022137	9714423	7649045
按登记注册类型分组			
国有企业	62442	48935	84216
集体企业	38304	34763	38305
股份合作企业	197881	161256	150567
股份制企业	12580275	11199281	10734561
外商及港澳台商投资企业	7786419	7224746	6777441
其他经济类型企业	178727	220110	199929
按区镇分组			
海门开发区	3285794	3158951	3710678
海门工业园区	2417936	2195226	2109572
海门港新区	2930956	2585752	2320600
临江新区	1311148	1185687	1104552
海门高新区	2670758	2411083	2355105
三厂工业园区	1344626	1205846	1114273
常乐镇	1262533	1163785	1023375
悦来镇	1643422	1415556	1188856
四甲镇	944919	826628	712414
余东镇	601765	553593	488067
正余镇	2402644	2159695	1826871
海永镇	23976	24004	26530

11-5 规模以上工业企业

指标名称	企业单位数	亏损企业	年初存货	流动资产合计	其中:应收帐款	存货	其中:产成品
总计	**621**	**11**	**98.65**	**483.10**	**157.09**	**100.46**	**32.12**
# 亏损企业	11	11	1.82	7.47	1.10	1.84	0.22
# 国有控股企业	7	1	4.95	40.42	7.29	6.01	3.21
# 轻工业	284	5	22.99	139.62	34.07	24.95	12.02
重工业	337	6	75.65	343.48	123.02	75.51	20.10
# 大型企业	11	0	28.39	101.48	42.86	25.43	1.11
中型企业	59	0	23.90	100.92	28.54	25.48	9.90
小型企业	542	11	46.03	279.06	85.37	49.20	21.06
微型企业	9	0	0.33	1.64	0.32	0.35	0.05
按登记注册类型分组:							
内资企业	388	8	58.24	284.74	82.42	60.22	20.97
国有企业	2	0	2.24	34.22	6.08	3.28	2.54
集体企业	4	0	0.02	0.32	0.11	0.04	0.03
股份合作企业	5	0	0.27	0.78	0.23	0.27	0.14
联营企业	1	0	0.00	0.14	0.03	0.01	0.00
有限责任公司	57	2	11.57	49.93	13.63	12.12	3.78
股份有限公司	8	1	3.64	10.61	2.92	3.65	0.88
私营企业	311	5	40.50	188.75	59.43	40.85	13.59
其他企业	0	0	0.00	0.00	0.00	0.00	0.00
港、澳、台商投资企业	117	2	27.84	127.92	53.05	26.64	5.35
合资经营企业(港或澳、台资)	29	0	3.94	20.45	8.07	4.52	1.70
合作经营企业(港或澳、台资)	1	0	0.08	0.36	0.14	0.10	0.01
港澳台商独资经营企业	87	2	23.81	107.12	44.85	22.02	3.64
外商投资企业	116	1	12.56	70.44	21.61	13.60	5.80
中外合资经营企业	41	1	6.18	26.57	8.78	6.61	2.74
外资企业	75	0	6.38	43.87	12.83	6.99	3.07
按经济组织类型分组							
独资企业	179	2	32.85	188.88	65.45	32.76	9.59
合作、合伙企业	11	0	0.48	1.81	0.70	0.51	0.25

主要经济指标(2016年)

单位:亿元、万人

资产合计	负债合计	营业收入	其中:主营业务收入	营业成本	其中:主营业务成本	营业税金及附加	其中:主营业务税金及附加	销售费用	管理费用
1001.73	**497.57**	**2058.94**	**2057.10**	**1758.01**	**1756.25**	**8.56**	**8.56**	**24.14**	**42.28**
13.11	8.88	4.59	4.58	4.17	4.17	0.01	0.01	0.08	0.42
69.15	48.96	25.91	25.90	20.40	20.16	0.11	0.11	0.22	1.18
315.39	157.62	478.57	478.04	400.66	400.25	2.54	2.54	7.91	14.37
686.33	339.95	1580.36	1579.07	1357.35	1356.00	6.01	6.01	16.23	27.90
174.85	107.10	388.62	388.62	332.78	332.78	0.56	0.56	3.81	4.15
276.75	112.92	706.95	706.19	604.86	603.96	3.61	3.61	8.43	14.45
547.84	276.49	960.71	959.65	818.03	817.17	4.37	4.37	11.86	23.59
2.29	1.06	2.65	2.65	2.34	2.34	0.02	0.02	0.03	0.08
601.61	288.79	1291.07	1290.31	1098.20	1097.36	6.08	6.08	16.92	27.33
41.16	30.39	5.69	5.69	4.14	4.14	0.01	0.01	0.09	0.40
2.18	0.76	3.98	3.98	3.55	3.55	0.03	0.03	0.07	0.06
3.19	1.32	19.52	19.52	17.42	17.42	0.04	0.04	0.20	0.28
0.34	0.17	1.66	1.66	1.49	1.49	0.02	0.02	0.01	0.02
105.50	53.69	99.31	99.10	82.39	81.98	0.58	0.58	1.65	3.90
45.99	19.06	89.22	89.21	75.72	75.72	0.64	0.64	1.65	1.90
403.25	183.40	1071.69	1071.16	913.50	913.07	4.77	4.77	13.24	20.76
0.00	0.00	0.00	0.00	0.00	0.00	0.00	0.00	0.00	0.00
228.57	132.74	413.98	413.77	358.02	357.83	1.16	1.16	3.42	7.28
45.31	18.43	159.93	159.78	139.03	138.90	0.48	0.48	0.94	3.01
0.64	0.22	0.35	0.35	0.30	0.30	0.00	0.00	0.00	0.02
182.62	114.09	253.70	253.64	218.68	218.63	0.68	0.68	2.47	4.25
171.54	76.05	353.89	353.02	301.79	301.05	1.31	1.31	3.80	7.67
79.68	32.90	155.73	155.11	133.64	133.11	0.61	0.61	1.61	2.83
91.86	43.14	198.16	197.91	168.15	167.94	0.70	0.70	2.19	4.85
323.55	191.74	473.16	472.84	404.78	404.52	1.49	1.49	4.93	9.87
5.49	2.46	25.52	25.52	22.64	22.64	0.07	0.07	0.26	0.45

指标名称	其中:税金	财务费用	其中:利息收入	利息支出	资产减值损失	公允价值变动收益	投资收益
总计	**1.52**	**7.19**	**0.34**	**7.10**	**0.10**	**0.00**	**0.04**
#亏损企业	0.02	0.21	0.00	0.21	0.00	0.00	0.00
#国有控股企业	0.11	0.73	0.02	0.70	0.00	0.00	0.00
#轻工业	0.48	2.24	0.09	2.28	0.00	0.00	0.01
重工业	1.04	4.95	0.25	4.83	0.10	0.00	0.03
#大型企业	0.13	0.43	0.02	0.41	0.00	0.00	0.00
中型企业	0.56	2.16	0.08	2.14	0.03	0.00	0.03
小型企业	0.83	4.59	0.24	4.54	0.07	0.00	0.02
微型企业	0.00	0.01	0.00	0.01	0.00	0.00	0.00
按登记注册类型分组:							
内资企业	0.99	4.78	0.16	4.71	0.09	0.00	0.04
国有企业	0.05	0.26	0.02	0.23	0.00	0.00	0.00
集体企业	0.00	0.02	0.00	0.02	0.00	0.00	0.00
股份合作企业	0.01	0.03	0.00	0.03	0.00	0.00	0.00
联营企业	0.00	0.00	0.00	0.00	0.00	0.00	0.00
有限责任公司	0.24	1.20	0.04	1.13	0.05	0.00	0.00
股份有限公司	0.07	0.36	0.00	0.34	0.04	0.00	0.01
私营企业	0.61	2.92	0.10	2.95	0.00	0.00	0.02
其他企业	0.00	0.00	0.00	0.00	0.00	0.00	0.00
港、澳、台商投资企业	0.26	1.27	0.10	1.31	0.00	0.00	-0.01
合资经营企业(港或澳、台资)	0.14	0.33	0.02	0.31	0.00	0.00	0.00
合作经营企业(港或澳、台资)	0.00	0.01	0.00	0.01	0.00	0.00	0.00
港澳台商独资经营企业	0.12	0.93	0.08	0.99	0.00	0.00	-0.01
外商投资企业	0.27	1.14	0.08	1.08	0.00	0.00	0.02
中外合资经营企业	0.13	0.65	0.03	0.61	0.00	0.00	0.00
外资企业	0.15	0.49	0.05	0.47	0.00	0.00	0.02
按经济组织类型分组							
独资企业	0.32	1.72	0.14	1.74	0.00	0.00	0.01
合作、合伙企业	0.01	0.04	0.00	0.05	0.00	0.00	0.00

续表 1

单位：亿元、万人

营业利润	营业外收入	其中：政府补助	营业外支出	利润总额	亏损企业亏损总额	利税总额	本年应付职工薪酬	应交增值税	平均用工人数
218.72	**1.47**	**0.68**	**0.47**	**219.72**	**0.55**	**324.11**	**65.80**	**95.84**	**11.95**
-0.31	0.01	0.00	0.25	-0.55	0.55	-0.39	0.50	0.14	0.11
3.29	0.13	0.00	0.01	3.40	0.24	4.63	1.82	1.13	0.25
50.86	0.34	0.03	0.06	51.14	0.03	75.37	22.44	21.68	4.86
167.86	1.13	0.64	0.41	168.57	0.53	248.74	43.36	74.15	7.08
46.89	0.59	0.43	0.08	47.40	0.00	69.03	13.23	21.07	2.12
73.44	0.35	0.10	0.06	73.73	0.00	112.38	20.77	35.04	3.22
98.22	0.51	0.14	0.33	98.41	0.55	142.45	31.74	39.67	6.59
0.17	0.00	0.00	0.00	0.18	0.00	0.25	0.07	0.06	0.01
137.70	0.57	0.22	0.11	138.16	0.37	208.00	36.92	63.75	6.90
0.79	0.03	0.00	0.00	0.81	0.00	1.07	0.37	0.25	0.05
0.25	0.00	0.00	0.00	0.25	0.00	0.56	0.23	0.29	0.06
1.56	0.00	0.00	0.00	1.56	0.00	2.60	0.69	1.00	0.10
0.12	0.00	0.00	0.00	0.12	0.00	0.24	0.05	0.10	0.01
9.54	0.20	0.11	0.04	9.70	0.25	14.22	5.02	3.94	0.83
8.93	0.07	0.04	0.01	8.99	0.01	14.79	1.68	5.17	0.32
116.52	0.28	0.07	0.06	116.74	0.11	174.51	28.89	52.99	5.53
0.00	0.00	0.00	0.00	0.00	0.00	0.00	0.00	0.00	0.00
42.83	0.62	0.42	0.34	43.12	0.19	62.92	17.09	18.64	2.66
16.13	0.16	0.00	0.03	16.26	0.00	24.36	5.23	7.62	0.77
0.01	0.00	0.00	0.00	0.00	0.00	0.02	0.03	0.01	0.01
26.69	0.47	0.41	0.31	26.85	0.19	38.54	11.82	11.01	1.89
38.19	0.27	0.04	0.03	38.43	0.00	53.19	11.80	13.45	2.38
16.40	0.22	0.02	0.02	16.60	0.00	23.09	4.89	5.88	1.00
21.79	0.05	0.02	0.01	21.83	0.00	30.11	6.91	7.57	1.38
50.38	0.54	0.43	0.32	50.60	0.19	71.85	19.80	19.76	3.47
2.04	0.00	0.00	0.00	2.04	0.00	3.31	0.94	1.20	0.15

指标名称	企业单位数	亏损企业	年初存货	流动资产合计	其中:应收帐款	存货	其中:产成品
股份有限公司	16	1	7.85	24.57	8.80	6.71	1.81
有限责任公司	415	8	57.47	267.84	82.13	60.48	20.47
按行业分组							
农副食品加工业	9	0	1.81	4.09	1.33	1.65	0.67
食品制造业	3	0	0.79	5.72	0.54	0.98	0.45
纺织业	126	4	7.98	49.21	15.14	9.50	5.41
纺织服装、服饰业	26	0	0.69	6.26	1.28	0.78	0.35
皮革、毛皮、羽毛及其制品和制鞋业	16	0	0.77	4.55	1.49	0.78	0.26
木材加工和木、竹、藤、棕、草制品业	1	0	0.11	0.80	0.21	0.15	0.08
家具制造业	1	0	0.02	0.06	0.01	0.03	0.02
造纸和纸制品业	5	0	0.61	2.77	0.73	0.66	0.14
印刷和记录媒介复制业	3	0	0.42	2.25	0.80	0.56	0.16
文教、工美、体育和娱乐用品制造业	52	1	3.91	21.16	6.46	4.29	2.37
化学原料和化学制品制造业	50	2	13.59	53.76	15.15	13.78	3.61
医药制造业	13	0	3.97	9.04	1.85	3.57	1.12
化学纤维制造业	1	0	0.07	0.32	0.13	0.07	0.07
橡胶和塑料制品业	26	0	1.23	10.53	3.90	1.38	0.53
非金属矿物制品业	40	0	2.36	16.53	8.37	2.75	1.15
黑色金属冶炼和压延加工业	15	0	4.69	13.45	4.17	5.22	1.99
有色金属冶炼和压延加工业	22	1	4.18	15.64	5.01	4.72	1.08
金属制品业	37	0	7.95	43.61	14.35	8.95	4.43
通用设备制造业	65	0	6.70	29.16	9.75	6.09	1.40
专用设备制造业	23	0	18.42	84.00	35.48	15.42	1.43
汽车制造业	4	0	0.08	1.02	0.21	0.15	0.01
铁路、船舶、航空航天和其他运输设备制造业	9	0	1.35	4.22	1.41	1.55	0.51
电气机械和器材制造业	48	0	14.07	59.99	23.01	14.26	3.03
计算机、通信和其他电子设备制造业	16	2	2.32	11.21	3.75	2.49	1.55
仪器仪表制造业	5	0	0.38	6.81	1.96	0.51	0.29
金属制品、机械和设备修理业	1	0	0.08	0.18	0.07	0.07	0.00
电力、热力生产和供应业	3	1	0.13	2.69	0.32	0.11	0.00
水的生产和供应业	1	0	0.00	24.08	0.19	0.00	0.00

续表 2

资产合计	负债合计	营业收入	其中：主营业务收入	营业成本	其中：主营业务成本	营业税金及附加	其中：主营业务税金及附加	销售费用	管理费用
75.00	35.27	180.92	180.92	152.62	152.62	0.76	0.76	2.42	2.88
597.68	268.10	1379.34	1377.83	1177.97	1176.48	6.24	6.24	16.52	29.08
13.35	5.50	31.64	31.64	28.24	28.24	0.11	0.11	0.33	0.21
15.73	7.24	10.96	10.91	9.66	9.61	0.07	0.07	0.20	0.45
104.51	54.35	142.41	142.39	120.86	120.84	0.88	0.88	2.61	4.37
22.14	5.39	27.95	27.95	23.98	23.98	0.24	0.24	0.59	0.75
19.97	5.72	37.88	37.88	32.76	32.76	0.26	0.26	0.77	0.75
1.07	0.58	0.28	0.28	0.21	0.21	0.00	0.00	0.02	0.03
0.07	0.05	0.36	0.36	0.32	0.32	0.00	0.00	0.01	0.02
4.27	2.01	4.81	4.81	3.78	3.78	0.03	0.03	0.16	0.31
3.23	1.23	5.03	4.60	4.22	3.87	0.01	0.01	0.05	0.06
59.15	30.33	130.30	130.30	106.49	106.49	0.54	0.54	1.12	3.73
94.93	41.59	297.58	296.72	259.70	258.88	0.84	0.84	1.94	4.76
25.63	13.52	37.09	37.09	27.92	27.92	0.20	0.20	1.00	2.31
0.54	0.33	1.41	1.41	1.25	1.25	0.01	0.01	0.00	0.02
20.47	7.46	30.85	30.84	26.43	26.42	0.13	0.13	0.49	0.94
32.43	19.10	60.97	60.92	51.35	51.11	0.23	0.23	1.29	1.43
24.18	4.31	30.37	30.37	23.95	23.95	0.25	0.25	0.62	1.14
34.07	16.94	76.63	76.63	66.68	66.68	0.15	0.15	0.38	0.62
92.27	46.04	109.70	109.55	89.01	88.84	0.69	0.69	1.13	3.45
74.97	31.96	183.03	182.92	158.18	158.11	1.05	1.05	3.11	3.75
134.31	95.35	178.00	178.00	151.98	151.98	0.45	0.45	1.24	1.56
2.24	1.25	1.40	1.38	1.13	1.11	0.01	0.01	0.01	0.13
12.21	8.17	23.01	23.01	19.37	19.37	0.05	0.05	0.32	0.51
128.54	46.62	519.42	519.34	452.54	452.51	1.73	1.73	4.64	7.59
20.80	11.87	31.35	31.35	25.75	25.75	0.24	0.24	0.85	1.22
27.46	12.72	81.09	81.09	67.76	67.76	0.35	0.35	1.16	1.81
0.33	0.27	0.62	0.62	0.55	0.55	0.00	0.00	0.01	0.00
6.86	4.28	3.77	3.72	3.23	3.23	0.01	0.01	0.00	0.20
25.99	23.41	1.03	1.03	0.71	0.71	0.00	0.00	0.07	0.13

指标名称	其中:税金	财务费用	其中:利息收入	利息支出	资产减值损失	公允价值变动收益	投资收益
股份有限公司	0.09	0.60	0.05	0.58	0.04	0.00	0.01
有限责任公司	1.10	4.83	0.15	4.73	0.05	0.00	0.02
按行业分组							
农副食品加工业	0.00	0.01	0.00	0.01	0.00	0.00	0.00
食品制造业	0.04	0.20	0.02	0.20	0.00	0.00	0.00
纺织业	0.19	0.80	0.03	0.81	0.00	0.00	0.00
纺织服装、服饰业	0.03	0.07	0.00	0.05	0.00	0.00	0.00
皮革、毛皮、羽毛及其制品和制鞋业	0.04	0.08	0.01	0.11	0.00	0.00	0.00
木材加工和木、竹、藤、棕、草制品业	0.00	0.00	0.00	0.00	0.00	0.00	0.00
家具制造业	0.00	0.00	0.00	0.00	0.00	0.00	0.00
造纸和纸制品业	0.02	0.11	0.00	0.11	0.00	0.00	0.00
印刷和记录媒介复制业	0.00	0.00	0.00	0.00	0.00	0.00	0.00
文教、工美、体育和娱乐用品制造业	0.07	0.39	0.00	0.40	0.00	0.00	0.00
化学原料和化学制品制造业	0.17	0.96	0.03	0.98	0.03	0.00	-0.01
医药制造业	0.04	0.39	0.00	0.39	0.00	0.00	0.01
化学纤维制造业	0.00	0.02	0.00	0.02	0.00	0.00	0.00
橡胶和塑料制品业	0.02	0.13	0.01	0.08	0.00	0.00	0.01
非金属矿物制品业	0.08	0.35	0.03	0.31	0.00	0.00	0.00
黑色金属冶炼和压延加工业	0.08	0.11	0.00	0.10	0.03	0.00	0.00
有色金属冶炼和压延加工业	0.03	0.54	0.04	0.52	0.00	0.00	0.00
金属制品业	0.14	1.01	0.04	0.98	0.00	0.00	0.00
通用设备制造业	0.12	0.44	0.03	0.40	0.00	0.00	0.00
专用设备制造业	0.08	0.19	0.00	0.19	0.00	0.00	0.00
汽车制造业	0.01	0.00	0.00	0.00	0.00	0.00	0.00
铁路、船舶、航空航天和其他运输设备制造业	0.04	0.21	0.00	0.21	0.00	0.00	0.00
电气机械和器材制造业	0.22	0.63	0.03	0.64	0.04	0.00	0.02
计算机、通信和其他电子设备制造业	0.04	0.38	0.02	0.40	0.00	0.00	0.00
仪器仪表制造业	0.04	0.12	0.00	0.12	0.00	0.00	0.00
金属制品、机械和设备修理业	0.00	0.00	0.00	0.00	0.00	0.00	0.00
电力、热力生产和供应业	0.01	0.06	0.00	0.06	0.00	0.00	0.00
水的生产和供应业	0.00	-0.01	0.01	0.00	0.00	0.00	0.00

续表3

营业利润	营业外收入	其中:政府补助	营业外支出	利润总额	亏损企业亏损总额	利税总额	本年应付职工薪酬	应交增值税	平均用工人数
21.62	0.16	0.06	0.01	21.77	0.01	32.74	3.88	10.22	0.63
144.68	0.76	0.18	0.14	145.31	0.36	216.21	41.18	64.66	7.69
2.74	0.00	0.00	0.00	2.74	0.00	1.72	1.85	1.61	0.30
0.37	0.07	0.01	0.01	0.43	0.00	0.45	0.57	0.38	0.10
12.89	0.04	0.00	0.01	12.92	0.03	7.53	6.59	6.65	1.47
2.31	0.00	0.00	0.00	2.31	0.00	2.03	2.22	1.80	0.54
3.26	0.00	0.00	0.00	3.26	0.00	2.46	2.12	2.20	0.51
0.01	0.00	0.00	0.00	0.01	0.00	0.01	0.06	0.01	0.01
0.01	0.00	0.00	0.00	0.01	0.00	0.00	0.06	0.00	0.01
0.42	0.00	0.00	0.00	0.42	0.00	0.21	0.27	0.18	0.06
0.68	0.00	0.00	0.00	0.68	0.00	0.19	0.16	0.18	0.04
18.04	0.02	0.00	0.01	18.05	0.00	5.29	4.23	4.75	1.02
29.34	0.07	0.02	0.02	29.40	0.08	14.35	7.27	13.50	1.18
5.28	0.17	0.01	0.02	5.43	0.00	1.94	1.76	1.74	0.31
0.11	0.00	0.00	0.00	0.11	0.00	0.07	0.05	0.06	0.01
2.74	0.05	0.00	0.02	2.77	0.00	1.56	1.78	1.43	0.33
6.32	0.06	0.05	0.02	6.36	0.00	3.20	2.39	2.97	0.51
4.27	0.06	0.06	0.00	4.32	0.00	2.09	1.46	1.83	0.23
8.26	0.00	0.00	0.00	8.26	0.01	2.70	1.15	2.55	0.26
14.41	0.02	0.01	0.01	14.41	0.00	6.08	3.57	5.39	0.65
16.50	0.01	0.01	0.01	16.50	0.00	9.11	5.70	8.06	0.97
22.58	0.48	0.43	0.06	23.00	0.00	8.25	7.24	7.81	1.01
0.11	0.00	0.00	0.00	0.11	0.00	0.10	0.15	0.09	0.04
2.56	0.09	0.00	0.00	2.64	0.00	0.95	0.94	0.90	0.16
52.27	0.22	0.07	0.02	52.48	0.00	29.32	10.92	27.59	1.70
2.91	0.00	0.00	0.00	2.91	0.25	1.49	1.30	1.25	0.22
9.90	0.00	0.00	0.00	9.90	0.00	3.09	1.56	2.74	0.24
0.05	0.00	0.00	0.00	0.05	0.00	0.03	0.06	0.03	0.02
0.27	0.05	0.00	0.26	0.06	0.19	0.16	0.24	0.14	0.03
0.13	0.03	0.00	0.00	0.16	0.00	0.02	0.15	0.02	0.02

11-6 分区镇规模以上工业企业现价产值

单位：万元

区镇名称	2016	2015	2014	2013	2012
海门市	**20869674**	**18922947**	**18016183**	**16364035**	**14385702**
海门开发区	3288589	3169187	3725357	3361166	2940242
海门工业园区	2417936	2194465	2109572	2001457	1983995
海门港新区	2930956	2580179	2320600	2073002	1820795
临江新区	1311148	1184251	1108308	1004867	1031016
海门高新区	2675524	2413425	2363576	2274862	1926836
三厂工业园区	1364884	1225048	1121332	977545	790600
常乐镇	1262533	1163589	1023375	930054	740073
悦来镇	1643422	1414735	1188856	1069563	907778
四甲镇	942069	822943	709174	577258	373100
余东镇	602002	553709	488064	470018	368092
正余镇	2402644	2159626	1826871	1595288	1475401
海永镇	23976	24004	26530	25369	25224

11-7 规模以上高新技术产业产值(2016 年)

单位:万元

区镇名称	本年累计	累计增长	占规模工业比重
海门市	**10030100**	**12.7**	**48.1**
海门开发区	1571208	8.3	47.8
海门工业园区	515015	13.2	21.3
海门港新区	1325788	24.1	45.2
临江新区	956089	-0.7	72.9
海门高新区	1259971	8.4	47.1
三厂工业园区	383653	14.6	28.1
常乐镇	915201	8.8	72.5
悦来镇	352966	28.6	21.5
四甲镇	783452	21.0	83.2
余东镇	63864	26.7	10.6
正余镇	1951970	17.0	81.2

11-8 规模以上新兴产业产值(2016年)

单位:万元

区镇名称	本年累计	累计增长	占规模工业比重
海门市	**7273291**	**16.1**	**34.9**
海门开发区	1359284	8.3	41.3
海门工业园区	486940	13.0	20.1
海门港新区	827363	41.4	28.2
临江新区	838084	-1.4	63.9
海门高新区	744416	11.0	27.8
三厂工业园区	332137	18.2	24.3
常乐镇	339457	19.6	26.9
悦来镇	318866	28.1	19.4
四甲镇	539654	25.6	57.3
余东镇	141397	26.7	23.5
正余镇	1341702	20.4	55.8

11-9 大中型工业企业名录(2016 年)

企业名称	企业规模	单位负责人	企业地址
江苏泰森食品有限公司	大型	李益铭	海门市东灶港镇港西大道 999 号
南通健林鞋业有限公司	大型	季建忠	江苏省海门市六匡镇三条桥
江苏黑鹰化学工业有限公司	大型	郭建华	海门市常乐镇工业园区
南通回力橡胶有限公司	大型	倪雪文	江苏省海门市包场镇通光大街 8 号
南通市冠东模塑科技有限公司	大型	郑新平	江苏省海门市海门港福州路 388 号
招商局重工(江苏)有限公司	大型	周志禹	滨江街道新安江路 1 号
金轮针布(南通)有限公司	大型	徐志凌	海门市四甲镇富强路 86 号
金轮科创股份有限公司	大型	陆　挺	江苏省海门市四甲镇富强路 86 号
江苏通光信息有限公司	大型	陆　兵	海门市包场镇
江苏通光光缆有限公司	大型	张　忠	海门港大生路 3966 号中 2 号
海门市鑫源新材料有限公司	大型	陆　兵	海门市包场镇通光大街 88 号
海门泰森禽业发展有限公司	中型	李益铭	江苏省海门市东灶港镇西首(海门盐场内)
南通市常海食品添加剂有限公司	中型	庄　俊	海门市开发区青龙化工园区大庆路南侧
江苏白兔纺织集团股份有限公司	中型	成佰新	江苏省南通市海门市经济技术开发区秀山东路 677 号
南通华润大生纺织有限公司	中型	朱英臣	江苏省海门市三厂镇中华中路 269 号
江苏通海染整有限公司	中型	王庆杰	海门市三阳镇友爱村十组
南通东盛之花印染有限公司	中型	施亚斐	江苏海门经济开发区青龙化工园区
江苏金呢工程织物股份有限公司	中型	陆　平	海门市六匡镇三条桥
紫琅衬布(南通)有限公司	中型	沈　荣	海门市三厂镇中华西路 353 号
南通之禾时装有限公司	中型	叶寿增	海门市海门镇通源路 631 号内 2 号房
南通宝石服装有限公司	中型	张祖巍	江苏省海门市悦来镇三条桥东首
南通八津谷服装有限公司	中型	张祖巍	江苏省海门市悦来镇三条桥东首
南通维达鞋业有限公司	中型	季建忠	江苏省海门市六匡镇三条桥
南通玉灿鞋业有限公司	中型	宋加升	江苏省海门市三厂镇新东街
南通奥斯特鞋业有限公司	中型	袁建新	海门市余东镇凤城南路 288 号
海门市海天纸业有限公司	中型	张家斌	海门市天补镇陶港村海天西路东侧 300 米
江苏希诺实业有限公司	中型	黄伟军	海门市树勋镇工业园区希诺路一号
凯盛家纺股份有限公司	中型	顾　萍	海门镇人民西路 858 号
南通新锦江印染有限公司	中型	施洪生	江苏省海门市三厂镇丁陆村
南通凯旋体育用品有限公司	中型	毛志荣	江苏省海门市四甲镇
南通三星健身器材有限公司	中型	傅军平	海门市悦来镇悦来村 14 组
江苏联海生物科技有限公司	中型	陈玉和	海门灵甸工业集中区纬四路
江苏英力科技发展有限公司	中型	福瑞特	海门市三厂镇大庆路 18 号
南通海迪化工有限公司	中型	倪海平	江苏省海门市汤家镇西首
南通市争妍颜料化工有限公司	中型	赵觉新	海门市临江新区临江工业园

11-9 续表

企业名称	企业规模	单位负责人	企业地址
江苏景越塑料科技有限公司	中型	江　凌	海门市滨海新区港西大道 999 号
江苏雄风科技有限公司	中型	张宝余	江苏省海门市正余镇科技工业园区
上海现代制药海门有限公司	中型	王国平	海门市临江镇灵甸工业集中东区 3 号内 2 号房
南通四海植物精华有限公司	中型	倪继达	海门市常乐镇工业集中区(常中村)
江苏晨牌药业集团股份有限公司	中型	李建新	江苏省海门市人民中路 172 号
南通海林汽车橡塑制品有限公司	中型	张禹林	海门市正余镇双烈村
泰山石膏(南通)有限公司	中型	武新民	海门市滨江街道深圳路 288 号
海门市利国玻璃制品有限责任公司	中型	蔡建国	海门市瑞祥大桥处
中兴能源装备有限公司	中型	仇云龙	江苏省海门市三厂镇中兴村
海科工业有限公司	中型	钱胜华	海门市滨江街道珠海路 1 号内 1 号房
江苏宝钢精密钢丝有限公司	中型	吴文华	滨江街道香港路 2566 号
南通大力神钢绳有限公司	中型	顾其林	江苏省海门市三厂镇大生路 128 号
海门市森达装饰材料有限公司	中型	朱善忠	海门市天补镇通启路 23 号
南通市申海工业技术科技有限公司	中型	程道广	海门市青龙港大庆路 27 号
路特利举升机(海门)有限公司	中型	steven	江苏省海门经济开发区秀山东路 1388 号
江苏远威重工有限公司	中型	倪伟健	海门市滨海新区港西大道 999 号
南通克莱克空气处理设备有限公司	中型	吴克军	海门市正余镇新和村工业园区(新和村)
江苏铁锚工具有限公司	中型	周海春	海门市滨海新区铁锚路 88 号
南通奥贝尔工程技术有限公司	中型	凌美琴	海门市滨海新区广东路 9 号
南通中远重工有限公司	中型	张明华	南通军用码头东首
江苏海峰电力机械集团股份有限公司	中型	张雪峰	海门市正余镇青正村
江苏中联风能机械有限公司	中型	花世华	海门市正余镇工业集中区西区
南通振康焊接机电有限公司	中型	汤志康	江苏省海门市正余镇双烈村
南通爱尔思轻合金精密成型有限公司	中型	翟春江	江苏省海门市货隆镇工业园区
江苏中兴精密机械有限公司	中型	江义福	江苏省海门市货隆镇工业园区
海门市沪海有色铸造有限公司	中型	翟　锋	海门市货隆镇新街村二组
江苏中兴创元高压电气有限公司	中型	江义福	江苏省海门市货隆镇工业园区
江苏亨通电子线缆科技有限公司	中型	朱建军	海门市经济技术开发区南海东路 518 号
江苏通光强能输电线科技有限公司	中型	张　强	海门市开发区海门港大生路 3966 号
江苏三通科技有限公司	中型	施善国	海门市三厂镇望江路 100 号
南通东辰安费诺汽车电子有限公司	中型	RICHARDADAMNORWITT	海门市海门街道河海西路 599 号内 2 号房
南通飞鹰电子有限公司	中型	俞　豪	北海路 9 号
燕达(海门)重型装备制造有限公司	中型	雷建民	江苏省海门市滨海新区港西大道 999 号
江苏大岛机械集团有限公司	中型	施潜新	海门市三星工业园区
江苏世泰实验器材有限公司	中型	王　忠	海门市海门镇新秀路 48 号

11-10 规模以上工业企业名录(2016年)

序号	单位详细名称	单位负责人
1	江苏泰森食品有限公司	李益铭
2	南通健林鞋业有限公司	季建忠
3	江苏黑鹰化学工业有限公司	郭建华
4	南通回力橡胶有限公司	倪雪文
5	南通市冠东模塑科技有限公司	郑新平
6	招商局重工(江苏)有限公司	周志禹
7	金轮针布(南通)有限公司	徐志凌
8	金轮科创股份有限公司	陆　挺
9	江苏通光信息有限公司	陆　兵
10	江苏通光光缆有限公司	张　忠
11	海门市鑫源新材料有限公司	陆　兵
12	海门泰森禽业发展有限公司	李益铭
13	南通市常海食品添加剂有限公司	庄　俊
14	江苏白兔纺织集团股份有限公司	成佰新
15	南通华润大生纺织有限公司	朱英臣
16	江苏通海染整有限公司	王庆杰
17	南通东盛之花印染有限公司	施亚斐
18	江苏金呢工程织物股份有限公司	陆　平
19	紫琅衬布(南通)有限公司	沈　荣
20	南通之禾时装有限公司	叶寿增
21	南通宝石服装有限公司	张祖巍
22	南通八津谷服装有限公司	张祖巍
23	南通维达鞋业有限公司	季建忠
24	南通玉灿鞋业有限公司	宋加升
25	南通奥斯特鞋业有限公司	袁建新
26	海门市海天纸业有限公司	张家斌
27	江苏希诺实业有限公司	黄伟军
28	凯盛家纺股份有限公司	顾　萍
29	南通新锦江印染有限公司	施洪生

11-10 续表1

序号	单位详细名称	单位负责人
30	南通凯旋体育用品有限公司	毛志荣
31	南通三星健身器材有限公司	傅军平
32	江苏联海生物科技有限公司	陈玉和
33	江苏英力科技发展有限公司	福瑞特
34	南通海迪化工有限公司	倪海平
35	南通市争妍颜料化工有限公司	赵觉新
36	江苏景越塑料科技有限公司	江　凌
37	江苏雄风科技有限公司	张宝余
38	上海现代制药海门有限公司	王国平
39	南通四海植物精华有限公司	倪继达
40	江苏晨牌药业集团股份有限公司	李建新
41	南通海林汽车橡塑制品有限公司	张禹林
42	泰山石膏(南通)有限公司	武新民
43	海门市利国玻璃制品有限责任公司	蔡建国
44	中兴能源装备有限公司	仇云龙
45	海科工业有限公司	钱胜华
46	江苏宝钢精密钢丝有限公司	吴文华
47	南通大力神钢绳有限公司	顾其林
48	海门市森达装饰材料有限公司	朱善忠
49	南通市申海工业技术科技有限公司	程道广
50	路特利举升机(海门)有限公司	steven
51	江苏远威重工有限公司	倪伟健
52	南通克莱克空气处理设备有限公司	吴克军
53	江苏铁锚工具有限公司	周海春
54	南通奥贝尔工程技术有限公司	凌美琴
55	南通中远重工有限公司	张明华
56	江苏海峰电力机械集团股份有限公司	张雪峰
57	江苏中联风能机械有限公司	花世华
58	南通振康焊接机电有限公司	汤志康

11-10 续表2

序号	单位详细名称	单位负责人
59	南通爱尔思轻合金精密成型有限公司	翟春江
60	江苏中兴精密机械有限公司	江义福
61	海门市沪海有色铸造有限公司	翟　锋
62	江苏中兴创元高压电气有限公司	江义福
63	江苏亨通电子线缆科技有限公司	朱建军
64	江苏通光强能输电线科技有限公司	张　强
65	江苏三通科技有限公司	施善国
66	南通东辰安费诺汽车电子有限公司	RICHARDADAMNORWITT
67	南通飞鹰电子有限公司	俞　豪
68	燕达(海门)重型装备制造有限公司	雷建民
69	江苏大岛机械集团有限公司	施潜新
70	江苏世泰实验器材有限公司	王　忠
71	海门市合兴油脂有限责任公司	邵利豪
72	南通鑫鸿水产品有限公司	薛立新
73	永井食品(海门)有限公司	谭晓翔
74	江苏中宝食品有限公司	邱卫池
75	海门市东绿蔬菜有限公司	唐　勇
76	江苏海创农产品开发有限公司	郭　木
77	南通联海维景生物有限公司	沈　夏
78	海门市佳宝食品有限公司	吴瑾璟
79	海门市冠东食品有限公司	徐建华
80	海门市棉纺织五厂	施裕灵
81	海门市万年织布厂	张汉涛
82	海门市芳华纺织有限公司	王汉方
83	海门市天鑫无胶棉厂	陈宴生
84	海门市海龙纺织品有限公司	郁建斌
85	南通浩博纺织品有限公司	陈志新
86	南通展阳纤维有限公司	杨　柳
87	南通市飞成纺织有限公司	蔡燕红

11-10 续表3

序号	单位详细名称	单位负责人
88	南通乐源纺织品有限公司	范锦池
89	海门市万隆纺织有限公司	陶国华
90	南通菲里亚纺织有限公司	蔡春野
91	海门市四甲棉业有限公司	施林汐
92	南通杰瑞纺织品有限公司	崔庙根
93	海门市汇丰纺织品有限公司	张　峰
94	南通茂业织布有限公司	茅连刚
95	海门市华安纺织品有限公司	陆利明
96	海门宜枫织造有限公司	杨剑东
97	海门市声荣纺织印染有限公司	费　明
98	海门市新世纪印染有限公司	曹志冲
99	南通顾艺印染有限公司	顾陈斌
100	南通金三色印染有限公司	卢学义
101	海门市飞龙印染有限公司	马振飞
102	海门市新龙印染有限公司	蒋　新
103	南通欣昌家居饰品有限公司	朱新昌
104	南通铭升印染有限公司	张洪星
105	龙舜印染(南通)有限公司	张洪星
106	海门市浩昇印染厂	高贵忠
107	江苏涌金化纤有限公司	龚新平
108	南通荣泰纺织有限公司	张锦荣
109	海门市织针三厂	崔庙根
110	南通亿林针织服装有限公司	王　新
111	龙威复纺纤维(海门)有限公司	郁建斌
112	海门市安娜丽姿家用纺织品有限公司	施卫华
113	南通蕾曼思纺织品有限公司	周菊萍
114	上海水星家纺海门有限公司	李裕杰
115	南通永隆纺织品有限公司	蔡建宏
116	海门市凯丝莱纺织品有限公司	黄　洪

11-10 续表 4

序号	单位详细名称	单位负责人
117	南通翔博纺织品有限公司	刘　菊
118	海门市德海纺织品有限公司	黄金礼
119	海门市长泰纺织品有限公司	施叶美
120	海门市晨彩家用纺织品有限公司	林加财
121	南通市嘎莎纺织品有限公司	谢丽萍
122	南通福克丝家用纺织品有限公司	王雪华
123	江苏凯帝卧室用品有限公司	陈　建
124	海门市新雅化纤有限责任公司	黄洪新
125	海门市兴旺卧室用品有限责任公司	刘志远
126	海门市盛发纺织品有限公司	宋林群
127	南通杰琪纺织品有限公司	龚丽红
128	南通琦萱纺织品有限公司	王　辉
129	南通乾行纺织品有限公司	朱　峰
130	海门市艺英达纺织有限公司	周庆华
131	海门市彭氏纺织品有限公司	陆春花
132	海门市雅泰纺织品有限公司	陈海飞
133	海门市龙鑫越纺织品有限公司	陈燕平
134	海门豪天纺织品有限公司	张丽英
135	南通天新缘纺织品有限公司	宋　勤
136	江苏曼诺普家纺有限公司	欧玉风
137	南通宝威纺织品有限公司	袁　彬
138	南通欧克莱纺织品有限公司	梅海明
139	南通凌天纺织品有限公司	陆春花
140	海门丰汇德纺织品有限公司	沈　惠
141	江苏鑫百盛纺织科技有限公司	朱礼建
142	南通市梵泰斯针织制衣有限公司	胡建玉
143	南通巴黎春天生态纺织品有限公司	吴刚荣
144	南通阿比狼纺织有限公司	徐鸽萍
145	海门市金山纺织品有限公司	施卫新

11-10 续表 5

序号	单位详细名称	单位负责人
146	南通欧陆纺织品有限公司	陆冬花
147	南通辰星纺织品有限公司	张　健
148	南通凯而顺纺织品有限公司	施耀峰
149	南通乔瑞纺织品有限公司	顾倚安
150	海门市雪兔家居用品有限公司	祝庆林
151	南通富安得家纺有限公司	何新红
152	南通星瑶纺织品有限公司	陶海忠
153	南通吉名昌纺织品有限公司	高洪海
154	江苏巨丰家用纺织品有限责任公司	祁　星
155	江苏三联家用纺织品有限公司	陈　兴
156	海门市杰博家纺有限公司	张　杰
157	郁金香(南通)纺织制品有限公司	顾　娟
158	南通春怡卧室用品有限公司	李春权
159	江苏凡人居纺织品有限公司	龚　杰
160	南通诗意家用纺织品有限公司	宋云芳
161	江苏欧罗曼家纺有限公司	樊　斌
162	南通金美罗家用纺织品有限公司	秦　健
163	顾家(南通)纺织制品有限公司	黄玲珑
164	南通远大纺织品有限公司	陆　燕
165	南通欧比亚卧室用品有限公司	徐　铸
166	海门市韩世寝室用品有限公司	王秀国
167	南通威德家用纺织品有限公司	徐文良
168	南通富之岛寝具发展有限公司	张　冲
169	南通丰盛纺织品有限公司	宋海军
170	海门市天意梦思卧室用品有限公司	王世祥
171	南通铭家纺织品有限公司	郁　平
172	海门市卡丹诺家用纺织品有限公司	朱裕忠
173	海门市夏星家用纺织品厂	陆洪发
174	海门市清香缘家用纺织品有限公司	张洪涛

11-10 续表 6

序号	单位详细名称	单位负责人
175	海门可美寓家用纺织品有限公司	黄　胜
176	江苏圣路易丝家用纺织品有限责任公司	陈　卫
177	江苏东隆三兴家纺有限公司	郭连学
178	南通玲永织物有限公司	徐　成
179	伊布凡威帝纺织品(南通)有限公司	徐德娟
180	海门源野纺织品有限公司	沈新华
181	南通白兔永新纱线有限公司	成佰新
182	南通兴达贝妮梦家用纺织品有限公司	杨卫荣
183	南通迪凯纺织品有限公司	黄　华
184	南通梦洁家纺有限公司	姜天武
185	多多爱纺织品(南通)有限公司	陈厚留
186	南通雅多纺织品有限公司	袁伯荣
187	南通晟晨家用纺织品有限公司	高　卿
188	南通庭园寝饰用品有限公司	张建军
189	南通宾尼织造有限公司	陈鹤林
190	海门市新叶卧室用品有限公司	洪新民
191	海门市宏鑫纤维有限公司	陈沈利
192	维柏思特衬布(南通)有限公司	沈　荣
193	衫金服装辅料(南通)有限公司	陈识智
194	南通富都无纺织物有限公司	朱兆平
195	海门市信德衬布有限公司	郁　燕
196	海门市东兴帆布厂	蔡惠芳
197	江苏水龙江山消防发展有限公司	蒋嵩斌
198	南通吉美斯纺织有限公司	汤新华
199	南通市日盛园林工具配件厂	李　勇
200	南通市佳君衬衫有限公司	成菊兰
201	海门尚东服饰有限公司	王　辉
202	南通三轮时装有限公司	赵卫星
203	南通卫轮服装有限公司	赵卫星

11-10 续表 7

序号	单位详细名称	单位负责人
204	海门市恒盛制衣有限公司	施明辉
205	南通通灵制衣有限公司	花茂林
206	金凯森时装(南通)有限公司	王　新
207	雅姿服饰(南通)有限公司	杨　巍
208	南通锦方服饰有限公司	陆锦方
209	南通威乐普服饰有限公司	李　伟
210	七津谷(南通)服饰有限公司	张祖巍
211	海门宏业宝碳新能源有限公司	娄亚飞
212	南通凯林制衣有限公司	毛一飞
213	海门市麒龙针织内衣厂	沈美宁
214	江苏缤缤西尔克制衣有限公司	蒋少雷
215	海门市东大制衣有限公司	崔惠斌
216	海门市腾达针织制衣有限公司	周达飞
217	百老汇(南通)纺织品有限公司	梁启忠
218	南通金瑞开针织制衣有限公司	沈　红
219	海门市琦玮毛衫织造有限公司	王　炯
220	海门市天艺服饰有限责任公司	宋裕平
221	南通市包健特种职业服装有限公司	成玉明
222	南通奔时代帽业有限公司	张雪梅
223	南通如来手套有限公司	黄更平
224	南通源盛手套有限公司	徐建华
225	海门市三兴制衣有限公司	黄石飞
226	海门市舒利珀鞋业有限公司	李太镇
227	乾钟鞋业(海门)有限公司	金承大
228	海门市思奇鞋业有限公司	陈琥珀
229	海门市通达鞋业有限公司	岑志华
230	海门市东邦鞋业有限公司	周建元
231	海门桑尔鞋材有限公司	许其宾
232	海门市健达橡塑制品有限责任公司	丁正华

11-10 续表 8

序号	单位详细名称	单位负责人
233	施凯乐橡胶制品(江苏)有限公司	柯　格
234	江苏诺明安全设备有限公司	陆汉忠
235	海门协翔实业有限公司	施启星
236	南通富皇家具有限公司	张洪杰
237	江苏新丰溢复合材料有限公司	王道银
238	南通伟伟包装制品有限公司	季仁卫
239	南通传人印务包装有限公司	戴志丰
240	南通市远大彩印包装有限公司	张　辉
241	江苏省朗晖实业发展有限公司	李俊东
242	荣立(南通)包装材料有限公司	季　荣
243	华辰印刷(海门)有限公司	黄　磊
244	南通美仑纺织品有限公司	周　杰
245	江苏天马纺织品有限公司	赵　飞
246	海门市祥发卧室用品有限责任公司	刘建祥
247	海门市大岛刺绣工艺品有限公司	施潜新
248	江苏美罗家用纺织品有限公司	秦　鹏
249	海门市福禄宝纺织品有限公司	袁　勤
250	南通雅日纺织品有限公司	宋　雷
251	南通市博创纺织品有限公司	吴慧琴
252	海门鸿洋纺织品有限公司	陆　雅
253	南通奥兰纺织品有限公司	陈术威
254	南通怡龙纺织品有限公司	陈　平
255	海门市天龙针纺织品有限责任公司	陶永明
256	海门市东海纺织有限公司	徐洪勋
257	海门市盛源卧室用品有限公司	陈　飞
258	南通青松纺织品有限公司	蔡云松
259	南通曼仙妮纺织品有限公司	陈　亮
260	南通东方巨龙纺织品有限公司	郁　飞
261	海门市晋帛家用纺织品有限公司	仇前斌

11-10 续表 9

序号	单位详细名称	单位负责人
262	海门市荣城绣品有限公司	沈锡荣
263	南通大岛纺织品有限公司	施潜新
264	南通美天家用纺织品有限公司	蒋祖平
265	情人草寝饰用品(南通)有限公司	沈展望
266	南通鼎顺家用纺织品有限公司	曹惠斌
267	新嘉澍纺织绣品(南通)有限公司	顾　健
268	南通华正纺织品有限公司	黄跃权
269	心愿家纺(南通)有限公司	杨　华
270	南通恒洋纺织品有限公司	沈　锋
271	南通伊丽梦纺织品有限公司	施卫平
272	南通智利华纺织品有限公司	薛永平
273	情蒂恋(南通)纺织品有限公司	何仰仲
274	海门市三星兴达电脑刺绣厂	吴阶平
275	海门市冠东玻璃制品有限公司	徐建华
276	南通菲尔德卫生防护用品有限公司	陈　冲
277	南通赛德龙玻璃制品有限公司	俞志平
278	南通天福体育用品有限公司	王彩萍
279	南通一振恒体育用品有限公司	王群娣
280	南通哈韦斯特体育用品有限公司	俞卫群
281	南通高桥体育用品有限公司	朱健民
282	南通凯润体育用品有限公司	顾一新
283	南通夏克体育用品有限公司	俞桂平
284	百速(海门)体育用品有限公司	张国松
285	海门市金球体育用品有限公司	宋兰芳
286	南通福斯特运动用品有限公司	郭　倩
287	南通同德运动用品有限公司	范交达
288	本杰(南通)防护用品有限公司	张卫东
289	南通嘉和塑料五金制品有限公司	徐回春
290	江苏三阳运动器材有限公司	章贾明
291	海门容汇通用锂业有限公司	李南平

11-10 续表 10

序号	单位详细名称	单位负责人
292	江苏当升材料科技有限公司	王　科
293	百朗德生物化学海门有限公司	金基洙
294	海门市化工原料厂有限公司	倪海平
295	海门市环宇化工厂	顾荷斌
296	南通市亚诺合成化工有限公司	张　伟
297	南通联普化学有限公司	张　云
298	南通市海圣药业有限公司	江耀田
299	南通鑫海绿色制冷剂有限公司	金　兵
300	海门市新港医药科技有限公司	王　健
301	海门市五洋化工有限公司	陈广涛
302	海门兆丰化工有限公司	夏鹤松
303	海宇化工(南通)有限公司	俞洪新
304	南通天龙化工有限公司	张　斌
305	南通宝晟得精细化工有限公司	徐　斌
306	南通嘉禾化工有限公司	周耀明
307	南通金琪化工有限公司	徐伟群
308	南通正拓气体有限公司	仲　原
309	海门陆江锌材料有限公司	王正权
310	海门市鸿祥电子科技有限公司	冯炳祥
311	海门贝斯特精细化工有限公司	徐　斌
312	海门市海峰化工助剂有限公司	赵正平
313	海门市华林工艺品有限公司	凌建华
314	南通龙翔化工有限公司	漆后建
315	海门力德化工新材料有限公司	冯建兵
316	开美化学科技(南通)有限公司	陈建新
317	海门市新龙翔特种塑料有限公司	何启新
318	南通华谊汽车橡塑制品有限公司	张澎椿
319	南通回力胶粉有限公司	倪雪文
320	海门市南翔橡塑有限公司	彭巾南
321	金誉橡塑(海门)有限公司	季和平

11-10 续表11

序号	单位详细名称	单位负责人
322	南通大华橡胶有限公司	张乃浩
323	海门埃夫科纳化学有限公司	王志军
324	江苏嘉丰化学股份有限公司	缪小君
325	南通新玮镍钴科技发展有限公司	朱恒新
326	海门市海信化工助剂厂	徐新民
327	江苏泰昌焊丝有限公司	乔仁弟
328	海门市威菱焊材制造有限公司	过　强
329	江苏铂宝焊材有限公司	周新春
330	江苏华海船舶信号制造有限公司	俞建雄
331	海门慧聚药业有限公司	杨登贵
332	巴塞利亚药业(中国)有限公司	周　游
333	江苏晨牌邦德药业有限公司	张振平
334	海门瑞一医药科技有限公司	薛　嵩
335	江苏万高药业有限公司	姚俊华
336	江苏汉晨药业有限公司	程浩文
337	江苏恒丰强生物技术有限公司	龙　谭
338	南通华尔康医疗科技股份有限公司	吴永高
339	南通市邦通医疗卫生材料有限公司	冯　波
340	南通帝马卫生材料有限公司	包献冲
341	海门市德鑫化纤有限公司	陈建达
342	江苏兴东绝缘材料有限公司	昝建新
343	南通鹏程塑胶有限公司	卞建忠
344	南通市鑫峰橡胶有限公司	赵强甫
345	南通美田胶带有限公司	陶玉新
346	江苏金鑫橡胶科技有限公司	严火彪
347	海门市江海橡胶有限公司	江志忠
348	海门市凤城橡胶厂	江志忠
349	南通万润橡塑有限公司	严冬雨
350	海门市通宇橡塑制品有限公司	徐忠卫
351	江苏金轮橡胶有限公司	严火标

11-10 续表 12

序号	单位详细名称	单位负责人
352	南通恒逸橡胶有限公司	史　峰
353	海门市扬子医疗器械有限公司	龚祖平
354	南通金池塑胶有限公司	张卫明
355	华通联合(南通)塑胶工业有限公司	彭春晖
356	南通纵横塑胶有限公司	黄　健
357	南通美感邦塑业有限公司	伍公权
358	江苏华通管业有限公司	张红宾
359	南通美固复合材料有限公司	沈奇贤
360	海门市生华海绵有限责任公司	施建中
361	怡盛海绵(南通)有限公司	秦洪超
362	海门市大生源合成皮革有限公司	汪　晖
363	南通环球塑料工程有限公司	范广亮
364	海门市启新塑业有限公司	何启新
365	海门海螺水泥有限责任公司	谢寿斌
366	南通市锡宜水泥有限公司	蒋杏清
367	南通华宇混凝土有限公司	宋李琴
368	海门市新通海沙建材有限公司	姜　斌
369	南通市中南商品混凝土有限公司	倪向阳
370	海门德隆建材有限公司	汤恩华
371	海门浦海混凝土制品有限公司	汤恩华
372	海门市帕源道路工程材料有限公司	徐振家
373	南通三瑛混凝土有限公司	陈忠华
374	海门丰顺混凝土有限公司	韩　鑫
375	南通市康民全预制构件有限公司	侯海泉
376	海门市海弘建筑材料有限公司	袁　琪
377	海门市贝斯特钢化玻璃有限公司	倪学平
378	海门山峰玻璃科技有限公司	沈三忠
379	南通白金顿玻璃制品有限公司	查小纯
380	海门市凯雅光学玻璃有限公司	汤建春
381	海门市成骏玻璃有限公司	李振萍

11-10 续表13

序号	单位详细名称	单位负责人
382	南通恒嘉厨具有限公司	倪　棕
383	海门市德顺玻璃制品有限公司	茅晓娟
384	海门市瑞祥玻璃制品有限公司	吴善达
385	海门三龙玻璃制品有限公司	顾　淼
386	南通欣荣厨具有限公司	郁　明
387	南通日升保温容器有限公司	成广华
388	南通中荣环保空调设备有限公司	曹雪忠
389	江苏蓝泰复合材料有限公司	杜　军
390	南通奥圣通风机械工程有限公司	曹建华
391	南通路博石英材料有限公司	司继成
392	江苏正禾新型墙体材料有限公司	杨建刚
393	江苏华宇碳素有限公司	周　斌
394	南通市宏达电碳有限责任公司	吴国忠
395	南通环球电碳有限公司	葛耀平
396	海门市万年石墨制品厂	施雪康
397	海门市曙光碳业有限公司	周炳余
398	南通市中信德电器有限公司	周炳忠
399	南通通福碳业有限公司	葛建忠
400	海门市海菱碳业有限公司	周晓斌
401	南通凯迪碳业有限公司	江　华
402	海门市茂盛球墨铸造有限公司	汤茂生
403	海门市申泰耐磨铸造有限公司	洪玉群
404	南通山宝路桥机械有限公司	汤志琴
405	南通浩顺铸件有限公司	丁国兴
406	海门市佳龙铸造有限公司	汤春华
407	海门东兴铸造厂	江向东
408	南通市凯利矿山机械设备有限公司	王水林
409	南通鑫利达铸造有限公司	杜卫忠
410	南通新凤祥液压铸造有限公司	顾凤祥
411	南通恒兴亚铸造有限公司	刘铁庆

11-10 续表 14

序号	单位详细名称	单位负责人
412	南通恒金复合材料有限公司	孙国君
413	南通金盛不锈钢有限公司	陈如忠
414	南通金恒不锈钢制管有限公司	倪雪芳
415	海门市金易焊接材料有限公司	蔡德丰
416	江苏天力锌业有限公司	崔福兴
417	南通浩大精密合金带材有限公司	冯　敏
418	南通鑫隆金属铸造有限公司	沈建新
419	南通恒秀铝热传输材料有限公司	孙国君
420	江苏包罗铜材集团股份有限公司	张士新
421	海门市亚泰精密铜材有限公司	崔国平
422	海门市欣亚铜业有限公司	范亚希
423	海门市江滨永久铜管有限公司	张　成
424	海门新泰铜材有限公司	黄建新
425	海门市常茂铜材有限公司	蔡　燕
426	南通金秀铜材有限公司	孙国君
427	南通雄泰铜业有限公司	姜　雄
428	海门市永兴铜业有限公司	张锦明
429	海门市荣鑫铜业有限公司	仇亚生
430	南通诚峰铜业有限公司	朱　云
431	海门顾氏铜业有限公司	顾　达
432	江苏凌宇铜材有限公司	王慧海
433	海门市博鑫铜业有限公司	黄裕忠
434	南通帝茂铜业有限公司	陆关平
435	海门市东亚铝业有限公司	林卫东
436	南通新兴特种金属材料有限公司	潘达新
437	南通忠联精密锻造有限公司	陆友荣
438	上海建工(江苏)钢结构有限公司	唐葆华
439	江苏佳铝实业股份有限公司	陆　永
440	海门市益德安钢结构有限公司	陈　耀
441	海门市龙鑫钢制品有限公司	黄海兵

11-10 续表 15

序号	单位详细名称	单位负责人
442	海门市圣杰建筑铝合金门窗有限公司	吴　耀
443	海门市乾鑫铝合金门窗有限公司	陈　波
444	金丰环球装饰工程(天津)有限公司南通加工厂	蔡善冲
445	海门市品一铝业有限公司	黄　超
446	华盛建筑装饰工程(南通)有限公司	曹美萍
447	南通市交通钢绳有限责任公司	施鑫磊
448	南通申博金属制品有限公司	施鑫磊
449	南通东良金属制品有限公司	杨金飞
450	南通新奥五金有限公司	潘　强
451	海门亿峰热处理有限公司	汤品荣
452	南通玉洁镀饰有限公司	俞水生
453	赐宝新型薄板(江苏)有限公司	何国芳
454	锦江酒店设备器具制造有限公司	吴桂林
455	南通通美医疗器材设备制造有限公司	吴志平
456	海门市凤龙不锈钢制药设备有限公司	张福平
457	南通易搏瓶盖有限公司	陈晓平
458	南通华廷制针有限公司	陈立新
459	江苏麦斯针业有限公司	高利平
460	实密精工(海门)有限公司	林三弟
461	海门市新龙锻压件有限公司	黄新宝
462	南通泰森科宇锻造有限公司	沈　健
463	南通韦杰标牌有限公司	虞俊杰
464	南通美迪金属制品有限公司	袁玉辉
465	江苏三協铝业科技有限公司	吴雅清
466	索翠鑫(南通)铜业有限公司	袁玉辉
467	亚洲新能源科技工程有限公司	胡国栋
468	南通西马特机器制造有限公司	王豫康
469	海门市机械厂	陈利平
470	南通澳斯派克焊机有限公司	黄惠德
471	南通泽富精密机电成套设备制造有限公司	周　琦

11-10 续表 16

序号	单位详细名称	单位负责人
472	南通宝达工程机械有限公司	万春山
473	力神(海门)液压设备有限公司	沈晓明
474	江苏海隆重机有限公司	杨砚华
475	江苏海新船务重工有限公司	孟咸宏
476	金建(海门)钢结构有限公司	顾建忠
477	海门市科轩机电设备有限公司	黄　锋
478	江苏宇达机械有限公司	陆羡新
479	海门圣帕斯电梯配件有限公司	章上游
480	江苏高科物流科技股份有限公司	何志钢
481	江苏龙秦机械科技有限公司	滕　波
482	海门市海真真空设备有限公司	徐玉兰
483	南通市威士真空设备有限公司	许俊峰
484	南通龙鹰真空泵业有限公司	樊　忠
485	南通金坤机械设备有限公司	管向东
486	康奈可(海门)车用空调压缩机有限公司	古川浩治
487	威璐仕(南通)机械有限公司	张　健
488	海门市油威力液压工业有限责任公司	陈东升
489	海门市液压件厂有限责任公司	陈国强
490	海门维拓斯液压阀业有限公司	陈东升
491	海门市常乐粉末冶金厂	陆　洲
492	海门市兴马机械有限公司	薛　娟
493	江苏兄弟粉末冶金有限公司	曹东美
494	南通旺鑫新材料有限公司	陆海雷
495	南通骏宇齿条有限公司	薛志骏
496	新加华齿条(南通)有限公司	沈　建
497	南通市净海暖通设备有限公司	曹广清
498	南通市升昊暖通设备有限公司	张永强
499	南通市华德机泵有限公司	袁士彬
500	南通海发水处理工程有限公司	倪燕彬
501	海门市雪盾冷冻设备有限公司	何培松

11-10 续表 17

序号	单位详细名称	单位负责人
502	南通市长三角空调设备有限公司	曹淑萍
503	南通市吉龙冷冻设备有限公司	吴志敏
504	江苏大艺工具有限公司	黄建平
505	海门欣荣电器有限公司	王根荣
506	南通川木电动工具制造有限公司	姚红兵
507	南通华达矽钢冲压有限公司	李建华
508	江苏苏日电动工具有限公司	潘国兴
509	海门市长江电动工具厂	徐永豪
510	江苏永和制药机械有限公司	郁永平
511	海门市黄海机械密封件厂	陈水生
512	海门市飞达标准件厂	严劲华
513	海门市欣力标准件厂	陈正平
514	海门市海四达电子有限公司	陆振群
515	海门市华桂标准件有限公司	王建华
516	南通威尔精密螺丝有限公司	杭纳新
517	南通华夏电子科技有限公司	季晨忠
518	南通通泰紧固件有限公司	倪亚菊
519	南通华盛五金装饰有限公司	张志平
520	海门市德胜新华标准件厂	朱大川
521	海门市德胜新新联合螺丝厂	陆社革
522	江苏通东弹簧有限公司	王翠兰
523	南通加森齿条有限公司	沈　建
524	海门市华信五金有限公司	赵春华
525	南通鼎鑫金属制品有限公司	王惠祥
526	海门市华洋五金标准件有限公司	陈利平
527	上海冶金矿山机械厂海门分厂	东　毅
528	南通市三星矿山机械设备有限公司	王水林
529	海门市麒龙机械制造有限公司	沈龙隆
530	海门市石油机械厂有限公司	施潜新
531	南通海隆钢管有限公司	曹育红

11-10 续表18

序号	单位详细名称	单位负责人
532	江苏环宇建筑设备制造有限公司	陆建飞
533	浩博(海门)机械制造有限公司	陈淑惠
534	江苏神宇盾构设备有限公司	陆洪新
535	海科工程股份有限公司	徐　建
536	明圣化工机械(南通)有限公司	孙明汇
537	海门市东大能源科技有限公司	余从苏
538	南通市新科橡塑机械有限公司	万　达
539	南通市翔海电光源有限公司	祁国祥
540	海门市麒新纺织机械有限公司	陈碧辉
541	海门市春华电子科技有限公司	施云飞
542	江苏瑞斯凯赛医疗器械有限公司	刘　勇
543	海门依科过滤设备有限公司	张正国
544	江苏莱克科技有限公司	李　平
545	南通立源水业科技发展有限公司	徐立群
546	海门市三电晟宇汽车零部件有限公司	陆永杰
547	南通合硕电子有限公司	濮祥真
548	南通龙洲汽车配件有限公司	葛　萍
549	海门亿峰机械零部件制造有限公司	汤品荣
550	海门市铁路机车车辆配件厂有限公司	秦祖刚
551	南通进望铸造有限公司	赵亚进
552	南通沪江船舶科技有限公司	施春荧
553	南通林磊船舶机械有限公司	周国安
554	南通海舟船舶设备有限公司	顾　斌
555	海门锦华船务有限公司	朱俊华
556	海门市协通精密机械制造有限公司	陈伟明
557	海门市巨威自行车车件有限公司	谢裕龙
558	亚洲新能源(中国)有限公司	徐　建
559	南通泰格动力机械有限公司	陈维加
560	江苏泰格游艇制造有限公司	李箭敏
561	美奥迪电机(海门)有限公司	狄尔戈·卡拉罗

11-10 续表 19

序号	单位详细名称	单位负责人
562	江苏卡帕电气科技有限公司	顾晓坤
563	南通宝达电机有限公司	张元忠
564	南通市黄海电动工具有限公司	刘　勇
565	华滨电机(海门)有限公司	胡晨光
566	南通圣亿精密机械有限公司	陈志明
567	南通泰利电力科技有限公司	倪海平
568	南通市哈默船舶设备有限公司	陈汉冲
569	江苏永生电气有限公司	潘晓林
570	南通英菲新能源有限公司	宋　卫
571	江苏中南新材料有限公司	叶　鹰
572	南通飞宇电器设备有限公司	陈小平
573	海门市曼博莱电子发展有限公司	赵　玉
574	南通海腾铜业有限公司	李志龙
575	南通市万盟铝线有限公司	李　伟
576	友德汽车电器(海门)有限公司	陆爱斌
577	江苏鑫海腾线缆有限公司	李志龙
578	海门锦星汽车线束有限公司	陆贵清
579	南通隆泰通信材料科技有限公司	钱亚珍
580	江苏斯德雷特通光光纤有限公司	Ankit Agarwal
581	海门通能通讯科技有限公司	张　忠
582	南通智博电子线缆有限公司	施村东
583	南通和泰通讯器材有限公司	张庙兰
584	江苏通光电子线缆股份有限公司	张　强
585	江苏通光海洋光电科技有限公司	唐进明
586	南通金鑫电池有限公司	张立华
587	南通恒嘉环保科技有限公司	倪　棕
588	南通东升电光源有限公司	陈国军
589	南通圣菲亚照明电器有限公司	姜洪江
590	南通三鑫车灯配件有限公司	赵俊康
591	江苏东洲通信设备有限公司	沈　彬

11-10 续表 20

序号	单位详细名称	单位负责人
592	南通赛博通信有限公司	陆亚进
593	南通康达鑫电子有限公司	施学义
594	南通三鑫电子科技股份有限公司	沈卫星
595	海门市银燕电子有限公司	俞　豪
596	海门市富凯电子科技有限责任公司	周建林
597	海门昇运铝材有限公司	白建政
598	宝钢磁业(江苏)有限公司	陈元峻
599	海门明乐电子元件有限公司	唐进明
600	南通汇丰电子科技有限公司	蔡成俊
601	江苏三瑛电子有限公司	郁方为
602	海门市正大电子有限公司	黄一梅
603	南通亚光电子有限公司	徐　卫
604	海门天尼电子有限公司	徐玉兰
605	南通天禾机械科技有限公司	陈春水
606	海门伽玛星探伤设备有限公司	何　陈
607	南通伟恩汽车配件有限公司	赵志刚
608	海门市兴海工船舶工程有限公司	胡　春
609	南通联海生物热电有限公司	陈玉和
610	海门鑫源环保热电有限公司	朱雪平
611	海门市大千热电有限公司	余　平
612	海门市自来水公司	施　惠
613	海门久生化工有限公司	顾卫明
614	海门市悦中化工厂	季建宾
615	南通美迪制冷配件有限公司	陈　琴
616	南通荣华混凝土有限公司	裴相标
617	海门市金箍棒铜业有限公司	陈　平
618	江苏狼山钢绳索具制造有限公司	顾其林
619	海门市康瑞金属制品有限公司	陈　威
620	天宏轴承南通有限公司	刘　靓
621	南通宝加利新材料有限公司	崔宇明

主要统计指标解释

工业　指从事自然资源的开采，对采掘品和农产品进行加工和再加工的物质生产部门。具体包括：(1)对自然资源的开采，如采矿、晒盐等(但不包括禽兽捕猎和水产捕捞)；(2)对农副产品的加工、再加工，如粮油加工、食品加工、缫丝、纺织、制革等；(3)对采掘品的加工、再加工，如炼铁、炼钢、化工生产、石油加工、机器制造、木材加工等，以及电力、自来水、煤气的生产和供应等；(4)对工业品的修理、翻新，如机器设备的修理、交通运输工具(如汽车)的修理等。

工业统计调查单位为独立核算法人工业企业。

独立核算法人工业企业指从事工业生产经营活动的单位。独立核算法人工业企业应同时具备以下条件：①依法成立，有自己的名称、组织机构和场所，能够承担民事责任；②独立拥有和使用资产，承担负债，有权与其他单位签订合同；③独立核算盈亏，并能够编制资产负债表。

国有及国有控股企业　指国有企业加上国有控股企业。国有企业(即原全民所有制工业或国营工业)指企业全部资产归国家所有，并按《中华人民共和国企业法人登记管理条例》规定登记注册的非公司制的经济组织。包括国有企业、国有独资公司和国有联营企业。1957 年以前的公私合营和私营工业，后均改造为国营工业，1992 年改为国有工业，这部分工业的资料不单独分列时，均包括在国有企业内。国有控股企业是对混合所有制经济的企业进行的“国有控股”分类。它是指这些企业的全部资产中国有资产(股份)相对其他所有者中的任何一个所有者占资(股)最多的企业。该分组反映了国有经济控股情况。

本篇涉及的其他企业登记注册类型的解释详见综合篇。

轻工业　指主要提供生活消费品和制作手工工具的工业。按其所使用的原料不同，可分为两大类：(1)以农产品为原料的轻工业，是指直接或间接以农产品为基本原料的轻工业。主要包括食品制造、饮料制造、烟草加工、纺织、缝纫、皮革和毛皮制作、造纸以及印刷等工业；(2)以非农产品为原料的轻工业，是指以工业品为原料的轻工业。主要包括文教体育用品、化学药品制造、合成纤维制造、日用化学制品、日用玻璃制品、日用金属制品、手工工具制造、医疗器械制造、文化和办公用机械制造等工业。

重工业　指为国民经济各部门提供物质技术基础的主要生产资料的工业。按其生产性质和产品用途，可以分为下列三类：(1)采掘(伐)工业，是指对自然资源的开采，包括石油开采、煤炭开采、金属矿开采、非金属矿开采等工业；(2)原材料工业，指向国民经济各部门提供基本材料、动力和燃料的工业。包括金属冶炼及加工、炼焦及焦炭、化学、化工原料、水泥、人造板以及电力、石油和煤炭加工等工业；(3)加工工业，是指对工业原材料进行再加工制造的工业。包括装备国民经济各部门的机械设备制造工业、金属结构、水泥制品等工业，以及为农业提供的生产资料如化肥、农药等工业。

根据上述划分原则，修理业中以重工业产品为修理作业对象的划为重工业，反之划为轻工业。

资产总计　指企业过去的交易或者事项形成的、由企业拥有或者控制的、预期会给企业带来经济利益的资源。资产一般按流动性分为流动资产和非流动资产。其中流动资产可分为货币资金、交易性金融资产、应收票据、应收账款、预付款项、其他应收款、存货等；非流动资产可分为长期股权投资、固定资产、无形资产及其他非流动资产等。根据会计“资产负债表”中“资产总计”项目的期末余额数填报。

流动资产合计　资产满足以下条件之一应归为流动资产：(1)预计在一个正常营业周期中变现、出售或耗用，主要包括存货、应收账款等；(2)主要为交易目的而持有；(3)预计在资产负债表日起一年内(含一年)变现；(4)自资产负债日起一年内，交换其他资产或清偿负债的能力不受限制的现金或现金等价物。包括货币资金、应收票据、应收账款、存货等项目。根据会计“资产负债表”中“流动资产合计”项目的期末余额数填报。

固定资产原价　指固定资产的成本，包括企业在购置、自行建造、安装、改建、扩建、技术改造某项固定资产时所发生的全部支出总额。根据会计“固定资产”科目的期末借方余额填报。

累计折旧　指企业在报告期末提取的历年固定资产折旧累计数。根据会计“累计折旧”科目的期末贷方余额填报。

负债合计　指企业过去的交易或者事项形成的，预期会导致经济利益流出企业的现时义务。负债一般按偿还期长短分为流动负债和非流动负债。根据会计“资产负债表”中“负债合计”项目的期末余额数填报。

流动负债合计　负债满足下列条件之一的应归为流动负债：(1)预计在一个正常营业周期中清偿；(2)主要为交易目的而持

有；(3)自资产负债表日起一年内到期应予清偿；(4)企业无权自主地将清偿推迟至资产负债表日后一年以上。包括短期借款、应付票据、应付账款、应付职工薪酬、应交税费等项目。根据会计“资产负债表”中“流动负债合计”项目的期末余额数填报。

所有者权益合计 指企业资产扣除负债后由所有者享有的剩余权益。公司的所有者权益又称股东权益。包括实收资本、资本公积、盈余公积、未分配利润等。根据会计“资产负债表”中“所有者权益合计”项目的期末余额数填报。

主营业务收入 指企业确认的销售商品、提供劳务等主营业务的收入。根据会计“主营业务收入”科目的期末贷方余额填报。

主营业务成本 指企业经营主要业务所发生的成本总额。根据会计“主营业务成本”科目的期末借方余额填报。

主营业务税金及附加 指企业经营主要业务应负担的营业税、消费税、城市维护建设税、教育费附加等。根据会计“主营业务税金及附加”科目的期末借方余额填报。

利润总额 指企业在一定会计期间的经营成果，是生产经营过程中各种收入扣除各种耗费后的盈余，反映企业在报告期内实现的盈亏总额。根据会计“利润表”中“利润总额”项目的本期金额数填报。

应交增值税 指企业按税法规定，从事货物销售或提供加工、修理修配劳务等增加货物价值的活动本期应交纳的税金。计算公式为：

应交增值税=销项税额−(进项税额−进项税额转出)−出口抵减内销产品应纳税额−减免税款+出口退税

进项税额指企业在报告期内购入货物或接受应税劳务而支付的、准予从销项税额中抵扣的增值税额。

销项税额指企业在报告期内销售货物或提供应税劳务应收取的增值税额。

总资产贡献率 反映企业全部资产的获利能力，是企业经营业绩和管理水平的集中体现，是评价和考核企业盈利能力的核心指标。计算公式为：

$$总资产贡献率(\%)=\frac{利润总额+税金总额+利息支出}{平均资产总额}\times100\%$$

公式中：税金总额为主营业务税金及附加与应交增值税之和；平均资产总额为期初期末资产之和的算术平均值。

资产负债率 该指标既反映企业经营风险的大小，也反映企业利用债权人提供的资金从事经营活动的能力。计算公式为：

$$资产贡献率(\%)=\frac{负债总额}{资产总额}\times100\%$$

资产与负债均为报告期期末数。

成本费用利润率 反映企业投入的生产成本及费用的经济效益，同时也反映企业降低成本所取得的经济效益。计算公式为：

$$成本费用利润率(\%)=\frac{利润总额}{成本费用总额}\times100\%$$

公式中：成本费用总额为主营业务成本、销售费用、管理费用、财务费用之和。

产品销售率 该指标反映工业产品已实现销售的程度，是分析工业产销衔接情况，研究工业产品满足社会需求的指标。计算公式为：

$$产品销售率(\%)=\frac{工业销售产值}{工业总产值}\times100\%$$

第十二篇 建筑业

Chapter 12

Construction

责任编辑:宋金娟

12-1 主要年份建筑业指标

年 份	建筑企业个数(个)	期末从业人员(人)	年末自有固定资产		年末自有机械设备		
			原值(千元)	净值(千元)	净值(千元)	机械数(台)	总功率(千瓦)
1984	35	38263	1129	936	850	3319	21086
1985	38	45802	1719	1379	1264	4905	24706
1986	44	54418	2997	2463	1797	6898	37855
1987	44	56307	4074	3277	2392	8101	44393
1988	43	52350	4879	3900	2693	9370	50270
1989	19	45066	5198	3760	2767	9408	48227
1990	18	43381	6295	4329	2926	9275	49206
1991	20	45626	6981	4558	3052	9766	59861
1992	20	49986	8403	5589	3923	9529	62549
1993	20	48541	11852	8135	6128	8787	73329
1994	20	49490	21199	14631	11938	9423	97690
1995	22	54575	29420	19760	14857	9996	15040
1996	53	54452	39351	25715	20042	11244	177853
1997	68	53046	45142	26723	22630	12145	134808
1998	63	60207	47447	27619	21155	11129	118420
1999	63	61005	55857	34151	26699	10653	119708
2000	59	65040	69213	41605	30336	13594	123960
2001	77	67509	101207	68118	36388	13823	142325
2002	77	65372	125039	84486	53406	19006	244401
2003	84	81129	114805	77075	53743	19407	230025
2004	103	102696	134111	102807	67019	19957	264842
2005	122	127101	158040	107155	77334	24728	340901
2006	153	157170	204942	129518	89445	42324	414936
2007	143	152387	250769	155307	105104	43176	646910
2008	183	162288	288452	120120	124986	44156	755224
2009	177	179288	350182	185648	136611	44439	768065
2010	169	209618	394827	214588	109133	39414	833433
2011	188	238349	450060	280243	134465	45322	938436
2012	188	266224	516756	344590	188634	45771	1101847
2013	181	305122	689420	423464	199083	57939	1334794
2014	175	324663	694819	512723	252760	58245	1154964
2015	172	315863	7231543	5258141	1836569	41815	1213299
2016	176	320259	7329126	4765864	4416596	31874	635116

年份	施工机械功率(千瓦)	建筑业总产值(万元)	施工产值(千元)	建筑业增加值(万元)	工程项目(个)	
					施工	竣工
1984	19780	22064	22064	5431	1620	1059
1985	23316	33137	33076	8618	1565	986
1986	36410	45712	45628	12132	1071	1071
1987	42900	60611	60100	16325	1684	1094
1988	48380	66294	65735	18221	1467	976
1989	46590	70681	70550	17765	1172	782
1990	49106	75986	75463	18982	1110	667
1991	59861	90801	90801	22697	1120	670
1992	62549	133413	132642	33353	1293	810
1993	68549	217166	217166	54291	1158	644
1994	52453	353703	353703	86649	1074	536
1995	96381	498505	485588	128953	1084	589
1996	162119	572951	561746	140951	1023	560
1997	123389	601444	582156	131680	1017	484
1998	101980	622511	528777	123729	901	499
1999	102238	657036	538063	153737	1167	713
2000	113209	705672	661027	127687	976	491
2001	133698	768420	7541010	151128	955	444
2002	227524	912490	810903	186926	1324	968
2003	216042	1090852	–	224929	–	–
2004	225109	1636484	–	277092	–	–
2005	–	1747836	–	424425	1969	851
2006	–	2290773	–	618631	3042	1316
2007	–	3035673	–	782644	3987	1793
2008	–	3603101	–	829176	4404	1899
2009	–	4393839	–	975006	4656	2338
2010	–	5810749	5078823	1361307	6023	2434
2011	–	7277531	7046783	1482132	6884	2729
2012	–	9361291	9101822	2433043	–	–
2013	–	12020890	10888935	2720547	–	–
2014	–	14990484	–	3158924	–	–
2015	–	15129933	–	–	–	–
2016	–	15514713	–	–	–	–

续表

房屋面积(平方米)		利润总额(万元)	交纳税金(万元)	从业从员劳动报酬(万元)
施工	竣工			
1340483	983900	760	137	2532
1658974	989100	631	111	3935
2379626	148900	1098	578	6029
3063900	2037400	1175	899	11093
3587700	2069800	1121	1408	13183
4041700	1940600	882	1302	15041
3512600	1914300	580	1169	14687
3467600	1850000	322	1130	15910
3490000	1527300	585	1153	19351
4360000	2070000	800	1459	27307
5751442	1833751	2460	3744	44739
7560000	2310000	2687	5321	66368
10345450	2903181	2477	6527	92897
10840619	3454900	3538	9354	93043
11815690	4502870	3741	8348	91276
9928800	3985900	3341	8219	79460
11533127	5366074	3861	8941	116114
12477384	5838351	6674	12438	109045
12166779	4577200	7652	13517	133844
13904936	5836312	12773	25857	141294
17265269	5118816	20375	29106	168616
20708335	6379286	39666	45700	175877
26677404	9458936	64112	66104	294155
33962195	8239562	99497	93566	435003
42324706	18841238	116524	108845	519732
50989513	23768827	222731	113084	549701
70371530	12783598	205605	171357	820697
137573380	19934609	233549	263071	1095378
101055464	22006853	314563	369601	1746356
168672840	26161154	498220	465891	1696857
137737924	28618890	552320	522930	2167791
143062885	32865521	584742	436823	2047765
145561504	39960818	557583	416969	2076314

12-2 分经济类型、资质等级

指标	总计	内资企业	港、澳、台商投资企业
企业个数	147	144	2
建筑业企业合同情况(千元)			
签订的建筑合同额本期	198272382	198030756	150633
上年结转建筑合同额本期	126078726	126036113	31520
本年新签建筑合同额本期	72193656	71994643	119113
承包工程完成情况(千元)			
直接从建设单位承揽工程完成的产值本期	145224070	145063624	131053
自行完成施工产值本期	145218110	145057664	131053
分包出去工程的产值本期	5960	5960	0
从建设单位以外承揽工程完成的产值本期	9929025	9886768	13557
建筑业总产值本期(千元)	155147135	154944432	144610
装饰装修产值本期	6462347	6462347	0
在外省完成的产值本期	111676199	111611479	36020
建筑工程产值本期	149237270	149034567	144610
安装工程产值本期	3571512	3571512	0
其他建筑业产值本期	2338353	2338353	0
竣工产值本期(千元)	128514371	128371141	117737
房屋施工面积本期(平方米)	145561504	145365876	36957
房屋新开工面积本期	40425319	40318549	36957
实行投标承包面积本期	136901001	136705373	36957

建筑业生产情况(2016年)

外商投资企业	特级	一级	二级	三级	其他
1	3	22	47	71	4
90993	126882452	44669224	21156636	5549240	14830
11093	86280556	28715076	8283375	2797331	2388
79900	40601896	15954148	12873261	2751909	12442
29393	103808241	24183090	12802850	4423701	6188
29393	103808241	24183090	12802850	4417741	6188
0	0	0	0	5960	0
28700	5265929	2356830	1307347	998919	0
58093	109074170	26539920	14110197	5416660	6188
0	2150383	4173089	38682	100193	0
28700	79347969	20020375	9412155	2895700	0
58093	105673224	24168208	14085081	5304569	6188
0	1073412	2371712	25116	101272	0
0	2327534	0	0	10819	0
25493	86471228	23476029	15245403	3321711	0
158671	88561466	28144657	21507310	7348071	0
69813	21956579	7769603	8948325	1750812	0
158671	84483316	26254706	21067447	5095532	0

12-3 分行业建筑业生产情况(2016年)

指标	房屋建筑业	土木工程建筑业	建筑安装业	建筑装饰和其他建筑业
企业个数	**81**	**32**	**10**	**24**
建筑业企业合同情况(千元)				
签订合同额	187460683	2811759	565366	7434574
上年结转合同额	119960179	790071	178522	5149954
本年新签合同额	67500504	2021688	386844	2284620
承包工程完成情况(千元)				
直接从建设单位承揽工程完成的产值	138213244	2157594	403097	4450135
自行完成施工产值	138212794	2152084	403097	4450135
分包出去工程的产值	450	5510	0	0
从建设单位以外承揽工程完成的产值	6966270	648617	2272260	41878
建筑业总产值	145179064	2800701	2675357	4492013
装饰装修产值	2202810	0	0	4259537
在外省完成的产值	105352535	1002250	2010286	3311128
建筑工程产值	141721222	2775585	253481	4486982
安装工程产值	1119489	25116	2421876	5031
其他建筑业产值	2338353	0	0	0
竣工产值	123266175	2324419	628832	2294945
房屋施工面积	144491091	219327	57789	793297
房屋新开工面积	40168015	65427	57789	134088
实行投标承包面积	136284835	176957	0	439209

12-4 分行业建筑业企业产品产量情况(2016年)

指标	总计	房屋建筑业	土木工程建筑业	建筑安装业	建筑安装和其他建筑业
合计(平方米)	39960818	39734658	177616	46544	2000
住宅房屋	33415049	33273049	140000	0	2000
商业及服务用房屋	1706716	1706716	0	0	0
商厦房屋(批发和零售用房)	205290	205290	0	0	0
宾馆用房屋(住宿用房)	273382	273382	0	0	0
餐饮用房屋(餐饮用房)	22	22	0	0	0
商务会展用房屋	143511	143511	0	0	0
其他商业及服务用房屋(居民服务业用房)	1084511	1084511	0	0	0
办公用房屋	1963724	1947808	15916	0	0
科研、教育、医疗用房屋	448548	448548	0	0	0
科学研究用房屋	53390	53390	0	0	0
教育用房屋	355959	355959	0	0	0
医疗用房屋(卫生医疗用房)	39199	39199	0	0	0
文化、体育、娱乐用房屋	123954	123954	0	0	0
厂房及建筑物	1975742	1907498	21700	46544	0
厂房	1827804	1781260	0	46544	0
仓库	31692	31692	0	0	0
其他未列明的房屋建筑物	295393	295393	0	0	0

12-5 分经济类型、资质等级建筑业企业产品产量(2016年)

指标	总计	内资企业	港、澳、台商投资企业	外商投资企业	特级	一级	二级	三级
合计(平方米)	39960818	39916351	23716	20751	22860319	8535369	6993240	1571890
住宅房屋	33415049	33415049	0	0	19047973	7219204	5764757	1383115
商业及服务用房屋	1706716	1706716	0	0	1460830	0	200000	45886
商厦房屋(批发和零售用房)	205290	205290	0	0	5200	0	200000	90
宾馆用房屋(住宿用房)	273382	273382	0	0	272130	0	0	1252
餐饮用房屋(餐饮用房)	22	22	0	0	0	0	0	22
商务会展用房屋	143511	143511	0	0	103500	0	0	40011
其他商业及服务用房屋(居民服务业用房)	1084511	1084511	0	0	1080000	0	0	4511
办公用房屋	1963724	1960193	2016	1515	1208444	331265	403572	20443
科研、教育、医疗用房屋	448548	448548	0	0	56937	30900	351493	9218
科学研究用房屋	53390	53390	0	0	53378	0	0	12
教育用房屋	355959	355959	0	0	3559	30900	312304	9196
医疗用房屋(卫生医疗用房)	39199	39199	0	0	0	0	39189	10
文化、体育、娱乐用房屋	123954	123954	0	0	63931	0	60000	23
厂房及建筑物	1975742	1936888	21700	17154	916524	787000	167260	104958
厂房	1827804	1810650	0	17154	897884	787000	55560	87360
仓库	31692	29610	0	2082	29000	0	0	2692
其他未列明的房屋建筑物	295393	295393	0	0	76680	167000	46158	5555

12-6 建筑业出省生产情况(2016年)

省(自治区、直辖市)名称	建筑业总产值(千元)
北　京	13065737
天　津	6552134
河　北	12342310
山　西	513095
内 蒙 古	2150348
辽　宁	5984464
吉　林	236109
黑 龙 江	1801534
上　海	12454063
浙　江	970332
安　徽	2889803
福　建	917722
江　西	49223
山　东	29086743
河　南	4100374
湖　北	1650146
湖　南	1485992
广　东	2325544
广　西	2568416
海　南	3524311
重　庆	19500
四　川	1720420
贵　州	303499
云　南	647216
西　藏	0
陕　西	3271785
甘　肃	79746
青　海	178800
宁　夏	355490
新　疆	431343

12-7 建筑业财务状况(2016年)

单位:千元

指标名称	全市合计	指标名称	全市合计
年初存货	17695308	营业收入	131059573
期末资产负债	—	其中:主营业务收入	131005345
流动资产合计	96086598	营业成本	118412950
其中:应收工程款	39368863	其中:主营业务成本	115108022
存货	18530935	营业税金及附加	3367239
固定资产合计	4613005	其中:主营业务税金及附加	3298460
固定资产减值准备	172971	其他业务利润	26205
固定资产原价	7197909	销售费用	47303
累计折旧	3277701	管理费用	2620951
其中:本年折旧	310970	其中:税金	110436
在建工程	298420	财务费用	1338585
资产总计	102926819	其中:利息收入	87717
流动负债总计	60815508	利息支出	610732
其中:应付账款	20089973	资产减值损失	-50505
非流动负债合计	7549615	公允价值变动收益(损失以"-"号记)	-1085
负债合计	68863675	投资收益(损失以"-"号记)	204601
所有者权益合计	34063144	营业利润	5509115
其中:实收资本	6381039	营业外收入	9344
国家资本	0	其中:补贴收入	60
集体资本	139528	营业外支出	14559
法人资本	2846188	利润总额	5502241
个人资本	3351405	应交所得税	1405800
港澳台资本	26828	应付职工薪酬	20957490
外商资本	17090	建筑业企业在境外完成的营业收入	5237512

12-8 分经济类型、资质等级劳务分包建筑企业生产经营情况(2016年)

指标	总计	内资	一级	其它
产值情况				
建筑业总产值	1394806	1394806	1388646	6160
装饰装修产值	29510	29510	29510	0
固定资产折旧	12046	12046	11995	51
营业收入	1292244	1292244	1286092	6152
主营业务收入	1292244	1292244	1286092	6152
营业成本	1154829	1154829	1149957	4872
主营业务成本	1154689	1154689	1149817	4872
营业税金及附加	40829	40829	40614	215
主营业务税金及附加	39774	39774	39559	215
销售费用	452	452	452	0
管理费用	16062	16062	15447	615
管理费用中的税金	1694	1694	1694	0
财务费用	12282	12282	12294	-12
营业利润	77725	77725	77263	462
利润总额	73584	73584	73322	262
本年应付职工薪酬	631770	631770	626510	5260

主要统计指标解释

建筑业总产值　建筑业总产值是以货币表现的建筑安装企业在一定时期内生产的建筑业产品的总和。建筑业总产值包括三部分内容：

① 建筑工程产值：指列入建筑工程预算内的各种工程价值。

② 设备安装工程产值：指设备安装工程价值。

③ 其他产值：包括房层构筑物修理产值、非标准设备制造产值、总包企业向分包企业收取的管理费以及不能明确划分的施工活动所完成的产值。

竣工产值　指在报告期内，按照设计所规定的工程内容全部完成，达到了设计规定的交工条件，经有关部门检查验收鉴定合格的单位工程价值之和。

房屋建筑施工面积　指在报告期内施工的全部房层建筑面积。包括本期内新开工的；上期施工跨入本期继续施工、上期停建本期复工的房屋建筑面积；不包括上期开工后又停工，本期未施工的房层建筑面积。

房屋建筑竣工面积　指在报告期内，按照设计所规定的工程内容全部完成，达到了设计规定的交工条件，经有关部门检查验收鉴定合格的房屋建筑面积。

住宅竣工面积　指房层建筑竣工面积中供居住用的房层建筑竣工面积。

自有机械设备年末总台数　指归本企业(或单位)所有，属于本企业固定资产的生产性机械设备年末总台数。包括施工机械、生产设备、运输设备以及其他设备。

自有机械设备年末总功率　指本企业(或单位)自有施工机构、生产设备、运输设备以及其他设备等列为在册固定资产的生产性机械设备年末总功率、按设定能力或查定能力计算。包括机械本身的动力和为该机械服务的单独动力设备，如电动机等。计量单位用千瓦，动力换算可按 1 马力=0.735 千瓦折合成千瓦数。电焊、变压器、锅炉不计算动力。

第十三篇 交通 邮电

Chapter 13

Transportaion and Post

责任编辑:卢　静

13-1 全社会车辆、公路拥有量（2016年）

指标	单位	2016年	2015年	2014年
年末车辆数	**辆**	**202995**	**201175**	**219654**
汽车	辆	166291	140345	118603
# 私人汽车	辆	154704	128549	109118
# 大型汽车	辆	3627	3542	3809
小型汽车	辆	162664	136803	114794
农用运输车	辆	1655	1749	3133
摩托车	辆	35049	58323	90960
公路总里程	**公里**	**2521**	**2495**	**2488**
按等级分				
高速	公里	40	40	40
一级	公里	335	281	282
二级	公里	135	148	154
三级	公里	216	221	215
四级	公里	1796	1790	1784
等外	公里	0	14	14
按行政等级分				
国道	公里	66	55	54
省道	公里	77	97	97
县道	公里	309	309	309
乡道	公里	825	826	825
村道	公里	1204	1209	1203
专用公路	公里			
公路桥梁	**座**	**1095**	**1123**	**1109**
公路桥梁长度	米	34943	36530	35561
内河航道总里程	**公里**	**348**	**348**	**348**
# 水深1米以上里程	公里	343	343	343
船闸	**座**	**2**	**2**	**2**
# 交通部门管理	座			

13-2 主要年份交通运输主要指标

年份	公路通车里程（公里）	内河航道里程（公里）	货物运输量（万吨）	货物周转量（万吨公里）	旅客运输量（万人）
1962	117.70	408.00	30.08	1135.93	35.80
1965	117.70	451.00	46.58	1916.46	19.57
1970	130.40	451.00	59.27	2214.51	–
1975	154.40	393.00	96.46	6655.99	–
1978	187.32	393.00	179.70	10454.31	–
1980	209.90	314.00	175.50	11620.11	–
1985	236.57	328.50	419.67	21467.64	186.15
1986	238.67	328.50	337.00	20897.00	143.00
1987	256.40	328.50	488.00	20647.00	164.00
1988	263.80	328.50	279.00	21335.00	160.00
1989	263.80	328.50	348.00	16224.00	206.00
1990	287.56	328.50	344.00	12827.00	74.00
1991	288.00	328.50	297.00	13721.00	512.00
1992	288.56	328.50	347.90	14395.20	539.03
1993	294.71	330.50	287.70	11600.50	1053.00
1994	294.71	330.50	598.09	47639.70	584.12
1995	294.71	328.50	487.70	59927.00	470.80
1996	736.00	337.50	712.53	74451.80	888.62
1997	736.00	337.50	676.90	70728.89	879.73
1998	1025.00	340.50	441.50	37287.00	973.30
1999	1103.00	340.50	565.90	43696.40	999.70
2000	1004.00	342.50	592.00	43795.00	1097.00
2001	1004.00	342.50	649.50	41342.00	801.60
2002	1004.00	342.50	613.00	38074.00	660.00
2003	1041.00	342.50	561.00	34185.00	693.00
2004	1507.00	342.50	605.00	38778.00	470.00
2005	1638.00	342.50	537.00	32026.00	775.50
2006	1974.00	342.50	844.00	43454.00	781.00
2007	2083.00	342.50	688.00	52347.00	739.00
2008	2180.16	342.50	791.00	49817.00	850.00
2009	2256.00	342.50	814.00	50383.00	870.00
2010	2384.33	342.50	1035.00	69895.00	1026.00
2011	2455.33	348.00	1144.00	74360.00	1116.80
2012	2457.18	348.00	1168.00	81637.00	1525.00
2013	2464.07	348.00	1313.00	94360.00	1564.00
2014	2488.00	348.00	640.00	96119.00	705.00
2015	2495.00	348.00	656.00	100568.00	702.00
2016	2521.00	348.00	805.00	133037.00	482.00

13-3 邮电通讯业基本情况(2016年)

指标	单位	2016	2015	2014
邮政局	处	38	57	38
邮电业务收入	万元	26356	98229	86572
# 函件	万件	186	343	172
机要文件	万件	0.13	0.12	0.10
包件	万件	957.88	391.95	1.40
特快专递	万件	3.07	1.72	3.88
汇票	万张	10.06	18.26	10.40
报纸累计份数	万份	2730	2929	2828
杂志累计份数	万份	107	108	102
邮政储蓄余额	亿元	87	74	69
集邮	万枚	49	38	35
邮路长度	公里	520	520	520
农村投递线路	公里	6685	6685	6685
固定电话用户	万户	23.59	27.21	33.93
移动电话用户	万户	128.13	93.63	82.58
固定宽带接入用户	万户	17.69	27.61	18.16

主要统计指标解释

公路里程　指一定时期内实际达到《公路工程技术标准 JTJ01—88》规定的等级公路，并经公路主管部门正式验收交付使用的公路里程数。其计算单位为 km。它包括大中城市的郊区公路以及通过小城镇街道部分的公里里程，也包括桥梁、渡口的长度，但不包括大中城市的街道、厂矿、林区生产用道和农业生产用道的里程。两条或多条公路共同经由同一路段，只计算一次，不得重复计算里程长度，公路里程是反映公路建设发展规模的重要指标，也是计算运输网密度等指标的基础资料。

内河航道里程　也称"内河通航里程"，是反映内河水运网规模、水平和发展情况的主要指标，是指在一定时期内，能通航运输船舶及排筏的天然河流、湖泊水库、运河及通航渠道的长度。包括全年季节性通航累计三个月以上的航道，但不包括仅供零散流放竹、木排的河道。

货(客)运量　指在一定时期内，各运输部门实际运送的货物(旅客)数量。是反映运输业为国民经济和人民生活服务的数量指标，也是制定和检查运输生产计划，研究运输发展规模和速度的重要指标。货运按吨计算，客运按人计算。货物不论运输距离长短，货物类别，均按实际重量统计；旅客不论行程远近或票价多少，均按一人一次作为客运量统计。半价票、小孩票也按一人统计。

货物(旅客)周转量　指在一定时期内，由各种运输工具运送的货物(旅客)数量与其相应运输距离的乘积之总和，是反映运输业生产总成果的重要指标，也是编制和检查运输生产计划，计算运输效率、劳动生产率以及核算运输单位成本的主要基础资料。通常以吨公里和人公里为计算单位、计算货物周转量通常接发出站与到达站之间最短距离，也就是计验距离计算。

邮电业务总量　指以货币表现的邮电部门用于传递信息和提供其他邮电服务的总数量。它综合反映了一定时期邮电工作的总成果，是研究邮电业务量构成和发展趋势的重要指标。根据邮电管理体制不同，分为中央国营业务总量和地方国营业务总量。它用各种邮电分类业务量，如函件件数、电报价数、长话次数、市内电话和农村电话的年均户数、订销报刊累计份数等，分别乘以相应的平均单价(不变价)，加总后再加上出租电路和设备的收入、代用户维护电话交换机和线路等设备的收入、其他业务收入求得。

移动电话用户　指在邮电部门登记，通过移动电话交换机进入移动电话网，占有移动电话号码的电话用户。用户数量以实际办理登记手续进入邮电部门移动电话网的户数进行计算，一部或一台移动电话统计为一户。

第十四篇 国内贸易

Chapter 14

Domestic Trade

责任编辑:蔡丽娟

14-1 主要年份社会消费品零售总额

单位：万元

年份	社会消费品零售总额			
		批发零售贸易业	住宿、餐饮业	其他
1980	18184	17580	517	87
1985	31355	29304	796	1255
1990	63681	59578	1468	2635
1991	70715	66670	1645	2400
1992	86031	80901	2281	2849
1993	108353	100285	2872	5196
1994	142942	133368	3877	5697
1995	228258	219457	7446	1355
1996	275541	265522	8120	1899
1997	310096	297257	9027	3812
1998	330887	314054	9867	6966
1999	356722	342671	11179	2872
2000	386178	370907	12241	3030
2001	423182	405784	14224	3174
2002	470620	450453	16833	3334
2003	523054	498871	20526	3657
2004	650700	611553	33920	5227
2005	752200	693312	57211	1677
2006	871078	799004	70143	1931
2007	1024542	930876	91271	2395
2008	1268145	1122898	143680	1567
2009	1483273	1376154	107119	0
2010	1749662	1630293	119369	0
2011	2049320	1883826	147104	18390
2012	2371222	2175532	181040	14650
2013	2523911	2310043	213868	0
2014	2824761	2605399	219362	0
2015	3111480	2870393	241087	0
2016	3446036	3174622	271414	0

14-2 分行业社会消费品零售总额(2016 年)

单位:万元、%

指标	2016	2015	增幅
社会消费品零售总额	3446036	3111480	10.8
按地区分			
城镇	2319929	2095138	10.7
# 城区	1630622	1469942	10.9
乡村	1126108	1016343	10.8
按行业分			
批发零售贸易业	3174622	2870393	10.6
批发业	593892	523795	13.4
零售业	2580730	2346598	10.0
住宿和餐饮业	271414	241087	12.6
住宿业	13361	11707	14.1
餐饮业	258053	229380	12.5

14–3 分区镇限额以上社会消费品零售额

单位：万元

地区	2016	2015	2014	2013	2012
全市合计	**1096609**	**960795**	**764469**	**578327**	**467975**
海门开发区	232454	181014	148112	163464	129376
海门工业园区	137588	124901	99833	44832	24047
海门港新区	96767	83149	61988	41591	35277
临江新区	9786	8988	6676	6473	5190
海门高新区	345215	339001	293544	232172	210828
三厂工业园区	56300	44694	35702	19241	13415
常乐镇	30976	22073	13674	6722	4404
悦来镇	45006	35892	28418.0	20510	14992
四甲镇	38453	32034	23911	13818	8934
余东镇	64742	52344	29149	14708	10752
正余镇	39322	36706	23463	14798	10760

14-4 批发业零售业、住宿餐饮业经营情况(2016年)

单位:万元、%

指标	2016	2015	增幅
一、批发零售业销售总额	**12361037**	**10912800**	**13.3**
批发业销售总额	9120647	7986137	14.2
零售业销售总额	3240390	2926663	10.7
二、住宿餐饮业营业额	**379921**	**323537**	**17.4**
住宿业营业额	38851	33633	15.5
餐饮业营业额	341070	289904	17.6

14–5 限额以上批发和零售业分类销售额(2016年)

单位:万元、%

指标	2016	2015	增幅
商品销售额合计	**2482619**	**2227052**	**11.5**
粮油、食品类	228859	198102	15.5
其中:粮油类	60778	51737	17.5
肉禽蛋类	36747	31659	16.1
水产品类	11168	8229	35.7
蔬菜类	48339	39819	21.4
干鲜果品类	38392	41065	-6.5
饮料类	27112	28109	-3.5
烟酒类	151119	138024	9.5
服装、鞋帽、针纺织品类	494677	424497	16.5
服装类	60216	52419	14.9
鞋帽类	16702	17898	-6.7
针纺织品类	417760	354175	18.0
化妆品类	9090	9335	-2.6
金银珠宝类	24699	34184	-27.7
日用品类	44686	38089	17.3
其中:儿童玩具类	5947	5841	1.8
五金、电料类	31005	29296	5.8
体育、娱乐用品类	9992	8028	24.5
书报杂志类	9432	8696	8.5

14-5 续表

单位：万元、%

指标	2016	2015	增幅
电子出版物及音像制品类	579	842	-31.2
家用电器和音像器材类	76413	70513	8.4
中西药品类	19891	17510	13.6
其中：西药类	15668	13996	11.9
中草药及中成药类	3154	2649	19.1
文化办公用品类	21513	17515	22.8
其中：计算机及其配套产品	1481	1133	30.7
家具类	15202	11626	30.8
通讯器材类	11477	10643	7.8
煤炭及制品类	126460	155923	-18.9
石油及制品类	161867	156028	3.7
化工材料及制品类	225922	117400	92.4
其中：化肥类			-100
金属材料类	116867	111589	4.7
建筑及装潢材料类	320662	279726	14.6
机电产品及设备类	11354	10638	6.7
汽车类	262936	261257	0.6
种子饲料类	8120	6904	17.6
棉麻类	5434	7752	-29.9
其他类	40175	39622	1.4

14-6 限额以上批发零售业、

指标名称	限额以上法人企业	所属全部贸易住餐活动单位
总计	**252**	**323**
一、批发和零售业	**232**	**303**
(一)批发业	**125**	**132**
其中:国有控股	3	3
1、按登记注册类型分组		
内资	120	126
国有	2	2
集体		
股份合作		
联营企业		
有限责任公司	20	20
股份有限公司		
私营企业	95	101
其他内资	3	3
港澳台投资企业	2	3
外商投资企业	3	3
2、按国民经济行业分组		
行业类别(GB/T4754-2011)		
农、林、牧产品批发	6	6
食品、饮料及烟草制品批发	7	7
纺织、服装及家庭用品批发	22	22
文化、体育用品及器材批发	10	10
医药及医疗器材批发	2	2
矿产品、建材及化工产品批发	59	65
机械设备、五金产品及电子产品批发	10	11
贸易经纪与代理	1	1
其他批发业	8	8
3、按经营方式分组		
独立门店	107	109
连锁总店(总部)		
连锁门店		

住宿餐饮业基本情况(2016 年)

单位:个、平方米

其他行业及外省法人所属限额以上批零住餐产业活动单位个数	限额以上批零住餐法人企业所属在本行政区外批零住餐活动单位个数		营业面积	从业人员
	本县以外	本市以外		
5	**58**	**11**	**330535**	**9985**
1	**51**	**4**	**284441**	**8656**
	9	**1**	**21752**	**4004**
	7	1		75
	9	1	21632	3906
	1			51
	1	1	9346	415
	5			
	2		10506	3293
			1780	147
				37
			120	61
	1	1	2330	138
	1		2430	412
			970	1759
			750	206
			150	121
	7		14722	1066
				177
				5
			400	120
			21386	3678

指标名称	限额以上法人企业	
		所属全部贸易住餐活动单位
其他	18	23
4、按单位规模分组		
大型	1	1
中型	22	22
小型	84	91
微型	18	18
(二)零售业	**107**	**171**
其中:国有控股	5	58
1、按经济注册类型分组		
内资	102	164
国有	3	4
集体	1	1
股份合作		
联营企业		
有限责任公司	19	19
股份有限公司	1	53
私营企业	78	87
其他内资		
港澳台投资企业	3	5
外商投资企业	2	2
2、按国民经济行业分组		
行业类别(GB/T4754-2011)		
综合零售	12	17
食品、饮料及烟草制品专门零售	12	15
纺织、服装及日用品专门零售	3	3
文化、体育用品及器材专门零售	9	63
医药及医疗器材专门零售	5	5
汽车、摩托车、燃料及零配件专门零售	39	39
家用电器及电子产品专门零售	11	13
五金、家具及室内装饰材料专门零售	5	5
货摊、无店铺及其他零售业	11	11

续表 1

单位:个、平方米

其他行业及外省法人所属限额以上批零住餐产业活动单位个数	限额以上批零住餐法人企业所属在本行政区外批零住餐活动单位个数		营业面积	从业人员
	本县以外	本市以外		
			366	326
			80	1512
			2070	1124
			19317	1286
			285	82
1	**42**	**3**	**262689**	**4652**
	24		7140	320
	39	1	245707	3794
			1200	137
			500	10
	12		69895	850
	24		1540	84
	3	1	172572	2713
	3	2	15016	815
1			1966	43
	1		84169	1835
			20830	348
	2	2	2200	46
	1		18802	338
	1		7300	237
1	27		97806	1232
	10	1	4590	213
			1100	145
			25892	258

指标名称	限额以上法人企业	所属全部贸易住餐活动单位
3、按经营方式分组		
独立门店	98	103
连锁总店(总部)	4	8
连锁门店	3	57
其他	2	3
4、按零售业态分组		
有店铺零售	106	170
食杂店		
便利店		
折扣店		
超市	6	9
大型超市	3	5
仓储会员店		
百货店	3	3
专业店	79	138
专卖店	14	14
家具建材商店		
购物中心		
厂家直销中心	1	1
无店铺零售	1	1
5、按单位规模分组		
大型	1	3
中型	24	79
小型	58	63
微型	24	26
二、住宿和餐饮业	**20**	**20**
(一)住宿业	**12**	**12**
其中:国有控股		
1、按登记注册类型分组		
内资	11	11
国有		

续表 2

单位:个、平方米

其他行业及外省法人所属限额以上批零住餐产业活动单位个数	限额以上批零住餐法人企业所属在本行政区外批零住餐活动单位个数		营业面积	从业人员
	本县以外	本市以外		
			229249	3297
			21064	995
1			11996	243
			380	117
1	42	3	262609	4644
			12950	334
	1		33064	1027
			38155	474
1	41	3	123150	2250
			40290	527
			15000	32
			80	8
			14664	790
			124737	2224
			106312	1459
			16570	171
4	**7**	**7**	**46094**	**1329**
2			**13284**	**493**
2			8784	288

指标名称	限额以上法人企业	所属全部贸易住餐活动单位
集体		
股份合作		
联营企业		
有限责任公司	1	1
股份有限公司		
私营企业	10	10
其他内资		
港澳台投资企业		
外商投资企业	1	1
2、按国民经济行业分组		
旅游饭店	4	4
一般旅馆	8	8
其他住宿服务		
3、按星级等级分组		
一星		
二星		
三星	1	1
四星	1	1
五星		
其他	10	10
4、按经营方式分组		
独立门店	11	11
连锁总店(总部)		
连锁门店	1	1
其他		
5、按单位规模分组		
大型		
中型	1	1
小型	9	9
微型	2	2
(二)餐饮业	**8**	**8**

续表 3

单位：个、平方米

其他行业及外省法人所属限额以上批零住餐产业活动单位个数	限额以上批零住餐法人企业所属在本行政区外批零住餐活动单位个数		营业面积	从业人员
	本县以外	本市以外		
1			50	27
1			8734	261
			4500	205
			9000	247
2			4284	246
				21
			4500	205
2			8784	267
			13150	425
2			134	68
			4500	205
			6640	222
			2050	16
2	**7**	**7**	**32810**	**836**

指标名称	限额以上法人企业	所属全部贸易住餐活动单位
其中:国有控股	1	1
1、按登记注册类型分组		
内资	8	8
国有	1	1
集体	1	1
股份合作		
联营企业		
有限责任公司	1	1
股份有限公司		
私营企业	5	5
其他内资		
港澳台投资企业		
外商投资企业		
2、按国民经济行业分组		
行业类别(GB/T4754-2011)		
正餐服务	8	8
快餐服务		
饮料及冷饮服务		
其他饮料及冷饮服务		
其他餐饮业		
3、按经营方式分组		
独立门店	8	8
连锁总店(总部)		
连锁门店		
其他		
4、按单位规模分组		
大型		
中型	2	2
小型	6	6
微型		

续表 4

单位：个、平方米

其他行业及外省法人所属限额以上批零住餐产业活动单位个数	限额以上批零住餐法人企业所属在本行政区外批零住餐活动单位个数		营业面积	从业人员
	本县以外	本市以外		
			450	39
			32180	791
			450	39
			450	20
			10000	350
			21280	382
1	1	1	430	25
1	6	6	200	20
	1	1	32180	791
1	6	6	430	25
1			200	20
			32180	791
2			630	45
			12000	516
			20180	275

14-7 限额以上批发零售贸易业

指标名称	商品购进额	进口	销售总额	通过公共网络实现的商品销售额	通过非自营平台实现的商品销售额
总计	**1957047**	**1227**	**2183268**	**5134**	**5134**
(一)批发业	**1361981**	**1227**	**1508244**		
其中:国有控股	21467		21841		
1、按登记注册类型分组					
内资	1292109	1227	1436482		
国有	17334		17326		
集体					
股份合作					
联营企业					
有限责任公司	368361		394819		
股份有限公司					
私营企业	853696	1227	970262		
其他内资	52718		54076		
港澳台投资企业	60947		61001		
外商投资企业	8925		10761		
2、按国民经济行业分组					
行业类别(GB/T4754-2011)					
农、林、牧产品批发	28819		31584		
食品、饮料及烟草制品批发	82096		86933		
纺织、服装及家庭用品批发	294864	1227	355616		
文化、体育用品及器材批发	57492		76550		
医药及医疗器材批发	15176		15141		
矿产品、建材及化工产品批发	810505		850717		
机械设备、五金产品及电子产品批发	28487		43866		
贸易经纪与代理	2766		2848		
其他批发业	41776		44989		
3、按经营方式分组					
独立门店	1014588		1144386		
连锁总店(总部)					

商品购进、销售、库存总额(2016 年)

单位:万元

使用银行卡支付的商品销售额	批发额	出口	零售额	通过公共网络实现的零售额	通过非自营平台实现的零售额	年末库存总额	商品销售总额中由本企业统一收银的出租店面或柜台的销售额
68681	**1383894**	**69289**	**799374**	**2227**	**2227**	**62784**	**88616**
155	**1358887**	**66577**	**149357**			**23241**	**5561**
	21841					790	
155	1289115	66577	147367			22873	5561
	17326					158	
	373677	14596	21141			2543	
155	862291	51981	107971			19821	5561
	35821		18255			351	
	61001					112	
	8771		1990			256	
	28616		2968			380	
	60645		26288			1238	
59	274578	54909	81038			4091	
	52481	4946	24070			1338	
	14379		762			1355	
96	839798	3874	10918			13075	2713
	43866					1470	
	2848	2848				0	2848
	41676		3313			295	
155	997858	28149	146528			20975	2713

指标名称	商品购进额	进口	销售总额	通过公共网络实现的商品销售额	通过非自营平台实现的商品销售额
连锁门店					
其他	347393	1227	363858		
4、按单位规模分组					
大型	187725		236039		
中型	512217		558867		
小型	526138		568686		
微型	135901	1227	144652		
(二)零售业	**595066**		**675024**	**5134**	**5134**
其中:国有控股	18807		22067		
1、按经济注册类型分组					
内资	507607		576308	5134	5134
国有	3117		3505		
集体	527		529		
股份合作					
联营企业					
有限责任公司	103017		122010		
股份有限公司	8387		9426		
私营企业	392559		440839	5134	5134
其他内资					
港澳台投资企业	72424		83769		
外商投资企业	15035		14948		
2、按国民经济行业分组					
行业类别(GB/T4754-2011)					
综合零售	170969		198090		
食品、饮料及烟草制品专门零售	32520		33355	5134	5134
纺织、服装及日用品专门零售	7788		8040		
文化、体育用品及器材专门零售	33249		41868		
医药及医疗器材专门零售	8619		9065		
汽车、摩托车、燃料及零配件专门零售	274755		312509		

续表 1

单位：万元

使用银行卡支付的商品销售额	批发额	出口	零售额	通过公共网络实现的零售额	通过非自营平台实现的零售额	年末库存总额	商品销售总额中由本企业统一收银的出租店面或柜台的销售额
	361030	38428	2828			2266	2848
	167102		68938			1027	
	523691	16487	35177			3456	
155	527549	41848	41137			15046	5560
	140547	8242	4105			3713	1
68526	**25007**	**2712**	**650018**	**2227**	**2227**	**39542**	**83055**
	5505		16562			1380	
43242	24920	2712	551388	2227	2227	37863	3929
	215		3290			153	
			529			8	
28037	9142		112868			4271	1585
			9426			1129	
15205	15563	2712	425276	2227	2227	32304	2344
25284			83769			1529	79126
	87		14861			150	
53974			198090			5372	79126
180	4020		29335	2227	2227	2158	
	87		7953			45	
	11661	1922	30206			4999	
331			9065			1488	
13127	13		312497			22400	1585

指标名称	商品购进额	进口	销售总额	通过公共网络实现的商品销售额	通过非自营平台实现的商品销售额
家用电器及电子产品专门零售	30362		30947		
五金、家具及室内装饰材料专门零售	8776		9803		
货摊、无店铺及其他零售业	28030		31347		
3、按经营方式分组					
独立门店	476573		542522	5134	5134
连锁总店(总部)	77077		87413		
连锁门店	38857		41861		
其他	2559		3228		
4、按零售业态分组					
有店铺零售	593193		672821	5134	5134
食杂店					
便利店					
折扣店					
超市	41221		44552		
大型超市	77597		90138		
仓储会员店					
百货店	52151		63401		
专业店	297151		310327	5134	5134
专卖店	118073		155061		
家具建材商店					
购物中心					
厂家直销中心	7000		9343		
无店铺零售	1873		2203		
5、按单位规模分组					
大型	68298		79126		
中型	237367		294071		
小型	246176		255340	5134	5134
微型	36399		39710		

续表 2

单位：万元

使用银行卡支付的商品销售额	批发额	出口	零售额	通过公共网络实现的零售额	通过非自营平台实现的零售额	年末库存总额	商品销售总额中由本企业统一收银的出租店面或柜台的销售额
	2207		28740			1615	2344
	939		8864			892	
913	6080	790	25268			574	
42403	23064	790	519459	2227	2227	33046	3929
25371			87413			2899	79126
752	13		41849			3593	
	1931	1922	1297			4	
68526	23084	790	649737	2227	2227	39541	83055
820			44552			1450	
26215			90138			2629	79126
26939			63401			1293	
9946	19658	790	290669	2227	2227	22114	2344
4606	513		154548			11743	1585
	2914		6429			312	
	1922	1922	281			1	
25284			79126			1307	79126
37135	5311		288760			21374	
5314	14056		241285	2227	2227	14570	3929
793	5641	2712	34070			2208	

14-8 限额以上批发零售贸易

指标名称	一、年初存货	二、期末资产负债		
		流动资产合计	其中:应收账款	存货
总计	**62281**	**511206**	**137264**	**62572**
(一)批发业	**19501**	**354293**	**113885**	**21691**
其中:国有控股	390	3938	273	607
1、按登记注册类型分组				
内资	19199	315074	90054	21466
国有	165	2706	82	57
集体				
股份合作				
联营企业				
有限责任公司	2429	95156	49674	2803
股份有限公司				
私营企业	16223	216446	40023	18566
其他内资	383	766	275	40
港澳台投资企业	101	36943	23169	
外商投资企业	201	2276	661	225
2、按国民经济行业分组				
行业类别(GB/T4754-2011)				
农、林、牧产品批发	549	4466	1084	359
食品、饮料及烟草制品批发	797	7662	1246	806
纺织、服装及家庭用品批发	6529	30045	11649	6048
文化、体育用品及器材批发	1022	19059	4654	1884
医药及医疗器材批发	1639	3977	1683	1204
矿产品、建材及化工产品批发	7351	275745	89145	10569
机械设备、五金产品及电子产品批发	1343	5599	2237	621
贸易经纪与代理		394		
其他批发业	272	7345	2187	200
3、按经营方式分组				
独立门店	17178	197789	63412	19574
连锁总店(总部)				

企业财务状况(2016 年)

单位:万元、个

二、期末资产负债							
固定资产合计	固定资产原价	累计折旧		在建工程	资产总计	流动负债合计	
			本年折旧				其中:应付账款
139621	**178569**	**47431**	**11766**	**6880**	**767379**	**462854**	**141744**
45512	**61375**	**21214**	**4157**	**1202**	**485087**	**265992**	**100360**
4206	6059	2354	207		8152	2903	995
42921	57791	20118	3993	1202	443231	260673	95523
3797	5394	2097	186		6503	1551	56
11271	14356	3473	921		114789	80797	46769
26939	36844	14247	2852	1202	319972	177916	48435
914	1196	301	34		1967	410	264
2086	2745	755	96		39048	4825	4706
506	840	341	68		2809	494	131
7946	9674	3693	539		12412	3323	767
3725	5824	2122	461		11869	5161	1215
4387	6368	2233	348		36407	20785	11380
1763	3495	1826	272		21593	4189	2126
406	600	321	18		4492	3458	781
22898	28570	8112	1906	1202	379845	220044	81549
2108	2861	832	171		8382	4641	1827
					394	207	
2280	3983	2076	443		9693	4186	716
41970	54910	18251	3690	1202	264269	107670	40088

指标名称	二、期末资产负债			
	非流动负债合计	负债合计	所有者权益合计	其中:实收资本
总计	**69204**	**532058**	**235321**	**166830**
(一)批发业	**60576**	**326569**	**158518**	**100771**
其中:国有控股	108	3011	5142	1500
1、按登记注册类型分组				
内资	60494	321167	122064	67496
国有	108	1658	4845	1300
集体				
股份合作				
联营企业				
有限责任公司	952	81748	33041	20263
股份有限公司				
私营企业	59337	237252	82719	45134
其他内资	98	508	1459	800
港澳台投资企业	69	4894	34154	32500
外商投资企业	14	508	2301	775
2、按国民经济行业分组				
行业类别(GB/T4754-2011)				
农、林、牧产品批发	108	3430	8982	2378
食品、饮料及烟草制品批发	98	5259	6610	3830
纺织、服装及家庭用品批发	280	21065	15343	2780
文化、体育用品及器材批发		4189	17404	5305
医药及医疗器材批发		3458	1035	650
矿产品、建材及化工产品批发	58915	278959	100886	82335
机械设备、五金产品及电子产品批发	1158	5799	2583	1970
贸易经纪与代理		207	188	100
其他批发业	18	4203	5490	1423
3、按经营方式分组				
独立门店	4384	112054	152215	89835
连锁总店(总部)				

续表 1

单位：万元、个

二、期末资产负债						三、损益及分配	
1.国家资本	2.集体资本	3.法人资本	4.个人资本	5.港澳台资本	6.外商资本	营业收入	其中：主营业务收入
5362	**482**	**29736**	**83999**	**46142**	**1110**	**1949394**	**1938817**
1500		**14573**	**51638**	**32500**	**560**	**1362840**	**1360105**
1500						21182	19307
1500		14358	51638			1298921	1296305
1300						17243	15368
200		9300	10763			366318	366084
		4258	40876			868079	867572
		800				47282	47282
				32500		53473	53473
		215			560	10446	10327
1300			1078			31052	29177
200		800	2830			76126	76126
			2780			336485	336351
		215	4910		180	70326	70226
			650			13551	13551
		13558	35897	32500	380	761079	760453
			1970			37689	37689
			100			2625	2625
			1423			33907	33907
500		8223	48052	32500	560	1036722	1035862

指标名称	三、损益及分配			
	营业成本	其中:主营业务成本	营业税金及附加	其中:主营业务税金及附加
总计	**1598421**	**1592048**	**21137**	**20973**
(一)批发业	**1099720**	**1096985**	**17285**	**17285**
其中:国有控股	19781	17906	54	54
1、按登记注册类型分组				
内资	1040201	1037585	16894	16894
国有	16506	14631	38	38
集体				
股份合作				
联营企业				
有限责任公司	306891	306657	6297	6297
股份有限公司				
私营企业	682305	681798	8873	8873
其他内资	34499	34499	1686	1686
港澳台投资企业	51957	51957	32	32
外商投资企业	7562	7443	360	360
2、按国民经济行业分组				
行业类别(GB/T4754-2011)				
农、林、牧产品批发	26799	24924	153	153
食品、饮料及烟草制品批发	58778	58778	1772	1772
纺织、服装及家庭用品批发	241307	241173	2910	2910
文化、体育用品及器材批发	50383	50283	1676	1676
医药及医疗器材批发	11512	11512	32	32
矿产品、建材及化工产品批发	651663	651037	9446	9446
机械设备、五金产品及电子产品批发	30110	30110	684	684
贸易经纪与代理	2366	2366	4	4
其他批发业	26802	26802	608	608
3、按经营方式分组				
独立门店	784403	783542	16763	16763
连锁总店(总部)				

续表 2

单位:万元、个

三、损益及分配							
其他业务利润	销售费用	管理费用		财务费用			资产减值损失
			其中:税金		其中:利息收入	利息支出	
4817	**44496**	**61366**	**3653**	**15569**	**922**	**4645**	**652**
343	**20791**	**32838**	**2241**	**11463**	**458**	**2733**	**549**
236	375	471	71	42	8	7	26
343	20569	32328	2136	11272	460	2665	549
236	210	105	66	42	7	7	
	8784	9557	331	3105	41	534	415
107	9828	21075	1509	6635	412	2124	134
	1747	1591	231	1489			
	187	259	86	115	−2	1	
	35	252	19	76		68	
236	356	486	97	60	7	11	
	2642	3721	236	1665	1	89	26
	2232	7878	525	2932	122	101	
	990	2276	166	38	3		
	771	209	10	119	1	115	
65	11487	15572	979	6096	233	1895	523
	1525	1584	178	441	75	406	
	73	12		−43			
42	715	1099	50	156	17	117	
10	18787	29740	2118	8106	380	2641	134

指标名称	三、损益及分配			
	公允价值变动收益(损失以"–"号记)	投资收益(损失以"–"号记)	营业利润	营业外收入
总计		**262**	**208660**	**600**
(一)批发业		**262**	**180365**	**187**
其中:国有控股			433	65
1、按登记注册类型分组				
内资		262	177281	187
国有			343	
集体				
股份合作				
联营企业				
有限责任公司			31268	119
股份有限公司				
私营企业		262	139401	67
其他内资			6269	1
港澳台投资企业			923	
外商投资企业			2162	
2、按国民经济行业分组				
行业类别(GB/T4754–2011)				
农、林、牧产品批发			3198	
食品、饮料及烟草制品批发			7523	66
纺织、服装及家庭用品批发			79226	86
文化、体育用品及器材批发			14963	3
医药及医疗器材批发			908	
矿产品、建材及化工产品批发		262	66463	33
机械设备、五金产品及电子产品批发			3345	
贸易经纪与代理			213	
其他批发业			4527	
3、按经营方式分组				
独立门店		262	178961	63
连锁总店(总部)				

续表 3

单位:万元、个

三、损益及分配				四、人工成本及增值税		亏损企业数（个）	亏损总额
其中:政府补助	营业外支出	利润总额	应交所得税	应付职工薪酬(本年贷方累计发生额)	应交增值税		
231	**300**	**209084**	**26755**	**43974**	**54072**	**23**	**7389**
73	**64**	**180579**	**22561**	**22931**	**44193**	**9**	**1568**
	4	494	131	532	172	1	144
73	64	177495	22083	22337	43555	8	1564
		343	84	253	57	1	144
50	18	31369	5165	2514	17628	2	647
23	46	139513	15381	18616	25248	5	773
		6270	1453	955	621		
	1	922	141	181	163		
		2162	337	413	475	1	4
		3198	393	764	514	1	144
	7	7582	1699	1477	1349		
73	2	79310	8498	10891	14020	1	5
	8	14958	1291	1421	3135	1	4
		908	188	506	240	1	34
	42	66545	9452	6416	22567	5	1381
	3	3342	296	742	632		
		213	10	25	215		
	3	4524	736	690	1521		
50	30	179084	21823	21167	42610	4	180

指标名称	一、年初存货	二、期末资产负债		
		流动资产合计	其中:应收账款	存货
连锁门店				
其他	2323	156504	50473	2117
4、按单位规模分组				
大型	1835	5937	1705	1913
中型	3131	168306	52806	3333
小型	10730	99863	21891	12882
微型	3804	80187	37482	3563
(二)零售业	**42780**	**156913**	**23380**	**40881**
其中:国有控股	3194	17085	514	3817
1、按经济注册类型分组				
内资	41565	144665	22454	39242
国有	64	2245	514	208
集体	11	79	3	9
股份合作				
联营企业				
有限责任公司	5125	27786	1742	6594
股份有限公司	1174	8328		1129
私营企业	35191	106228	20194	31304
其他内资				
港澳台投资企业	1135	10377	871	1585
外商投资企业	80	1871	56	55
2、按国民经济行业分组				
行业类别(GB/T4754-2011)				
综合零售	5075	26459	6805	5371
食品、饮料及烟草制品专门零售	1206	7785	2627	913
纺织、服装及日用品专门零售	68	2020	80	7
文化、体育用品及器材专门零售	4847	25608	1380	10258
医药及医疗器材专门零售	961	3087	743	1356
汽车、摩托车、燃料及零配件专门零售	24012	64130	6333	17900

续表 4

单位：万元、个

二、期末资产负债							
固定资产合计	固定资产原价	累计折旧		在建工程	资产总计	流动负债合计	
			本年折旧				其中:应付账款
3542	6465	2963	467		220818	158323	60272
1201	1684	549	37		7240	4030	1235
9720	14257	5064	881		240963	162104	59706
34259	44863	15308	3135	1202	141913	55849	21590
333	573	294	103		94971	44009	17830
94109	**117194**	**26217**	**7610**	**5677**	**282292**	**196862**	**41384**
7600	10664	3064	392	365	25890	13710	3587
74157	94734	23669	5735	5648	244999	176391	31059
1930	2906	976	24		4328	3125	69
10	41	31	1		89	49	
43034	49097	6415	2302	5560	88538	75112	11045
836	2081	1245	59		9275	3913	2468
28347	40609	15003	3348	88	142770	94193	17476
19623	21978	2391	1863	29	35006	19378	10257
329	482	157	12		2287	1093	69
58146	66304	8240	3810	5195	105796	93592	23170
5022	8959	4040	963		13676	5713	243
719	925	214	59		2816	1138	21
2087	3534	1709	145		27989	13543	9145
694	675	276	66		4330	1819	269
14037	21726	8414	1826		84533	62315	4604

指标名称	二、期末资产负债			
	非流动负债合计	负债合计	所有者权益合计	其中:实收资本
连锁门店				
其他	56192	214515	6303	10936
4、按单位规模分组				
大型		4030	3210	200
中型	56851	218956	22007	18995
小型	3713	59562	82351	30634
微型	12	44022	50950	50942
(二)零售业	**8628**	**205490**	**76802**	**66059**
其中:国有控股	2763	16472	9418	4632
1、按经济注册类型分组				
内资	8628	185019	59980	51868
国有		3125	1203	932
集体		49	40	32
股份合作				
联营企业				
有限责任公司	1844	76956	11582	20562
股份有限公司	1376	5289	3986	200
私营企业	5409	99601	43169	30142
其他内资				
港澳台投资企业		19378	15629	13642
外商投资企业		1093	1194	550
2、按国民经济行业分组				
行业类别(GB/T4754-2011)				
综合零售	940	94532	11264	18570
食品、饮料及烟草制品专门零售	1596	7308	6368	2792
纺织、服装及日用品专门零售	7	1145	1671	403
文化、体育用品及器材专门零售	3214	16757	11232	8359
医药及医疗器材专门零售	354	2173	2157	759
汽车、摩托车、燃料及零配件专门零售	722	63037	21496	21138

续表 5

单位：万元、个

二、期末资产负债						三、损益及分配	
1.国家资本	2.集体资本	3.法人资本	4.个人资本	5.港澳台资本	6.外商资本	营业收入	其中：主营业务收入
1000		6350	3586			326118	324243
			200			223055	223055
		7128	11487		380	497428	496961
1500		3322	25032	600	180	512447	510179
		4123	14919	31900		129910	129910
3862	**482**	**15163**	**32361**	**13642**	**550**	**586554**	**578712**
3862			770			25874	20824
3862	482	15163	32361			507550	499708
932						3332	3332
	32					529	529
2730		7371	10462			113787	107450
200						9407	9407
	450	7793	21899			380496	378989
				13642		72651	72651
					550	6354	6354
		7803	2211	8556		170581	169327
932			1860			30490	30490
			353		50	6586	6586
200			8159			37071	37071
		251	508			8006	8006
	482	7110	12893	153	500	268301	266762

指标名称	三、损益及分配			
	营业成本	其中:主营业务成本	营业税金及附加	其中:主营业务税金及附加
连锁门店				
其他	315318	313443	522	522
4、按单位规模分组				
大型	143870	143870	1955	1955
中型	435541	435074	7514	7514
小型	396074	393805	7573	7573
微型	124235	124235	244	244
(二)零售业	**498701**	**495063**	**3852**	**3688**
其中:国有控股	19296	15701	240	76
1、按经济注册类型分组				
内资	436523	432885	3599	3435
国有	2642	2642	6	6
集体	403	403	3	3
股份合作				
联营企业				
有限责任公司	95887	92249	1140	976
股份有限公司	6597	6597	41	41
私营企业	330994	330994	2410	2410
其他内资				
港澳台投资企业	57126	57126	211	211
外商投资企业	5052	5052	42	42
2、按国民经济行业分组				
行业类别(GB/T4754-2011)				
综合零售	140477	140467	1326	1326
食品、饮料及烟草制品专门零售	24474	24474	61	61
纺织、服装及日用品专门零售	5203	5203	82	82
文化、体育用品及器材专门零售	30172	30172	367	367
医药及医疗器材专门零售	5663	5663	49	49
汽车、摩托车、燃料及零配件专门零售	241836	241803	1160	1160

续表 6

单位:万元、个

三、损益及分配							
其他业务利润	销售费用	管理费用	其中:税金	财务费用	其中:利息收入	利息支出	资产减值损失
333	2004	3098	123	3357	78	92	415
	508	5213	356	2545			
	11046	10521	529	6218	1	511	389
343	8872	16185	1322	2612	418	2130	26
	365	919	34	88	39	92	134
4475	**23706**	**28527**	**1412**	**4106**	**464**	**1912**	**103**
1599	2426	2227	18	-85	20	1	97
4450	19704	20729	1393	4023	408	1832	103
305	238	561	14	1	0		
	42	47	16				
2586	5612	8235	450	687	35	158	6
	1101	708		-67			97
1558	12712	11179	913	3401	372	1674	0
25	3730	7615	20	30	56	30	
	272	184		53		49	
1377	8156	17352	455	645	12	205	6
305	1411	1307	98	160	0	36	
	145	358	32	83		49	
175	1906	1302	46	35	15	71	97
2	905	315	30	68	8	51	
1297	8272	5214	525	2730	318	1274	0

指标名称	三、损益及分配			
	公允价值变动收益(损失以"–"号记)	投资收益(损失以"–"号记)	营业利润	营业外收入
连锁门店				
其他			1404	124
4、按单位规模分组				
大型			68964	
中型			26199	50
小型			81107	126
微型		262	4096	12
(二)零售业			28295	414
其中:国有控股			1673	170
1、按经济注册类型分组				
内资			23605	379
国有			–115	129
集体			34	
股份合作				
联营企业				
有限责任公司			2220	27
股份有限公司			931	42
私营企业			20535	182
其他内资				
港澳台投资企业			3939	34
外商投资企业			751	
2、按国民经济行业分组				
行业类别(GB/T4754–2011)				
综合零售			2618	165
食品、饮料及烟草制品专门零售			3077	129
纺织、服装及日用品专门零售			715	
文化、体育用品及器材专门零售			3192	43
医药及医疗器材专门零售			1006	3
汽车、摩托车、燃料及零配件专门零售			9824	70

续表 7

单位:万元、个

三、损益及分配				四、人工成本及增值税		亏损企业数(个)	亏损总额
其中:政府补助	营业外支出	利润总额	应交所得税	应付职工薪酬(本年贷方累计发生额)	应交增值税		
23	34	1495	739	1764	1583	5	1388
		68964	7258	9578	12543		
13	15	26234	5805	5374	12245	3	1209
50	35	81197	8841	7630	19066	2	208
10	14	4184	657	349	339	4	151
158	236	28505	4193	21043	9879	14	5821
32	40	1836	238	1997	353	1	200
158	195	23821	2950	17732	8573	14	5821
32	19	27	7	454	27	1	200
		34	7	46	21		
7	48	2199	500	5027	1979	4	3453
	21	951		700	24		
119	107	20610	2436	11506	6523	9	2168
	40	3933	1146	3154	677		
		751	98	157	629		
122	62	2721	1383	7425	3616	3	3658
32	21	3218	330	1739	570	1	200
		715	142	253	366		
	21	3214	124	1777	393	1	268
	3	1006	157	899	241		
	120	9773	894	5705	2757	7	1227

指标名称	一、年初存货	二、期末资产负债		
		流动资产合计	其中:应收账款	存货
家用电器及电子产品专门零售	1167	5861	1302	622
五金、家具及室内装饰材料专门零售	3031	3691	935	1574
货摊、无店铺及其他零售业	2414	18273	3176	2880
3、按经营方式分组				
独立门店	36566	135055	22483	33969
连锁总店(总部)	2090	7781	737	2407
连锁门店	4075	12661	82	4455
其他	49	1417	78	50
4、按零售业态分组				
有店铺零售	42779	156529	23373	40881
食杂店				
便利店				
折扣店				
超市	1298	7162	499	1284
大型超市	1970	8489	209	2429
仓储会员店				
百货店	1807	10809	6096	1658
专业店	25285	97299	13837	24819
专卖店	12155	26643	2349	10379
家具建材商店				
购物中心				
厂家直销中心	265	6129	383	312
无店铺零售	1	384	7	
5、按单位规模分组				
大型	968	5843	203	1307
中型	28375	82435	10952	24814
小型	12586	57631	7890	13879
微型	851	11004	4335	881

续表 8

单位:万元、个

二、期末资产负债							
固定资产合计	固定资产原价	累计折旧		在建工程	资产总计	流动负债合计	
			本年折旧				其中:应付账款
1397	1532	325	103		7462	3408	-603
826	1024	286	50	64	4713	3112	846
11182	12515	2713	588	419	30977	12222	3689
73308	91692	21497	5335	5677	233330	166448	26188
18642	20874	2252	1838	0	31456	20224	9978
1504	3312	1808	413		15283	8395	4991
655	1315	660	23		2224	1795	227
94109	117194	26217	7610	5677	281908	196627	41165
2862	3707	926	150		10095	6164	1316
18513	21412	2899	1823	0	32012	19892	9859
36771	41185	4414	1837	5195	63689	67536	11994
27895	39381	14398	2793	482	132119	72250	13833
7665	11106	3446	970		37461	30253	3702
403	403	134	37		6532	532	460
					384	234	219
18368	20544	2176	1802	0	29179	18551	9814
53674	66293	12785	3356	5624	156476	132363	20499
19378	26945	10108	2214	54	81882	38627	8158
2689	3412	1148	238		14755	7321	2913

指标名称	二、期末资产负债			
	非流动负债合计	负债合计	所有者权益合计	其中:实收资本
家用电器及电子产品专门零售	242	3650	3812	2260
五金、家具及室内装饰材料专门零售	23	3135	1579	1322
货摊、无店铺及其他零售业	1532	13753	17224	10457
3、按经营方式分组				
独立门店	7142	173590	59739	55154
连锁总店(总部)	110	20334	11121	9068
连锁门店	1376	9770	5513	1300
其他		1795	429	537
4、按零售业态分组				
有店铺零售	8628	205255	76653	65959
食杂店				
便利店				
折扣店				
超市	664	6827	3268	2531
大型超市		19892	12120	8806
仓储会员店				
百货店	276	67812	-4124	7233
专业店	7656	79907	52213	29893
专卖店	32	30285	7176	11496
家具建材商店				
购物中心				
厂家直销中心		532	6000	6000
无店铺零售		234	150	100
5、按单位规模分组				
大型		18551	10628	8556
中型	4948	137311	19164	25868
小型	3096	41723	40159	28606
微型	584	7905	6851	3029

续表 9

单位:万元、个

二、期末资产负债						三、损益及分配	
						营业收入	
1.国家资本	2.集体资本	3.法人资本	4.个人资本	5.港澳台资本	6.外商资本		其中:主营业务收入
			2260			23635	23635
			1322			9477	9477
2730			2795	4932		32408	27358
3225	482	14263	31549	5085	550	474274	466432
			512	8556		75586	75586
200		900	200			33571	33571
437			100			3123	3123
3862	482	15163	32261	13642	550	584351	576509
		520	2011			36862	36862
		50	200	8556		78468	78333
		7233				55251	54132
3862	32	1461	18904	5085	550	268384	262213
	450	5900	5146			136102	135684
			6000			9284	9284
			100			2203	2203
				8556		68212	68212
3367		14653	7848			267721	259911
247	482	431	21965	4932	550	216585	216585
248		80	2548	153		34036	34004

指标名称	三、损益及分配			
	营业成本	其中：主营业务成本	营业税金及附加	其中：主营业务税金及附加
家用电器及电子产品专门零售	18514	18514	343	343
五金、家具及室内装饰材料专门零售	8049	8049	103	103
货摊、无店铺及其他零售业	24313	20717	361	198
3、按经营方式分组				
独立门店	407444	403805	3518	3354
连锁总店(总部)	59207	59207	256	256
连锁门店	29435	29435	72	72
其他	2616	2616	5	5
4、按零售业态分组				
有店铺零售	496681	493042	3852	3688
食杂店				
便利店				
折扣店				
超市	31171	31171	301	301
大型超市	61715	61715	249	249
仓储会员店				
百货店	47592	47581	776	776
专业店	219298	215670	2332	2168
专卖店	129393	129393	158	158
家具建材商店				
购物中心				
厂家直销中心	7513	7513	36	36
无店铺零售	2021	2021	0	0
5、按单位规模分组				
大型	53878	53878	197	197
中型	236901	233296	1563	1400
小型	181481	181481	1804	1804
微型	26441	26408	287	287

续表 10

单位:万元、个

三、损益及分配							
其他业务利润	销售费用	管理费用		财务费用			资产减值损失
			其中:税金		其中:利息收入	利息支出	
	704	832	104	205	11	106	
	215	253	26	76	24	87	
1318	1992	1594	97	105	77	33	
4073	17827	18994	1356	3885	457	1862	6
2	4000	7683	43	163	7	50	
95	1775	1211	1	57	1		97
305	104	639	13	1			
4475	23702	28359	1412	4106	464	1912	103
	747	2860	62	126	1	53	
135	4275	7505	22	120			
1242	3134	6987	372	400	12	152	6
1800	11992	8601	932	2177	438	1487	97
1297	3519	2376	21	1281	14	218	0
	35	30	4	3		2	
	3	168					
	3390	7405	14	113			
4166	12726	13307	482	1639	99	573	103
309	6628	6487	857	2152	358	1218	
	963	1329	59	201	8	121	

指标名称	三、损益及分配			
	公允价值变动收益(损失以"-"号记)	投资收益(损失以"-"号记)	营业利润	营业外收入
家用电器及电子产品专门零售			3037	0
五金、家具及室内装饰材料专门零售			782	4
货摊、无店铺及其他零售业			4043	0
3、按经营方式分组				
独立门店			23336	256
连锁总店(总部)			4277	36
连锁门店			924	48
其他			-242	74
4、按零售业态分组				
有店铺零售			28284	412
食杂店				
便利店				
折扣店				
超市			1656	117
大型超市			4605	41
仓储会员店				
百货店			-3643	8
专业店			23887	230
专卖店			110	17
家具建材商店				
购物中心				
厂家直销中心			1668	
无店铺零售			11	2
5、按单位规模分组				
大型			3229	34
中型			1983	299
小型			18267	46
微型			4816	34

续表 11

单位：万元、个

三、损益及分配				四、人工成本及增值税		亏损企业数（个）	亏损总额
其中：政府补助	营业外支出	利润总额	应交所得税	应付职工薪酬(本年贷方累计发生额)	应交增值税		
	4	3033	525	957	529	2	468
4	2	784	37	489	140		
	2	4041	602	1799	1267		
158	154	23470	3038	15815	9194	12	5615
	39	4273	1147	3576	580		
	23	949	2	1323	87	1	7
	19	–187	6	330	19	1	200
158	236	28492	4191	21014	9879	14	5821
115	0	1773	258	1042	1832		
5	39	4607	1133	3583	639		
2	23	–3658	–8	2800	1146	3	3658
36	69	24081	2683	10919	5583	6	1163
	104	23	105	2462	622	5	1000
		1668	20	208	58		
		13	3	29	0		
	38	3225	1029	2881	497		
126	153	2129	514	9919	2636	6	4133
	44	18269	1919	7350	5560	7	1681
32		4882	732	893	1187	1	8

14-9 限额以上住宿餐饮企业

指标名称	一、年初存货	二、期末资产负债		
		流动资产	其中:应收账款	存货
总计	**996**	**47643**	**1149**	**518**
住宿业	**348**	**4164**	**582**	**280**
国有控股				
1、按登记注册类型分组				
内资	191	2753	575	130
国有				
集体				
股份合作				
联营企业				
有限责任公司	1	137		
股份有限公司				
私营企业	190	2615	575	130
其他内资				
港澳台投资企业				
外商投资企业	157	1411	7	151
2、按国民经济行业分组				
旅游饭店	221	2342	323	176
一般旅馆	127	1822	260	104
其他住宿服务				
3、按星级等级分组				
一星				
二星				
三星	44	23	18	
四星	157	1411	7	151
五星				
其他	147	2730	557	130

企业财务状况(2016年)

单位:万元、个

二、期末资产负债							
固定资产合计	固定资产原价	累计折旧	本年折旧	在建工程	资产总计	流动负债合计	其中:应付账款
37766	**43512**	**16039**	**2637**	**4454**	**95525**	**76063**	**3103**
3358	**10112**	**6822**	**366**		**10731**	**6834**	**576**
1027	1692	733	70		6735	4335	272
41	266	224	17		179	436	
985	1426	509	53		6557	3899	272
2332	8421	6089	296		3995	2499	303
2827	8988	6212	321		5478	2685	438
531	1125	610	45		5253	4149	137
376	362	25	3		400	134	92
2332	8421	6089	296		3995	2499	303
651	1330	708	67		6335	4201	180

指标名称	二、期末资产负债			
	非流动负债合计	负债合计	所有者权益合计	其中:实收资本
总计	**15756**	**91819**	**3705**	**17147**
住宿业	**175**	**7009**	**3722**	**4323**
国有控股				
1、按登记注册类型分组				
内资	175	4510	2225	1931
国有				
集体				
股份合作				
联营企业				
有限责任公司		436	-257	500
股份有限公司				
私营企业	175	4074	2483	1431
其他内资				
港澳台投资企业				
外商投资企业		2499	1496	2391
2、按国民经济行业分组				
旅游饭店	114	2799	2679	2636
一般旅馆	61	4210	1043	1687
其他住宿服务				
3、按星级等级分组				
一星				
二星				
三星	114	248	152	152
四星		2499	1496	2391
五星				
其他	61	4262	2073	1779

续表 1

单位：万元、个

二、期末资产负债						三、损益及分配	
1.国家资本	2.集体资本	3.法人资本	4.个人资本	5.港澳台资本	6.外商资本	营业收入	其中：主营业务收入
42	**12**	**2045**	**14450**		**598**	**26683**	**26504**
		2045	**1680**		**598**	**10425**	**10425**
		251	1680			6997	6997
			500			247	247
		251	1180			6750	6750
		1794			598	3428	3428
		1794	244		598	6491	6491
		251	1436			3934	3934
			152			1069	1069
		1794			598	3428	3428
		251	1528			5928	5928

指标名称	三、损益及分配			
	营业成本	其中:主营业务成本	营业税金及附加	其中:主营业务税金及附加
总计	**13294**	**12855**	**658**	**642**
住宿业	**5971**	**5971**	**218**	**218**
国有控股				
1、按登记注册类型分组				
内资	4807	4807	141	141
国有				
集体				
股份合作				
联营企业				
有限责任公司	286	286	6	6
股份有限公司				
私营企业	4521	4521	135	135
其他内资				
港澳台投资企业				
外商投资企业	1164	1164	78	78
2、按国民经济行业分组				
旅游饭店	3094	3094	148	148
一般旅馆	2877	2877	70	70
其他住宿服务				
3、按星级等级分组				
一星				
二星				
三星	667	667	14	14
四星	1164	1164	78	78
五星				
其他	4140	4140	127	127

续表 2

单位:万元、个

三、损益及分配							
其他业务利润	销售费用	管理费用	其中:税金	财务费用	其中:利息收入	利息支出	资产减值损失
17	**6276**	**6023**	**210**	**1998**	**7**	**1563**	
6	**1815**	**1122**	**27**	**101**	**6**	**42**	
6	466	373	27	89	6	42	
		23		22			
6	466	350	27	67	6	42	
	1349	749		12			
	1363	817	13	37			
6	452	305	14	64	6	42	
	14	12	4	15			
	1349	749		12			
6	452	361	23	74	6	42	

指标名称	三、损益及分配			
	公允价值变动收益(损失以"–"号记)	投资收益(损失以"–"号记)	营业利润	营业外收入
总计		**2**	**–1564**	**12**
住宿业		**2**	**1200**	**2**
国有控股				
1、按登记注册类型分组				
内资		2	1123	1
国有				
集体				
股份合作				
联营企业				
有限责任公司			–90	
股份有限公司				
私营企业		2	1213	1
其他内资				
港澳台投资企业				
外商投资企业			77	1
2、按国民经济行业分组				
旅游饭店			1031	1
一般旅馆		2	169	1
其他住宿服务				
3、按星级等级分组				
一星				
二星				
三星			347	
四星			77	1
五星				
其他		2	776	1

续表 3

单位：万元、个

三、损益及分配				四、人工成本及增值税	应交增值税	亏损企业数（个）	亏损总额
其中：政府补助	营业外支出	利润总额	应交所得税	应付职工薪酬(本年贷方累计发生额)			
	355	**−1907**	**345**	**5666**	**370**	**6**	**5156**
	6	**1195**	**84**	**1916**	**87**	**2**	**266**
	6	1118	75	1002	78	2	266
	6	−96		20	4	1	96
	0	1214	75	982	74	1	170
	1	77	9	913	10		
	1	1031	56	1149	38		
	6	164	28	767	49	2	266
		347	9	106	10		
	1	77	9	913	10		
	6	771	65	897	68	2	266

指标名称	一、年初存货	二、期末资产负债		
		流动资产	其中:应收账款	存货
4、按经营方式分组				
独立门店	345	3965	579	278
连锁总店(总部)				
连锁门店	3	199	3	2
其他				
5、按单位规模分组				
大型				
中型	157	1411	7	151
小型	173	2163	448	118
微型	18	589	127	12
餐饮业	**648**	**43479**	**566**	**238**
国有控股	4	106		7
1、按登记注册类型分组				
内资	648	43479	566	238
国有	4	106		7
集体	1	115	19	1
股份合作				
联营企业				
有限责任公司	237	24380		
股份有限公司				
私营企业	406	18878	548	230
其他内资				
港澳台投资企业				
外商投资企业				
2、按国民经济行业分组				
行业类别(GB/T4754-2002)				

续表 4

单位:万元、个

二、期末资产负债							
固定资产合计	固定资产原价	累计折旧	本年折旧	在建工程	资产总计	流动负债合计	其中:应付账款
3341	9958	6685	356		10401	6808	555
18	155	137	10		330	25	20
2332	8421	6089	296		3995	2499	303
922	1314	449	41		6027	3889	264
105	378	284	29		709	446	9
34408	**33400**	**9216**	**2271**	**4454**	**84794**	**69230**	**2527**
11	51	40	3		117	74	
34408	33400	9216	2271	4454	84794	69230	2527
11	51	40	3		117	74	
237	271	33	9		353	4	
24773	21521	6748	1556		50644	53916	
9387	11557	2395	703	4454	33681	15236	2527

指标名称	二、期末资产负债			
	非流动负债合计	负债合计	所有者权益合计	其中:实收资本
4、按经营方式分组				
独立门店	175	6983	3418	4023
连锁总店(总部)				
连锁门店		25	304	300
其他				
5、按单位规模分组				
大型				
中型		2499	1496	2391
小型	175	4064	1963	1381
微型		446	263	550
餐饮业	**15581**	**84811**	**-16**	**12824**
国有控股		74	42	42
1、按登记注册类型分组				
内资	15581	84811	-16	12824
国有		74	42	42
集体	5	9	343	12
股份合作				
联营企业				
有限责任公司		53916	-3272	500
股份有限公司				
私营企业	15576	30812	2870	12270
其他内资				
港澳台投资企业				
外商投资企业				
2、按国民经济行业分组				
行业类别(GB/T4754-2002)				

续表 5

单位：万元、个

二、期末资产负债						三、损益及分配	
1.国家资本	2.集体资本	3.法人资本	4.个人资本	5.港澳台资本	6.外商资本	营业收入	其中：主营业务收入
		2045	1380		598	10066	10066
			300			359	359
		1794			598	3428	3428
		251	1130			5644	5644
			550			1353	1353
42	**12**		**12770**			**16258**	**16080**
42						824	704
42	12		12770			16258	16080
42						824	704
	12					452	452
			500			6694	6694
			12270			8289	8230

指标名称	三、损益及分配			
	营业成本	其中:主营业务成本	营业税金及附加	其中:主营业务税金及附加
4、按经营方式分组				
独立门店	5674	5674	211	211
连锁总店(总部)				
连锁门店	297	297	8	8
其他				
5、按单位规模分组				
大型				
中型	1164	1164	78	78
小型	3835	3835	112	112
微型	972	972	29	29
餐饮业	**7323**	**6885**	**440**	**424**
国有控股	823	416	0	0
1、按登记注册类型分组				
内资	7323	6885	440	424
国有	823	416	0	0
集体	261	261	39	39
股份合作				
联营企业				
有限责任公司	1818	1818	145	145
股份有限公司				
私营企业	4421	4389	257	241
其他内资				
港澳台投资企业				
外商投资企业				
2、按国民经济行业分组				
行业类别(GB/T4754-2002)				

续表 6

单位:万元、个

三、损益及分配							
其他业务利润	销售费用	管理费用	其中:税金	财务费用	其中:利息收入	利息支出	资产减值损失
	1798	1096	26	100	6	42	
6	18	26	1	1	0		
	1349	749		12			
6	466	328	21	61	6	42	
		45	6	28			
10	**4461**	**4901**	**183**	**1897**	**1**	**1520**	
		286	0	0	0		
10	4461	4901	183	1897	1	1520	
		286	0	0	0		
		76	1	0			
	2600	2449		370			
10	1861	2090	182	1527	1	1520	

指标名称	三、损益及分配			
	公允价值变动收益(损失以“-”号记)	投资收益(损失以“-”号记)	营业利润	营业外收入
4、按经营方式分组				
独立门店			1188	2
连锁总店(总部)				
连锁门店		2	12	
其他				
5、按单位规模分组				
大型				
中型			77	1
小型		2	843	1
微型			279	
餐饮业			**-2764**	**10**
国有控股			-286	
1、按登记注册类型分组				
内资			-2764	10
国有			-286	
集体			77	
股份合作				
联营企业				
有限责任公司			-688	10
股份有限公司				
私营企业			-1867	0
其他内资				
港澳台投资企业				
外商投资企业				
2、按国民经济行业分组				
行业类别(GB/T4754-2002)				

续表 7

单位：万元、个

三、损益及分配				四、人工成本及增值税			
其中：政府补助	营业外支出	利润总额	应交所得税	应付职工薪酬(本年贷方累计发生额)	应交增值税	亏损企业数（个）	亏损总额
	6	1184	83	1846	80	2	266
	0	11	1	70	7		
	1	77	9	913	10		
	0	844	62	929	71	1	170
	6	274	13	74	7	1	96
	348	**-3102**	**262**	**3750**	**283**	**4**	**4891**
		-286		422		1	286
	348	-3102	262	3750	283	4	4891
		-286		422		1	286
		77	2	99	0		
	336	-1014		1521	47	1	1014
	12	-1879	260	1709	235	2	3591

指标名称	一、年初存货	二、期末资产负债		
		流动资产	其中:应收账款	存货
正餐服务	648	43479	566	238
快餐服务				
饮料及冷饮服务				
其他餐饮服务				
行业类别(GB/T4754-2011)				
正餐服务	648	43479	566	238
快餐服务				
饮料及冷饮服务				
茶馆服务				
咖啡馆服务				
酒吧服务				
其他饮料及冷饮服务				
其他餐饮业				
小吃服务				
餐饮配送服务				
其他未列明餐饮业				
3、按经营方式分组				
独立门店	648	43479	566	238
连锁总店(总部)				
连锁门店				
其他				
4、按单位规模分组				
大型				
中型	255	25510	57	19
小型	393	17970	510	219
微型				

续表 8

单位:万元、个

二、期末资产负债							
固定资产合计	固定资产原价	累计折旧	本年折旧	在建工程	资产总计	流动负债合计	其中:应付账款
34408	33400	9216	2271	4454	84794	69230	2527
34408	33400	9216	2271	4454	84794	69230	2527
34408	33400	9216	2271	4454	84794	69230	2527
24873	21750	6877	1558		51874	55103	89
9534	11650	2340	713	4454	32920	14127	2438

指标名称	二、期末资产负债			
	非流动负债合计	负债合计	所有者权益合计	其中:实收资本
正餐服务	15581	84811	-16	12824
快餐服务				
饮料及冷饮服务				
其他餐饮服务				
行业类别(GB/T4754-2011)				
正餐服务	15581	84811	-16	12824
快餐服务				
饮料及冷饮服务				
茶馆服务				
咖啡馆服务				
酒吧服务				
其他饮料及冷饮服务				
其他餐饮业				
小吃服务				
餐饮配送服务				
其他未列明餐饮业				
3、按经营方式分组				
独立门店	15581	84811	-16	12824
连锁总店(总部)				
连锁门店				
其他				
4、按单位规模分组				
大型				
中型		55103	-3229	530
小型	15581	29708	3212	12294
微型				

续表 9

单位：万元、个

二、期末资产负债						三、损益及分配	
1.国家资本	2.集体资本	3.法人资本	4.个人资本	5.港澳台资本	6.外商资本	营业收入	其中：主营业务收入
42	12		12770			16258	16080
42	12		12770			16258	16080
42	12		12770			16258	16080
			530			8780	8722
42	12		12240			7478	7358

指标名称	三、损益及分配			
	营业成本	其中:主营业务成本	营业税金及附加	其中:主营业务税金及附加
正餐服务	7323	6885	440	424
快餐服务				
饮料及冷饮服务				
其他餐饮服务				
行业类别(GB/T4754-2011)				
正餐服务	7323	6885	440	424
快餐服务				
饮料及冷饮服务				
茶馆服务				
咖啡馆服务				
酒吧服务				
其他饮料及冷饮服务				
其他餐饮业				
小吃服务				
餐饮配送服务				
其他未列明餐饮业				
3、按经营方式分组				
独立门店	7323	6885	440	424
连锁总店(总部)				
连锁门店				
其他				
4、按单位规模分组				
大型				
中型	3054	3021	250	234
小型	4270	3863	190	190
微型				

续表 10

单位：万元、个

三、损益及分配							
其他业务利润	销售费用	管理费用	其中：税金	财务费用	其中：利息收入	利息支出	资产减值损失
10	4461	4901	183	1897	1	1520	
10	4461	4901	183	1897	1	1520	
10	4461	4901	183	1897	1	1520	
10	3335	2467		370			
	1126	2434	183	1527	1	1520	

指标名称	三、损益及分配			
	公允价值变动收益(损失以“-”号记)	投资收益(损失以“-”号记)	营业利润	营业外收入
正餐服务			-2764	10
快餐服务				
饮料及冷饮服务				
其他餐饮服务				
行业类别(GB/T4754-2011)				
正餐服务			-2764	10
快餐服务				
饮料及冷饮服务				
茶馆服务				
咖啡馆服务				
酒吧服务				
其他饮料及冷饮服务				
其他餐饮业				
小吃服务				
餐饮配送服务				
其他未列明餐饮业				
3、按经营方式分组				
独立门店			-2764	10
连锁总店(总部)				
连锁门店				
其他				
4、按单位规模分组				
大型				
中型			-695	10
小型			-2069	0
微型				

续表 11

单位：万元、个

三、损益及分配				四、人工成本及增值税			
其中：政府补助	营业外支出	利润总额	应交所得税	应付职工薪酬(本年贷方累计发生额)	应交增值税	亏损企业数(个)	亏损总额
	348	-3102	262	3750	283	4	4891
	348	-3102	262	3750	283	4	4891
	348	-3102	262	3750	283	4	4891
	336	-1021		2095	77	2	1021
	12	-2081	262	1656	206	2	3870

14-10 连锁总店(公司)

指标名称	连锁总店数(个)		连锁门店数(个)	
	本年	上年同期	本年	上年同期
总计	**3**	**3**	**29**	**32**
一、零售业	**3**	**3**	**29**	**32**
(一)按登记注册类型分组				
内资	2	2	26	29
港澳台投资企业	1	1	3	3
外商投资企业				
(二)按连锁经营业务的行业代码分组				
综合零售	1	1	3	3
家用电器及电子产品专门零售	1	1	2	2
(三)按零售业态分组				
大型超市	1	1	3	3
专业店	2	2	26	29

14-10

指标名称	其中:通过统一配送商品购进额(万元)		通过自有配送中心配送商品购进额(万元)	
	本年	上年同期	本年	上年同期
总计	**73913.1**	**57476.4**	**73913.1**	**57476.4**
一、零售业	**73913.1**	**57476.4**	**73913.1**	**57476.4**
(一)按登记注册类型分组				
内资	5614.9	4976.4	5614.9	4976.4
港澳台投资企业	68298.2	52500	68298.2	52500
外商投资企业				
(二)按连锁经营业务的行业代码分组				
综合零售	68298.2	52500	68298.2	52500
家用电器及电子产品专门零售	5614.9	4976.4	5614.9	4976.4
(三)按零售业态分组				
大型超市	68298.2	52500	68298.2	52500
专业店	5614.9	4976.4	5614.9	4976.4

经营情况(2016 年)

直营店(个)		年末从业人员数(人)		连锁门店商品购进额(万元)	
本年	上年同期	本年	上年同期	本年	上年同期
29	**32**	**924**	**863**	**75361.8**	**59347.4**
29	**32**	**924**	**863**	**75361.8**	**59347.4**
26	29	134	139	7063.6	6847.4
3	3	790	724	68298.2	52500
3	3	790	724	68298.2	52500
2	2	49	49	5614.9	4976.4
3	3	790	724	68298.2	52500
26	29	134	139	7063.6	6847.4

续表

营业面积(平方米)		连锁门店商品销售额(万元)		商品零售额(万元)	
本年	上年同期	本年	上年同期	本年	上年同期
23888	**23708**	**85950.6**	**65974.2**	**85950.6**	**65974.2**
23888	**23708**	**85950.6**	**65974.2**	**85950.6**	**65974.2**
4000	3820	6824.5	6659	6824.5	6659
19888	19888	79126.1	59315.2	79126.1	59315.2
19888	19888	79126.1	59315.2	79126.1	59315.2
1900	1900	5164.3	4606.9	5164.3	4606.9
19888	19888	79126.1	59315.2	79126.1	59315.2
4000	3820	6824.5	6659	6824.5	6659

14-11 亿元以上商品交易

指标名称	市场个数(个)	市场摊位总量(个)	年末已出租摊位数(个)	出租率(%)
合计	**15**	**12700**	**12019**	**94.6**
一、按经营环境分				
(一)露天式				
(二)封闭式	9	9582	9241	96.4
(三)其他	6	3118	2778	89.1
二、按经营方式分				
(一)批发	3	8124	7862	96.8
(二)零售	12	4576	4157	90.8
三、按市场类别分				
综合市场	5	1540	1372	89.1
综合贸易市场	5	1540	1372	89.1
农产品综合市场	3	750	699	93.2
其他综合市场	2	790	673	85.2
专业市场	10	11160	10647	95.4
生产资料市场				
木材市场				
建材市场				
农产品市场	4	2180	1991	91.3
蔬菜市场	1	350	349	99.7
其他农产品市场	3	1830	1642	89.7
食品、饮料及烟酒市场	3	1268	945	74.5
其他食品、饮料及烟酒市场	3	1268	945	74.5
纺织、服装、鞋帽市场	2	7514	7513	100
布料及纺织品市场	1	7254	7254	100
其他纺织服装鞋帽市场	1	260	259	99.6
日用品及文化用品市场				
小商品市场				
家具、五金及装饰材料市场	1	198	198	100
其他装修市场	1	198	198	100

市场成交情况(2016年)

全年商品成交总额(万元)				营业面积	管理总额	摊位租金总额	税金总额	从业人员
今年	去年同期	全年商品成交总额(万元)						
		消费品零售额	通过互联网实现的成交额					
7087097	**6525721**	**2262050**	**1548657**	**256700**	**5377**	**8154**	**6502**	**16324**
6720133	6163410	1991699	1548657	172800	2690	5174	5186	11250
366964	362311	270351		83900	2687	2980	1316	5074
6591431	6042379	1940537	1548657	117000	1480	1912	1453	8264
495666	483342	321513		139700	3897	6242	5049	8060
124829	117139	35212		31650	1520	2714	3076	2815
124829	117139	35212		31650	1520	2714	3076	2815
73828	68594			12650	520	1327	336	1080
51001	48545	35212		19000	1000	1387	2740	1735
6962268	6408582	2226838	1548657	225050	3857	5440	3426	13509
317058	315611	228629		42600	2529	2460	1101	3790
20976	20776	10247		15000	446	97	92	115
296082	294835	218382		27600	2083	2363	1009	3675
49391	46954	37095		74800	287	642	259	1716
49391	46954	37095		74800	287	642	259	1716
6565211	6016509	1931456	1548657	67650	976	1523	1341	7535
6551058	6002547	1920814	1548657	60000	850	1380	1200	7254
14153	13962	10642		7650	126	143	141	281
30608	29508	29658		40000	65	815	725	468
30608	29508	29658		40000	65	815	725	468

14-12 限额以上住宿和

指标名称	营业额	使用银行卡支付的营业额数
总计	**29256**	**1283**
(一)住宿业	**11226**	**1103**
其中:国有控股		
1、按登记注册类型分组		
内资	7798	1103
有限责任公司	457	
国有独资公司		
其他有限责任公司	457	
股份有限公司		
私营企业	7341	1103
私营独资		
私营合伙		
私营有限责任公司	7341	1103
私营股份有限公司		
外商投资企业	3428	
中外合资经营	3428	
2、按国民经济行业分组		
旅游饭店	6764	544
一般旅馆	4462	559
3、按星级等级分组		
三星	1197	
四星	3428	
其他	6601	1103
4、按经营方式分组		
独立门店	10463	994
连锁门店	763	109
5、按单位规模分		
中型	3428	
小型	6033	559
微型	1368	544
(二)餐饮业	**18030**	**180**
其中:国有控股	824	
1、按登记注册类型分组		
内资	16624	180

餐饮业经营情况(2016年)

单位:万元、间、个、位

客房收入	餐费收入	商品销售额	其他收入	客房数(间)	年末拥有床位数	年末拥有餐位数
10730	**15703**	**1605**	**1217**	**1983**	**3192**	**10407**
7568	**3506**	**48**	**103**	**1360**	**2290**	**3259**
5282	2365	48	103	1045	1830	2259
346	111			127	180	5
346	111			127	180	5
4936	2253	48	103	918	1650	2254
4936	2253	48	103	918	1650	2254
2287	1141			315	460	1000
2287	1141			315	460	1000
4534	2228	2		489	783	1610
3035	1278	46	103	871	1507	1649
1197				46	85	
2287	1141			315	460	1000
4085	2365	48	103	999	1745	2259
6829	3500	37	97	1051	1835	3225
740	6	11	6	309	455	34
2287	1141			315	460	1000
4218	1665	46	103	723	1323	1984
669	697	2		103	178	265
3161	**12198**	**1557**	**1114**	**623**	**902**	**7148**
	704	109	11			790
3161	10792	1557	1114	623	902	6998

指标名称	营业额	使用银行卡支付的营业额数
国有	824	
集体	461	
有限责任公司	6694	
其他有限责任公司	6694	
私营企业	8646	180
私营合伙	2425	
私营有限责任公司	6221	180
港澳台投资企业	783	
港澳台商独资	783	
外商投资企业	623	
外资企业	623	
2、按国民经济行业分组		
行业类别(GB/T4754-2002)		
正餐服务	16624	180
快餐服务	783	
饮料及冷饮服务	623	
行业类别(GB/T4754-2011)		
正餐服务	16624	180
快餐服务	783	
饮料及冷饮服务	623	
咖啡馆服务	623	
3、按经营方式分组		
独立门店	16624	180
连锁总店(总部)		
连锁门店	1406	
其他		
4、按单位规模分组		
中型	8780	100
小型	7844	80
微型		
补充资料:		
住宿业其他有限责任公司	457	
餐饮业其他有限责任公司	6694	

续表

单位:万元、间、个、位

				客房数(间)	年末拥有床位数	年末拥有餐位数
客房收入	餐费收入	商品销售额	其他收入			
	704	109	11			790
	292	169				90
2186	3944	31	534	326	530	2000
2186	3944	31	534	326	530	2000
976	5852	1248	570	297	372	4118
186	1286	618	334	10	20	300
790	4566	630	236	287	352	3818
	783					100
	783					100
	623					50
	623					50
3161	10792	1557	1114	623	902	6998
	783					100
	623					50
3161	10792	1557	1114	623	902	6998
	783					100
	623					50
	623					50
3161	10792	1557	1114	623	902	6998
	1406					150
2244	5363	639	534	352	568	3500
917	5429	918	580	271	334	3498
346	111			127	180	5
2186	3944	31	534	326	530	2000

14-13 重点服务业企业

项目	单位数	年初存货	流动资产	应收账款
总计	**276**	**251072**	**7662053**	**2152704**
按登记注册类型分组				
内资企业	276	251072	7662053	2152704
国有企业	6	12785	909733	25553
集体企业	23	6883	218603	35272
有限责任公司	54	84895	2735589	1010338
国有独资公司	1	0	37751	25147
其他有限责任公司	53	84895	2697838	985191
股份有限公司	6	1719	45644	22038
私营企业	133	97628	3483229	976515
私营独资企业	4	2422	20230	5159
私营合伙企业	13	1500	64551	35901
私营有限责任公司	113	54903	3367409	932906
私营股份有限公司	3	38803	31039	2549
其他企业	54	47162	269255	82988
按企业控股情况分组				
国有控股	14	16610	1034578	79852
集体控股	25	6886	384223	35272
私人控股	227	224710	6123728	2018726
港澳台商控股	1	0	958	53
其他	9	2866	118566	18801
按行业分组				
交通运输、仓储和邮政业	32	29630	329020	45017
道路运输业	10	11431	55094	9139
水上运输业	4	2069	52775	1785

主要经济指标(2016年)

单位:千元、人、个

累计折旧	存货	本年折旧	固定资产原价	资产总计	应付账款	负债合计
1770874	**456514**	**314440**	**5273058**	**17039422**	**401807**	**7526851**
1770874	456514	314440	5273058	17039422	401807	7526851
41717	15134	14499	530060	2157650	0	1090613
44732	5346	13396	201867	636331	2042	260678
940288	228049	109933	2090567	6067390	46127	2401394
70205	605	8511	96149	64405	1367	32691
870083	227444	101422	1994418	6002985	44760	2368703
111230	843	29243	259283	468761	0	97248
543736	161199	119013	1778728	6989942	343535	3503733
2473	2779	485	9260	30494	79	7300
34864	2774	9852	209177	1045962	7800	531251
490706	140496	104327	1511554	5565353	335656	2820017
15693	15150	4349	48737	348133	0	145165
89171	45943	28356	412553	719348	10103	173185
257385	18738	62735	1022239	2834693	5285	1293896
45064	5349	13560	223161	836618	2042	311817
1441731	426805	230059	3873801	13115446	392661	5818493
1874	123	328	6236	5321	0	2982
24820	5499	7758	147621	247344	1819	99663
213866	17778	56241	710420	913455	14713	406442
82714	310	43079	430465	433386	4879	219105
105370	1159	6312	160556	123965	0	45534

项目	所有者权益	营业收入	主营业务收入	营业成本
总计	**9512571**	**15499174**	**15435581**	**10432010**
按登记注册类型分组				
内资企业	9512571	15499174	15435581	10432010
国有企业	1067037	626610	626610	485773
集体企业	375653	1290773	1290135	661816
有限责任公司	3665996	6276994	6267588	4419636
国有独资公司	31714	30681	30681	18406
其他有限责任公司	3634282	6246313	6236907	4401230
股份有限公司	371513	526711	526711	427232
私营企业	3486209	4909567	4858303	3205288
私营独资企业	23194	76048	76048	47475
私营合伙企业	514711	269227	269227	158195
私营有限责任公司	2745336	4249549	4198285	2754304
私营股份有限公司	202968	314743	314743	245314
其他企业	546163	1868519	1866234	1232265
按企业控股情况分组				
国有控股	1540797	1252381	1252374	992559
集体控股	524801	1324869	1324231	673100
私人控股	7296953	12573036	12510538	8534289
港澳台商控股	2339	20932	20932	20109
其他	147681	327956	327506	211953
按行业分组				
交通运输、仓储和邮政业	507013	1343778	1335172	1049193
道路运输业	214281	552980	552980	517826
水上运输业	78431	137908	137358	89043

续表 1

单位：千元、人、个

主营业务成本	营业税金及附加	主营业务税金及附加	销售费用	管理费用	管理费用中的税金	财务费用
10361476	**575629**	**571049**	**239170**	**1232341**	**76717**	**83047**
10361476	575629	571049	239170	1232341	76717	83047
485773	10217	10217	1221	45729	833	2087
661816	53082	53082	23385	226566	5663	5751
4406594	271247	268131	33030	363246	27202	25611
18406	1686	1686	0	4699	171	1859
4388188	269561	266445	33030	358547	27031	23752
427232	29711	29711	692	32110	677	1845
3154821	148971	148856	141644	440738	26417	41084
47475	1052	1052	0	6895	276	193
158195	9411	9411	157	29540	608	10095
2703837	132442	132327	138861	388857	23942	29146
245314	6066	6066	2626	15446	1591	1650
1225240	62401	61052	39198	123952	15925	6669
987856	41946	41946	1840	89163	1733	6260
673100	53804	53804	27500	230900	5735	9651
8468458	465573	460993	204447	878090	66606	65067
20109	0	0	0	94	0	0
211953	14306	14306	5383	34094	2643	2069
1037782	44083	43917	12469	90493	6269	7793
513123	29236	29236	0	37264	842	2613
89043	3402	3376	2044	23916	288	–93

项目	利息收入	利息支出	投资收益	营业利润
总计	**1326**	**35074**	**4503**	**2953599**
按登记注册类型分组				
内资企业	1326	35074	4503	2953599
国有企业	67	1619	0	81483
集体企业	-7	3718	1310	316942
有限责任公司	338	8287	0	1189766
国有独资公司	0	0	0	4031
其他有限责任公司	338	8287	0	1185735
股份有限公司	25	1798	0	35945
私营企业	887	15412	3193	927054
私营独资企业	0	33	0	20433
私营合伙企业	92	9204	0	61830
私营有限责任公司	795	6175	3193	801550
私营股份有限公司	0	0	0	43241
其他企业	16	4240	0	402409
按企业控股情况分组				
国有控股	306	4117	0	125991
集体控股	-7	7554	1310	326683
私人控股	1027	21708	3193	2443124
港澳台商控股	0	0	0	729
其他	0	1695	0	57072
按行业分组				
交通运输、仓储和邮政业	192	7841	2400	139459
道路运输业	100	2499	0	-30116
水上运输业	25	971	2400	19597

续表 2

单位:千元、人、个

营业外收入	政府补助	营业外支出	利润总额	应交所得税	本年应付职工薪酬	应交增值税	从业人员平均人数
6015	**4187**	**2856**	**2957903**	**325745**	**1172368**	**262304**	**17971**
6015	4187	2856	2957903	325745	1172368	262304	17971
0	0	0	81483	4222	13199	541	243
76	0	112	316906	34560	84275	25311	1235
1120	531	336	1191060	106318	321480	78683	4723
0	0	0	4031	815	2028	0	46
1120	531	336	1187029	105503	319452	78683	4677
2236	2221	156	38025	10938	43383	4089	1134
2583	1435	1352	928920	104687	531741	96653	7911
0	0	0	20433	1431	9042	1694	125
108	108	0	61938	7287	30039	7558	384
2215	1067	1347	803053	88229	484923	85157	7274
260	260	5	43496	7740	7737	2244	128
0	0	900	401509	65020	178290	57027	2725
2576	2221	162	128405	19099	103717	-1064	2480
586	510	132	327647	35079	86352	26066	1292
2797	1456	1662	2444894	260901	952169	230760	13572
0	0	0	729	0	1580	0	56
56	0	900	56228	10666	28550	6542	571
3211	2221	303	142367	30014	125779	22059	2604
5	0	0	-30111	8158	56899	735	1475
3206	2221	291	22512	5696	26027	4902	352

项目	单位数	年初存货	流动资产	应收账款
装卸搬运和运输代理业	13	3323	126360	11504
仓储业	1	12785	63452	6031
邮政业	4	22	31339	16558
房地产业	15	2148	141893	42551
房地产业	15	2148	141893	42551
租赁和商务服务业	109	84349	4926055	1618884
租赁业	12	0	242014	137296
商务服务业	97	84349	4684041	1481588
科学研究和技术服务业	88	120939	1241656	276226
研究和试验发展	4	7882	109431	20496
专业技术服务业	24	37744	540315	74281
科技推广和应用服务业	60	75313	591910	181449
水利、环境和公共设施管理业	9	174	425799	142167
水利管理业	1	0	20451	17025
生态保护和环境治理业	4	0	322397	105303
公共设施管理业	4	174	82951	19839
居民服务、修理和其他服务业	6	10209	21138	3455
机动车、电子产品和日用产品修理业	6	10209	21138	3455
教育	4	1793	20997	5662
教育	4	1793	20997	5662
卫生和社会工作	4	1037	22040	13798
卫生	4	1037	22040	13798
文化、体育和娱乐业	9	793	533455	4944
新闻和出版业	1	0	4125	0
广播、电视、电影和影视录音制作业	3	0	507467	3445
娱乐业	5	793	21863	1499

续表 3

单位：千元、人、个

累计折旧	存货	本年折旧	固定资产原价	资产总计	应付账款	负债合计
21402	3277	6025	101616	238956	9475	66611
3147	13009	87	12129	81099	0	59932
1233	23	738	5654	36049	359	15260
13925	2919	5474	72612	228129	3068	146175
13925	2919	5474	72612	228129	3068	146175
1269818	197065	160856	2824250	10019128	366577	4417196
48779	2048	12492	235852	597895	738	339231
1221039	195017	148364	2588398	9421233	365839	4077965
182949	221909	55737	1007070	3241578	13434	1487952
6860	3916	2650	39030	609007	1773	500057
53133	13811	12888	383177	1443902	32	673947
122956	204182	40199	584863	1188669	11629	313948
40983	445	17198	310360	1435840	106	492322
10125	0	3238	70441	332557	0	9398
20096	0	8988	148435	917339	0	464205
10762	445	4972	91484	185944	106	18719
5103	10851	858	16523	36232	846	18448
5103	10851	858	16523	36232	846	18448
7630	1263	2550	44572	66173	12	10070
7630	1263	2550	44572	66173	12	10070
4021	1729	706	7670	29398	1793	19216
4021	1729	706	7670	29398	1793	19216
32579	2555	14820	279581	1069489	1258	529030
3021	2125	1258	18444	27985	0	1425
27111	0	12415	245172	1001759	0	508231
2447	430	1147	15965	39745	1258	19374

项目	所有者权益	营业收入	主营业务收入	营业成本
装卸搬运和运输代理业	172345	520995	512939	352692
仓储业	21167	75629	75629	44018
邮政业	20789	56266	56266	45614
房地产业	81954	373011	371993	213198
房地产业	81954	373011	371993	213198
租赁和商务服务业	5601932	8487666	8440137	5472470
租赁业	258664	920075	920075	507443
商务服务业	5343268	7567591	7520062	4965027
科学研究和技术服务业	1753626	3600058	3596078	2498600
研究和试验发展	108950	193479	193479	134134
专业技术服务业	769955	1208052	1207396	887188
科技推广和应用服务业	874721	2198527	2195203	1477278
水利、环境和公共设施管理业	943518	1217064	1217064	864664
水利管理业	323159	356273	356273	252782
生态保护和环境治理业	453134	311000	311000	188445
公共设施管理业	167225	549791	549791	423437
居民服务、修理和其他服务业	17784	82414	82414	61709
机动车、电子产品和日用产品修理业	17784	82414	82414	61709
教育	56103	202169	202169	149013
教育	56103	202169	202169	149013
卫生和社会工作	10182	46135	45685	25497
卫生	10182	46135	45685	25497
文化、体育和娱乐业	540459	146879	144869	97666
新闻和出版业	26560	37625	37625	32698
广播、电视、电影和影视录音制作业	493528	31049	29039	15586
娱乐业	20371	78205	78205	49382

续表 4

单位：千元、人、个

主营业务成本	营业税金及附加	主营业务税金及附加	销售费用	管理费用	管理费用中的税金	财务费用
345984	11124	10984	8858	25045	5070	3204
44018	0	0	1221	1282	0	1998
45614	321	321	346	2986	69	71
213198	13593	13593	1956	50252	3157	1639
213198	13593	13593	1956	50252	3157	1639
5442981	364801	361801	155574	701481	34978	57910
507443	83855	83855	0	85779	5544	2934
4935538	280946	277946	155574	615702	29434	54976
2490233	102180	100819	50271	271922	23983	9102
134134	1006	1006	5573	4991	208	811
887188	30423	30423	2581	138717	7464	1603
1468911	70751	69390	42117	128214	16311	6688
846164	41422	41369	5645	81833	6416	4774
252782	11426	11426	0	25661	2318	908
169945	12830	12777	0	24364	2996	1380
423437	17166	17166	5645	31808	1102	2486
61409	634	634	212	5284	343	73
61409	634	634	212	5284	343	73
149013	5289	5289	5379	8503	625	4
149013	5289	5289	5379	8503	625	4
25497	26	26	2465	11374	40	608
25497	26	26	2465	11374	40	608
95199	3601	3601	5199	11199	906	1144
32698	2011	2011	0	685	401	70
13119	948	948	3603	5863	409	5
49382	642	642	1596	4651	96	1069

项目	利息收入	利息支出	投资收益	营业利润
装卸搬运和运输代理业	0	2749	0	117014
仓储业	67	1619	0	27110
邮政业	0	3	0	5854
房地产业	82	195	0	91428
房地产业	82	195	0	91428
租赁和商务服务业	971	18767	1458	1755969
租赁业	0	37	0	240094
商务服务业	971	18730	1458	1515875
科学研究和技术服务业	78	6479	645	668556
研究和试验发展	9	682	0	46311
专业技术服务业	-1	1534	629	150109
科技推广和应用服务业	70	4263	16	472136
水利、环境和公共设施管理业	0	428	0	217118
水利管理业	0	0	0	65696
生态保护和环境治理业	0	0	0	82173
公共设施管理业	0	428	0	69249
居民服务、修理和其他服务业	0	3	0	14502
机动车、电子产品和日用产品修理业	0	3	0	14502
教育	0	169	0	33981
教育	0	169	0	33981
卫生和社会工作	3	600	0	4965
卫生	3	600	0	4965
文化、体育和娱乐业	0	592	0	27621
新闻和出版业	0	0	0	2061
广播、电视、电影和影视录音制作业	0	0	0	5080
娱乐业	0	592	0	20480

续表 5

单位：千元、人、个

营业外收入	政府补助	营业外支出	利润总额	应交所得税	本年应付职工薪酬	应交增值税	从业人员平均人数
0	0	12	117002	15442	30741	15855	554
0	0	0	27110	0	767	0	14
0	0	0	5854	718	11345	567	209
23	0	74	91377	6781	92212	3524	1450
23	0	74	91377	6781	92212	3524	1450
2590	1966	1243	1758461	153863	492049	127116	7538
0	0	0	240094	9628	50995	8189	865
2590	1966	1243	1518367	144235	441054	118927	6673
156	0	7	668705	100893	364518	88917	4795
0	0	0	46311	4638	9085	6552	149
156	0	7	150258	21570	157970	19856	1626
0	0	0	472136	74685	197463	62509	3020
0	0	0	217118	20864	39298	9501	528
0	0	0	65696	2208	9356	1899	78
0	0	0	82173	8477	13825	4858	212
0	0	0	69249	10179	16117	2744	238
0	0	0	14502	2670	10456	3020	181
0	0	0	14502	2670	10456	3020	181
0	0	0	33981	6229	16589	3697	197
0	0	0	33981	6229	16589	3697	197
29	0	1183	3811	32	11950	247	243
29	0	1183	3811	32	11950	247	243
6	0	46	27581	4399	19517	4223	435
0	0	0	2061	32	4024	18	85
6	0	46	5040	1141	6594	1223	172
0	0	0	20480	3226	8899	2982	178

14-14 分区镇规模以上服务业营业收入

单位：个、万元

地区	单位	2016	2015	2014	2013	2012
合计	**276**	**1549917**	**1296066**	**1124443**	**921997**	**680939**
海门开发区	42	153875	124994	109025	100431	45067
海门工业园区	27	221030	184973	163060	121601	102254
海门港新区	34	223874	183355	166756	157759	136044
临江新区	16	85013	70553	63005	53493	40602
海门高新区	65	386741	323802	295401	249244	176063
三厂工业园区	24	127925	107694	90894	59362	38034
常乐镇	20	136019	116200	99673	83468	74550
悦来镇	14	50908	41897	31657	26253	15664
四甲镇	11	45265	38696	30625	20569	12946
余东镇	12	65153	54594	37248	21980	16606
正余镇	11	54114	49308	37099	27838	23110

主要统计指标解释

商品购进总额　指从本企业以外的单位和个人购进（包括从国外直接进品）作为转卖或加工后转卖的商品金额（含增值税）。本指标反映批发和零售业从国内外市场上购进商品的总价。

商品购进包括：(1)从工农业生产者、批发和零售业企业、住宿和餐饮企业、出版社或报社的出版发行部门和其他服务业企业购进的商口；(2)从机关团体、事业单位购进的商口；(3)从海关、市场管理部门购进的缉私和没收的商品；(4)从居民收购的废旧商品等。

不包括：(1)企业为本单位自身经营用，不是作为转卖而购进的商品，如材料物资、包装物、低值易耗品、办公用品等；(2)未通过买卖行为而收入的商品，如接受其他部门移交的商品、借入的商品、收入代其他单位保管的商品、其他单位赠送的样品、加工回收的成品等；(3)经本单位介绍，由买卖双方直接结算，本单位只收取手续费的业务；(4)销售退回和买方拒付货款的商品；(5)商品溢余。

商品销售额　指对本单位以外的单位和个人出售的商品金额(包括售给本单位消费用的商品，含增值税)，本指标反映批发和零售业在国内市场上销售商品的总量。

商品销售包括：(1)售给城乡居民和社会集团消费用的商品；(2)售给农业、工业、建筑业、运输邮电业、服务业、公用事业等国民经济各行业用于生产、经营用的商品，包括售予批发和零售业作为转卖或加工后转卖的商品；(3)对国(境)外直接出口的商品。

商品销售不包括：(1)未通过买卖行为付出的商品，如随机构变动移交给其他企业单位的商品、借出的商品、归还受其他单位委托代保管的商品、付出的加工原料和赠给其他单位的样品等；(2)经本单位介绍，由买卖双方直接结算，本单位只收取手续费的业务；(3)购货退回的商品；(4)商品损耗和损失；(5)出售本单位自用的废旧物资。

期末商品库存额　对于批发和零售业法人企业和个体经营户，是指取得所有权的全部商品金额(含增值税)；对于批发和零售业产业活动单位，是指期末实际在库且归属法人具有所有权的全部商品金额(含增值税)。这个指标反映批发和零售业的商品库存情况，以及对市场商口供应的保证程度。

库存商品包括：(1)存放在本单位(如门市部、批发部、采购站、经营处)的仓库、货场、货柜和货架中的商口；(2)挑选、整理、包装中的商品；(3)已记入购进而尚未运到本单位的商品，即发货单或银行承况凭证已到而货未到的商品；(4)寄放他处的商品，如因购货方拒绝付款而暂时存在购货方的商品；(5)委托其他单位代销(未作销售或调出)尚未售出的商品；(6)代其他单位购进尚未交付的商品。库存商品不包括：(1)所有权不属于本单位的商品，如商品已作销售但买方尚未取走的商品，代替他人保管、运输、加工的商品，代其他单位销售(未做购进或调入)而未售出的商品；(2)委托外单位加工的商品(包括本单位所属加工厂和其他生产单位加工生产尚未收回成品的商品)；(3)外贸企业代理其他单位从国外进口，尚未付给订货单位的商品；(4)代国家储备部门保管的商品。

社会消费品零售总额　指批发和零售业、住宿和餐饮业以及其他行业直接售给城乡居民和社会集团的消费品零售额。

批发和零售业零售额　指售给城乡居民用于生活消费和社会集团用于公共消费的商品金额。

住宿和餐饮业零售额　是指专门从事提供食宿服务、进行食品烹饪调制的住宿和餐饮业企业、产业活动单位和个体户，直接向居民和社会集团出售主食、菜肴、烟酒饮料和其他商品取得的餐费收入和商品销售额，包括各行业企业或单位附设的对外营业的旅馆、火车餐车、轮船餐车、轮船餐厅、机场餐厅的零售额，不包括机关、团体、学校、企事业单位不对外营业的职工食堂所出售的餐费收入。

其它行业零售额　是指批发和零售业、住宿和餐饮业以外的其他行业的单位和个体户，从事生活消费用品零售活动或者提供住宿服务所取得的商品销售额和餐费收入。

批发和零售业营业面积　指批发和零售企业或产业活动单位按建筑面积计算的直接对顾客销售商品的固定场地的面积，不包括办公室、仓库、加工场地等面积。

批发和零售企业从业人员　指在批发和零售企业工作并取得劳动报酬的全部人员数。包括在岗职工、再就业的离退休人员、在该企业(单位)工作的外方人员、港澳台方人员、兼职人员、借用的外单位人员和第二职业者。不包括离开本单位但仍保留劳动关系的职工。

批发、零售、住宿、餐饮企业统计限额标准(外贸企业一律包括在批发企业中,其年销售额以外币计量的,应折合人民币)

行业类别	统计指标	单位	限额标准
批发业	年主营业务收入	万元	2000及以上
零售业	年主营业务收入	万元	500及以上
住宿业	年主营业务收入	万元	200及以上
餐饮业	年主营业务收入	万元	200及以上

经营网点 指批发和零售企业设立的从事经营业务的自然单位数。凡具有独立固定的营业场所,配备一定的业务人员,不论单位大小,不论是否单独核算,按自然点计算。

零售网点 指批发和零售企业单位从事商品零售业务的自然单位数。凡具有独立固定的营业场所,配备一定的业务人员,不论单位大小,不论是否单独核算,按自然点计算。包括固定的售货亭。不包括同一营业场所内柜组以及临时或经常性的流动推销小组、流动售货车等。

独立商店 指独立经营,未与其他商业单位建立连锁关系的商店。

连锁企业 指在核心企业或总店的领导下,由分散的、经营同类商品或服务的企业或产业活动单位,通过规范化经营,实现规模效益的经济联合组织形式。一般连锁店应由若干个分店组成。其经营特征:(1)经营同类商品;(2)使用统一商号;(3)统一采购配送,采购与销售相分离(部分商品可根据物流合理和保质保鲜原则由供应商直接送货到门店,其余均由总部统一配送)。

直营连锁 也叫正规连锁。连锁门店均由总部独资或控股开设,在总部的直接领导下统一经营。

加盟连锁 也叫特许连锁。各连锁门店(被特许人)通过合同形式,取得使用总部(特许人)商标、商号、经营技术和销售总部开发的商品的特许权。各连锁门店大多为独立法人(不排除一些产业活动单位和个体经营户),但无自主经营权,统一接受总部指导。

连锁总店 负责连锁企业资源(商号、商誉、经营模式、服务标准、管理模式等等)的开发、配置、控制或使用等功能的企业核心管理机构。

连锁分店 指连锁总店所属各分散经营的企业或活动单位。

便利店 位于商业中心区、交通要道理以及车站、医院、学校、娱乐场所、办公楼、加油站等公共活动区;商圈范围小,顾客步行5分钟内到达,目标顾客主要为单身者、年轻人、顾客多为有目的的购买;营业面积一般在100平方米左右,利用率高;以即时食品、日用小百货为主,有即时消费性、小容量、应急性等特点,商品品种在3000种左右,售价一般高于市场平均水平;商品销售方式以开架自选为主,结算在收银处统一进行;营业时间一般在16小时以上,提供即时性食品的辅助设施,开设多项服务项目;信息管理系统程度较高。

折扣店 位于居民区、交通要道等租金相对便宜的地区;辐射半径2公里左右,目标顾客主要为商圈内的居民;自有品牌占有较大的比例,商品平均价格低于市场平均水平;以开架自选方式进行商品销售,并统一结算;用工精简,为顾客提供有限的服务;信息管理系统程度一般。

超市 位于市、区商业中心、居住区;辐射半径2公里左右,目标顾客以居民为主;营业面积在6000平方米以下;经营包装食品、生鲜食品和日用品。食品超市与综合超市商品结构有所不同;采用自选销售,出入口分设,在收银台统一结算;营业时间12小时以上;信息管理系统程度较高。

大型超市 位于市、区商业中心、城郊结合部、交通要道及大型居住区;辐射半径2公里以上,目标顾客以居民、流动顾客为主;实际营业面积在6000平方米以上;以大众化衣、食、日用品为主,品种齐全,注重自有品牌开发;采用自选销售方式,出入口分设,在收银台统一结算;设不低于营业面积40%的停车场;信息管理系统程度较高。

仓储会员店 位于城乡结合部的交通要道;辐射半径5公里以上,目标顾客以中小零售店、餐饮店、集团购买和流动顾客为主;营业面积一般在6000平方米以上;以大众化衣、食、日用品为主,自有品牌占相当部分,商品在4000种左右,实行低价、批量销售;采用自选销售,出入口分设,在收银台统一结算;设相当于营业面积的停车场;信息管理系统程度较高并对顾客实行会员制管理。

百货店 位于市、区级商业中心、历史形成的商业集聚地;目标顾客以追求时尚和品味的流动顾客为主;营业面积一般在6000平方米以上;综合性商品结构,门类齐全,以服饰、鞋类、箱包、化妆品、家庭用品、家用电器为主;采取柜台销售和开架面售相结合方式进行商品销售;注重服务,设餐饮、娱乐等服务项目和设施;信息管理系统程度较高。

专业店 位于市、区级商业中心以及百货店、购物中心内；目标顾客以有目的选购某类商品的流动顾客为主；营业面积根据商品特点而定；以销售某类商品为主，体现专业性、深度性、品种丰富，选择余地大；采取柜台销售或开架面售方式进行商品销售；从业人员具有丰富的专业知识；信息管理系统程度较高。

专卖店 一般位于市\区级商业中心；专业街以及百货店、购物中心内；目标顾客以中高档消费者和追求时尚的年轻人为主；以销售某一品牌系列商品为主，具有销售量少、质优、高毛利等特点；采取柜台销售或开架面售方式进行商品销售，商店陈列、照明、包装、广告讲究；注重品牌声誉，从业人员具备丰富的专业知识，提供专业性服务；信息管理系统程度一般。

家居建材商店 位于城乡结合部、交通要道或消费者自有房产比较高的地区；目标顾客以拥有自有房产的顾客为主；营业面积一般在6000平方米以上；经营商品以改善、建设家庭居住环境有关的装饰、装修等用品、日用杂品、技术及服务为主；采取开架自选方式销售商品；提供一站式购足和一条龙服务，停车位一般在300个以上；信息管理系统程度较高。

厂家直销中心 一般远离市区：目标顾客多为重视品牌的有目的的购买：单个建筑面积在100–200平方米左右；品牌商品生产商直接设立，商品均为本企业的品牌；采用自选式售货方式进行商品销售；各个租赁店使用各自的信息管理系统。

门店总数 指该连锁企业所拥有的全部门店（包括直营店和加盟店，下同）数量。其中，总店（如总公司有门店的话）作为一个直营店处理。此外，有的地区分出控股店，控股店按直营店统计。

直营店 由连锁企业总部投资开设，按连锁经营管理模式，由总部统一管理的店铺。

加盟店 特许连锁中，被特许人获得特许人授权后，使用其商标、商号、经营模式、专利和专有技术等经营资源建立的店铺。也包括自愿连锁的成员店。系统内企业，如新华书店、烟草公司、石油公司等，应注意是否具备连锁经营特征，如果不具备连锁经营特征，则不能纳入连锁统计范畴。

正餐 指提供各种中西式炒菜和主食，并由服务员送餐上桌的餐饮服务。包括各种中式正餐和西式正餐。

快餐 指服务员不送餐上桌，由顾客自己领取食物的一种自我服务的餐饮活动。包括各种中式快餐和西式快餐。

茶馆 以现场提供现场消费茶饮料为主，兼卖各式点心和小食品。包括各种茶艺馆、茶楼、茶铺等。

咖啡馆 指现场制作现场消费咖啡饮料为主，兼卖各式点心和小食品。包括各种咖啡馆、咖啡厅、咖啡屋等。

酒吧 以出售各种酒及酒精饮料为主，兼卖各式点心和小食品。

餐饮业营业面积 指餐饮企业(单位)按建筑面积计算的直接供顾客用餐的餐厅营业面积及从事食品加工、烹饪、调制的厨房面积，不包括办公用房、仓库等面积。

餐饮业营业总收入 指餐饮业和从事餐饮活动的单位的全部营业收入，包括商品零售额、服务费、卡拉OK收入等。

餐饮业商品零售额 指餐饮企业直接对居民和社会集团零售的各种商品。包括：经烹饪、调制加工后出售的各种食品、不经加工直接转卖的各种外购商品，附设非独立核算的专门销售商品的小卖部出售的各种食品及其他商品。

餐饮业网点数 指住宿和餐饮企业设立的从事餐饮业务的自然单位数(包括本企业自身)。凡具有固定的营业场所，配备一定的业务人员，不论单位大小，不论是否单独核算，均按自然点计算，即有一个营业点就算一个网点。不包括派出的流动饮料、流动饮食货车等，不论临时性还是经常性的均不作为网点统计(固定的饮食售货亭应作为网点统计)。

餐饮业从业人员数 指在该餐饮企业(单位)工作并取得劳动报酬的全部人员数。包括在岗职工、再就业的离退休人员、在该企业(单位)工作的外方人员、港、澳、台方人员、兼职人员、借用的外单位人员和第二职业者。不包括离开本单位但仍保留劳动关系的职工。

配送中心 是连锁企业的物流机构，承担着各门店所需商品的进货、库存、分货、加工、集配、运输、送货等任务。配送中心主要为本连锁企业服务，也可面向社会。

统一配送比重 指统一配送的商品金额(按购进价计算)与全部商品购进总额之比。

配送中心面积 指配送中心的仓库面积和操作场的建筑面积，不包括办公区面积。

运输车辆 指该配送中心拥有的机动车数量，不包括平板车、人力三轮车等非机动车辆。

门店数 指该连锁店所拥有的全部连锁门店数量，包括总店(如果总公司有门店的话)和全部直营分店、加盟分店数。其中，总店作为一个直营店处理。

亿元以上商品交易市场 指年成交额在亿元及以上的商品交易市场。商品交易市场是指经有关部门和组织批准设立，有固定场所、设施，有经营管理部门和监管人员，若干市场经营者入内，常年或实际开业三个月以上，集中、公开、独立地进行生活消费品、生产资料等现货商品交易以及提供相关服务的交易场所，包括各类消费品市场、生产资料市场等。

市场成交总额 指商品交易市场所有摊位商品交易总额之和。

市场管理费总额 指市场管理部门收取的各种管理费金额合计数。包括向工商管理部门缴纳的工商管理费、向摊主收取的水、电、卫生、治安等费用。

市场营业面积　指市场营业用场地、仓库等营业性建筑面积。不包括为市场经营服务的办公室和附设的旅馆、招待所、餐馆、停车场的面积。

摊位出租率　为实际出租摊位数占全部摊位数的比率。

摊位租金总额　指市场出租场地或摊位而得到的租金收入。

税金总额　指摊主向当地税务部门缴纳的税金。

市场累计固定资产投资额　指市场建立之日至今，累计专门用于市场建设的固定资产投资总额，不含用于市场附属设施(如附设的旅馆、招待所、餐馆、停车场等)的投资额。

第十五篇

教育 科技

Chapter 15

Education, Science and Technology

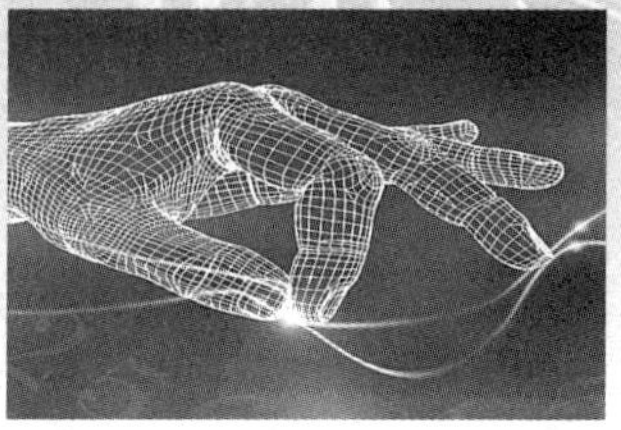

责任编辑:陈 辉 卢 静

15-1 历年教育主要指标

单位:人

年份	在校学生数			毕业生数			学龄儿童入学率%
	中学	初中	小学	中学	初中	小学	
1982	49164	–	90515	12708	–	22583	–
1983	50697	–	83907	12641	–	22297	–
1984	46113	–	86358	14568	–	11751	99.50
1985	38890	31824	87884	14197	12126	9135	98.82
1986	37329	29990	85506	12797	10702	13657	98.83
1987	38023	30754	82396	9776	7252	13116	98.96
1988	38999	32814	81156	9394	6937	12966	99.11
1989	37916	32300	78909	11616	9332	13471	99.62
1990	38602	33002	76207	10715	8806	12764	99.52
1991	39411	33480	73058	10984	9487	13110	99.40
1992	40188	34102	69796	11741	9969	12769	99.40
1993	39410	33303	69102	12524	10565	11750	99.61
1994	34244	28051	69704	12672	10693	12167	99.91
1995	40181	33303	70868	12423	10543	12260	99.83
1996	41286	33522	74440	11748	9797	11203	99.93
1997	41089	32709	79116	12947	10768	10951	99.92
1998	40316	31174	80719	13576	11012	10560	99.41
1999	41470	31770	80560	12865	10162	11780	99.90
2000	44940	34380	81522	12716	9791	13221	99.89
2001	49667	37839	80317	13087	9709	13707	99.93
2002	54636	40919	76560	14146	10944	14769	99.96
2003	58138	42878	71399	17749	13267	12573	100
2004	58310	41737	67310	17449	13086	12457	100
2005	56221	38724	63476	18884	13867	11581	100
2006	56053	38096	57331	19876	14488	14111	100
2007	55661	38189	52008	17952	12171	12742	100
2008	54532	37314	47925	19294	13539	9856	100
2009	51186	33448	45207	19283	13515	9836	100
2010	47648	29510	44277	16498	10927	7800	100
2011	43706	26162	44312	16632	11082	7799	100
2012	39987	23937	44411	14488	8529	7138	100
2013	36856	22396	45263	12987	7627	7022	100
2014	34494	21693	46272	12981	7623	7020	100
2015	33268	21507	47231	12095	7434	7308	100
2016	33001	22303	47415	11379	7043	7867	100

15-2　教育事业基本情况(2016年)

单位：个、人

指标	学校数	教职工数		在校学生数	毕业生数	招生人数
			专任教师数			
总计	**134**	**9059**	**8332**	**108025**	**21262**	**28188**
普通中学	34	4025	3644	33001	11379	11331
# 高中	7	1578	1405	10698	4336	3338
初中	27	2447	2239	22303	7043	7993
职业中学	1	689	625	6304	2009	2120
小学	40	2840	2683	47415	7867	7908
特殊教育	1	39	34	131	7	34
# 聋哑学校				25	0	
幼儿园	57	1447	1339	21174		6795
各类中专	1	19	7			

15-3　普通高中班级、学生、教职工数(2016年)

单位：个、人

学校名称	班级数				在校学生数					教职工数	
	合计	一	二	三	合计	其中：女	一	二	三	合计	专任教师
合计	**273**	**82**	**94**	**97**	**10698**	**5670**	**3338**	**3627**	**3733**	**1578**	**1405**
海门中学	50	16	17	17	2270	1190	725	776	769	311	257
实验学校	42	14	14	14	1859	1055	618	607	634	240	218
证大中学	31	12	10	9	1260	718	479	396	385	177	167
包场中学	42	14	14	14	1723	814	561	586	576	230	197
四甲中学	36	12	12	12	1213	628	460	378	375	205	181
第一中学	70	12	27	31	2336	1249	458	884	994	404	375
中南东洲国际高中	2	2	0	0	37	16	37	0	0	11	10

15-4　中等职业学校基本情况(2016年)

单位：个、人

指　标	毕业生数	招生数	班级数	在校学生数					毕业班学生数	教职工数	
				合计	其中：女	一	二	三			专任教师
合计	**2009**	**2120**	**167**	**6304**	**2804**	**2120**	**2243**	**1941**	**1941**	**708**	**632**
海门中专	2009	2120	167	6304	2804	2120	2243	1941	1941	689	625
卫生学校										19	7

15-5 各区镇初中班级、

单位	班级数				学生数
	合计	一	二	三	合计
全市合计	**515**	**177**	**172**	**166**	**22303**
乡镇合计	**236**	**77**	**79**	**80**	**8681**
三星初中	17	6	6	5	695
天补初中	10	3	3	4	390
三和初中	10	3	4	3	293
德胜初中	6	2	2	2	239
城北初中	6	2	2	2	160
常乐初中	6	2	2	2	241
三厂初中	15	5	5	5	499
汤家初中	12	4	4	4	331
长春初中	8	2	3	3	248
海永初中	3	1	1	1	77
悦来初中	18	6	6	6	592
万年初中	9	3	3	3	357
四甲初中	24	8	8	8	859
货隆初中	4		2	2	76
树勋初中	23	7	7	9	916
王浩初中	9	3	3	3	327
正余初中	12	4	4	4	537
包场初中	18	6	6	6	816
六甲初中	16	5	5	6	688
海门港新区实验学校	10	5	3	2	340
直属合计	**279**	**100**	**93**	**86**	**13622**
能仁中学	42	16	14	12	2216
实验初中	33	12	11	10	1673
东洲中学	54	18	18	18	2678
海南中学	55	17	19	19	2578
开发区中学	34	13	11	10	1627
东洲国际学校	30	12	10	8	1539
中南国际学校	28	11	9	8	1270
业余体校	3	1	1	1	41

学生、教职工数(2016年)

学生数				教职工数	
其中:女	一	二	三	合计	专任教师
10971	**7993**	**7327**	**6983**	**2447**	**2239**
4179	**2981**	**2835**	**2865**	**1282**	**1155**
306	292	235	168	86	83
154	152	129	109	77	60
127	99	115	79	69	64
114	81	87	71	50	43
69	65	48	47	40	32
107	71	71	99	50	41
215	153	177	169	88	72
137	132	105	94	64	60
127	57	88	103	50	46
43	31	23	23	16	14
323	198	188	206	94	83
181	117	126	114	48	45
438	332	286	241	98	96
30		26	50	31	30
461	291	287	338	108	98
165	108	102	117	32	31
287	188	167	182	57	52
403	237	281	298	101	88
325	194	210	284	76	70
167	183	84	73	47	47
6792	**5012**	**4492**	**4118**	**1165**	**1084**
1072	849	708	659	186	157
822	626	561	486	137	136
1394	965	839	874	214	200
1246	776	922	880	211	192
806	617	536	474	148	137
804	662	509	368	118	113
626	505	404	361	125	125
22	12	13	16	26	24

15-6 各区镇小学班级、

单位	班级数						
	合计	一	二	三	四	五	六
全市合计	**1012**	**172**	**166**	**166**	**174**	**168**	**166**
乡镇合计	**640**	**103**	**106**	**104**	**109**	**109**	**109**
三星小学	72	13	14	13	13	10	9
天补小学	44	9	10	7	7	6	5
三和小学	21	3	3	3	4	4	4
德胜小学	21	5	4	3	3	3	3
瑞祥小学	13	2	2	2	2	2	3
能仁小学	31	5	5	5	5	5	6
城北小学	12	2	2	2	2	2	2
常乐小学	16	2	2	3	3	3	3
平山小学	14	2	2	2	2	3	3
三厂小学	26	4	4	4	4	5	5
东城小学	17	3	2	3	3	3	3
汤家小学	14	2	2	2	2	3	3
其林小学	19	3	3	3	3	3	4
海永小学	6	1	1	1	1	1	1
悦来小学	16	2	3	2	3	3	3
六匡小学	12	2	2	2	2	2	2
万年小学	15	2	2	2	3	3	3
三阳小学	16	2	3	2	3	3	3
临江小学	18	3	3	3	3	3	3
四甲小学	22	3	3	4	4	4	4
国强小学	14	2	2	2	2	3	3

学生、教职工数(2016 年)

单位:个、人

学生数								教职工数	
学生数	其中:女	一	二	三	四	五	六	合计	专任教师
47415	**22874**	**7908**	**7957**	**7753**	**7962**	**7940**	**7895**	**2840**	**2683**
29259	**14014**	**4617**	**4980**	**4662**	**4983**	**4941**	**5076**	**1774**	**1683**
4141	1836	625	819	769	751	630	547	163	156
2175	983	479	459	339	345	309	244	95	92
930	453	140	168	156	151	154	161	61	58
961	464	278	174	134	114	131	130	57	55
375	166	49	41	51	64	70	100	53	49
1460	679	218	265	207	259	245	266	88	85
538	252	83	96	84	102	90	83	34	32
472	244	49	83	73	87	88	92	46	45
422	202	53	65	80	65	88	71	44	42
1237	609	162	205	197	186	232	255	84	77
644	305	110	91	106	115	94	128	55	49
613	317	108	82	93	100	118	112	47	46
756	379	105	124	110	131	132	154	49	47
225	114	46	44	41	37	25	32	16	16
813	406	126	132	107	144	144	160	58	48
412	207	64	75	56	66	64	87	36	31
735	372	112	113	97	134	128	151	42	40
702	332	87	130	100	118	119	148	48	41
710	360	114	98	122	122	118	136	52	49
919	453	123	123	159	164	162	188	56	54
574	297	84	78	92	97	98	125	37	35

单位	班级数						
	合计	一	二	三	四	五	六
货隆小学	24	4	4	4	4	4	4
树勋小学	22	3	3	4	4	4	4
王浩小学	17	2	3	3	3	3	3
余东小学	22	3	3	4	4	4	4
正余小学	24	4	4	4	4	4	4
包场小学	30	4	5	5	6	5	5
刘浩小学	24	4	4	4	4	4	4
海洪小学	13	2	2	2	2	3	2
海门港新区实验学校	25	5	4	4	4	4	4
直属合计	**372**	**69**	**60**	**62**	**65**	**59**	**57**
实验小学	56	8	8	10	10	10	10
海师附小	37	6	6	6	7	6	6
育才小学	29	5	5	5	5	5	4
东洲小学	46	8	7	8	8	8	7
开发区小学	37	7	6	6	6	6	6
通源小学	32	6	5	5	6	5	5
海南小学	40	6	8	7	7	6	6
实验附小	44	8	8	8	8	6	6
第一实验小学	6	6	0	0	0	0	0
中南国际小学	25	5	4	4	4	4	4
江心沙学校	6	1	1	1	1	1	1
证大小学	11	3	2	2	2	1	1
业余体校	3	0	0	0	1	1	1

续表

单位：个、人

学生数								教职工数	
学生数	其中：女	一	二	三	四	五	六	合计	专任教师
1150	557	186	194	169	213	200	188	64	63
983	442	117	153	157	177	171	208	70	68
737	396	109	121	124	118	135	130	45	43
829	385	133	142	130	133	148	143	58	55
1185	579	180	184	189	190	226	216	61	59
1722	816	228	287	295	288	315	309	85	84
1157	563	177	165	176	217	205	217	67	63
529	284	61	81	70	100	112	105	43	41
1153	562	211	188	179	195	190	190	60	60
18156	**8860**	**3291**	**2977**	**3091**	**2979**	**2999**	**2819**	**1066**	**1000**
2722	1340	486	411	452	455	460	458	147	138
1734	862	277	276	288	303	294	296	96	91
1420	728	215	222	240	239	269	235	91	86
2461	1181	436	363	425	404	443	390	152	143
1816	853	303	296	312	276	316	313	100	97
1559	765	265	258	272	255	258	251	99	93
2207	1095	314	404	374	383	387	345	112	108
2472	1215	444	444	468	434	349	333	118	117
245	109	245						17	16
740	376	143	151	120	112	117	97	65	64
232	106	40	42	37	41	36	36	36	14
511	221	123	110	103	71	55	49	21	21
37	9				6	15	16	12	12

15-7 各区镇中心幼儿园班级、学生、教职工数(2016年)

单位:个、人

单位	班级数	入园人数	在园人数	离园人数	教职工数	
						专任教师
全市合计	**574**	**6795**	**21174**	**7344**	**1447**	**1339**
乡镇合计	**379**	**4037**	**13740**	**5211**	**903**	**858**
三星	21	245	755	320	50	49
三星叠石桥幼儿园	12	98	439	201	24	24
阳光幼儿园	8	157	292	120	18	16
七彩童年幼儿园	12	98	438	115	26	24
小博士幼儿园	11	139	399	120	25	22
三星汇南幼儿园	5	64	184	89	10	10
天补	21	138	777	338	45	44
天补补南幼儿园	3	31	118	45	7	7
德胜	9	104	363	124	21	20
瑞祥	6	64	208	74	15	15
裕春幼儿园	6	60	210	83	18	15
海门镇	7	70	261	85	24	22
五港幼儿园	7	81	277	89	16	16
城北	5	40	173	86	13	12
江心沙	9	71	268	117	21	20
常乐	9	86	267	97	23	22
平山	7	64	228	73	16	15
三厂	12	154	410	196	33	31
通棉三厂幼儿园	12	163	449	182	28	27
汤家	9	105	316	119	21	20
其林	9	106	338	126	21	20
海永	3	32	108	38	9	8
悦来	9	104	363	160	21	20
六匡	7	75	237	85	19	17
万年	10	86	316	127	22	20
三阳	9	93	310	101	35	34
临江	11	143	405	153	27	24
四甲	10	125	368	149	24	22

15-7 续表

单位:个、人

单位	班级数	入园人数	在园人数	离园人数	教职工数	专任教师
国强	9	82	275	102	21	20
货隆	14	154	552	196	30	28
树勋	14	141	517	153	31	30
王浩	9	101	373	133	22	21
余东福兴	12	135	426	149	28	26
正余	12	140	468	194	26	26
包场	9	90	297	140	19	19
包场镇北幼儿园	6	64	217	109	13	13
刘浩	12	107	462	165	27	27
刘浩纯贤幼儿园	3	25	100	35	6	6
海洪	6	52	202	72	15	15
东灶	5	34	217	115	11	11
海门港新区幼儿园	9	116	357	36	22	20
直属合计	**195**	**2758**	**7434**	**2133**	**544**	**481**
东洲幼儿园	16	222	636	208	56	45
实验幼儿园	12	120	450	179	42	33
海南幼儿园	18	247	692	238	51	41
机关幼儿园	24	374	989	225	66	61
少年宫幼儿园	15	217	624	306	46	45
锦绣幼儿园	13	150	540	187	42	35
通源幼儿园	16	205	610	186	43	42
开发区幼儿园	15	216	624	214	37	34
证大幼儿园	5	57	160	0	13	10
海西幼儿园	3	83	83	0	9	7
浦瑞幼儿园	3	70	70	0	9	8
月亮湾幼儿园	3	63	63	0	8	7
民生幼儿园	9	110	349	0	23	22
龙信幼儿园	10	105	325	0	26	22
蓓蕾幼儿园	24	399	939	325	52	49
三之三幼儿园	9	120	280	65	21	20

15-8 平均每万人中在校学生数、教师负担学生数及升学率

单位：个、人

指标	2016	2015	2014
(一)平均每万人中在校学生数			
1、人口数	100.04	100.16	100.06
2、学校数			
普通中学	34	37	38
# 高中	7	8	8
初中	27	29	30
职中	1	1	1
小学	40	40	40
3、在校学生数			
高中	17002	18322	19616
# 普通中学	10698	11761	12801
# 职中	6304	6561	6815
初中	22303	21507	21693
小学	47415	47231	46272
4、平均每万人中在校学生数(人口用上年数)			
高中	169.95	182.93	196.04
初中	222.94	214.73	216.8
小学	473.96	471.56	462.44
(二)各级学校教师负担学生数			
1、普通中学在校学生数	33001	33268	34494
班级数	788	798	832
教职工数	4025	3998	4143
# 专任教师	3644	3574	3677
平均每班教职工数	5.11	5.01	4.98
平均每一教职工负担学生数	8.20	8.32	8.33
# 专任教师	9.06	9.31	9.38
在普通中学中：			
①高中			
在校学生数	10698	11761	12801
班级数	273	292	307
平均每班学生数	39.19	40.28	41.7
专任教师数	1405	1407	1427

15-8 续表

指标	2016	2015	2014
平均每班教师数	5.15	4.82	4.65
平均每一教师负担学生数	7.61	8.36	8.97
②初中			
在校学生数	22303	21507	21693
班级数	515	506	525
平均每班学生数	43.3	42.5	41.32
专任教师数	2239	2167	2250
平均每班教师数	4.35	4.28	4.29
平均每一教师负担学生数	9.96	9.92	9.64
2、小学			
在校学生数	47415	47231	46272
班级数	1012	1014	1017
平均每班学生数	46.85	46.58	45.5
教职工数	2840	2896	2893
# 专任教师数	2683	2740	2727
平均每班教职工数	2.81	2.86	2.84
# 专任教师数	2.65	2.70	2.68
平均每一教师负担学生数	16.7	16.31	15.99
# 每一专任教师负担学生数	17.67	17.24	16.97
(三)升学率			
1、初中			
初中毕业生数	7043	7434	7623
高一级学生招生数	6994	7382	7559
升学率(%)	99.3	99.3	99.2
2、小学			
小学毕业生数	7867	7308	7020
初中招生数	7993	7376	7060
升学率(%)	101.6	100.9	100.6
(四)学龄儿童			
6-11周岁学龄儿童总数	45754	45480	44709
# 已入学学龄儿童数	45754	45480	44709
入学率(%)	100.0	100.0	100.0

15-9 事业单位技术人员

单位:人

指标	2016	2015	2014	2013	2012	2011
合计	**11439**	**11402**	**11350**	**11407**	**11347**	**11293**
按级别分						
高级	1661	1566	1428	1340	1195	1140
# 女性	706	652	518	535	463	427
中级	5295	5406	5424	5487	5144	4992
# 女性	3198	3221	2903	3127	2899	2816
初级	4483	4430	4498	4580	5008	5099
# 女性	3073	2960	2723	2766	3122	3260
按专业类别分						
工程技术人员	404	401	377	355	284	342
农业技术人员	353	413	435	492	501	143
科技研究人员	10	9	19	27	26	2
卫生技术人员	2690	2570	2533	2461	2452	243
教育人员	7259	7268	7251	7304	7383	7410
经济人员	316	337	344	332	236	227
会计人员	192	178	173	178	211	229
统计人员	14	15	17	16	12	22
图书档案文博人员	36	36	40	40	43	69
新闻出版人员	69	73	72	73	75	53
播音人员	7	9	8	7	7	7
体育人员	8	8	9	31	8	14
艺术人员	62	67	57	60	61	29
政工人员	19	18	15	30	48	32

15-10 科技成果获奖数

指标	单位	2016	2015	2014
科技成果获奖合计	个	**40**	**22**	**31**
# 特等	个			
一等	个	6	6	6
二等	个	14	10	10
三等	个	20	6	15

15-11 专利申请、授权情况

指标	单位	2016	2015	2014
专利申请、授权				
申请	件	5873	3999	1714
# 发明	件	1102	692	555
授权	件	2534	2401	627
# 发明	件	205	147	66

15-12 规模以上工业法人单位 R&D

	一、企业基本情况		
	单位数(个)	有 R&D 活动单位数(个)	有研发机构单位数(个)
	本年	本年	本年
总计	**650**	**276**	**205**
一、按企业规模分组			
大型	10	10	7
中型	62	55	43
小型	564	211	155
微型	14	0	0
二、按隶属关系分组			
中央	1	1	0
省(自治区、直辖市)			
地(区、市、州、盟)	2	0	0
县(区、市、旗)	2	1	1
街道			
镇	4	1	1
乡			
社区(居委会)			
村委会			
其他	641	273	203
三、按登记注册类型分组			
内资企业	420	168	127
国有企业	1	0	0
集体企业	5	0	0
股份合作企业	5	3	3
联营企业	1	0	0
国有联营企业			
集体联营企业	1	0	0
国有与集体联营企业			
其他联营企业			
有限责任公司	61	19	17
国有独资公司			
其他有限责任公司	59	17	15

活动及相关情况(2016 年)

二、R&D 人员情况		三、R&D 经费支出情况		四、企业办研发机构情况		
1.R&D 人员合计(人)	2.R&D 人员折合全时当量合计(人年)	1.R&D 经费内部支出合计(万元)	2.R&D 经费外部支出合计(万元)	1.机构数(个)	3.机构人员合计(人)	4.机构经费支出(万元)
本年	本年	本年	本年	本年	本年	本年
6701	**5574.9**	**237777.3**	**2130.8**	**220**	**6393**	**137055.4**
853	804.9	57937.1	48	8	825	15242.8
2283	1724.2	70677.5	513.5	47	1918	52079.7
3565	3045.7	109162.7	1569.3	165	3650	69732.9
0		0	0	0	0	0
200	47.9	1163.2	0	0	0	0
		0		0	0	0
25	25.5	729.5	0	1	47	400
12	12	352.3	0	1	12	352.3
6464	5489.4	235532.3	2130.8	218	6334	136303.1
4037	3344.7	126529.3	1402	137	3799	82466.9
		0		0	0	0
		0		0	0	0
42	41.9	693.1	0	3	58	440.8
		0		0	0	0
		0		0	0	0
707	421.3	15564.6	215.4	22	604	7959.1
654	414.7	14526.4	215.4	20	541	7270.6

	四、企业办研发机构情况		五、研发产出及相关情况	
	5.机构仪器和设备原价(万元)	其中:进口(万元)	1.专利申请数(件)	其中:发明专利(件)
	本年	本年	本年	本年
总计	**43618.7**	**6017.8**	**1847**	**428**
一、按企业规模分组				
大型	5562.9	1830	75	33
中型	11979.2	2494.6	442	170
小型	26076.6	1693.2	1330	225
微型	0	0	0	0
二、按隶属关系分组				
中央	0	0	5	5
省(自治区、直辖市)				
地(区、市、州、盟)	0	0	0	0
县(区、市、旗)	80	0	0	0
街道				
镇	606.3	0	0	0
乡				
社区(居委会)				
村委会				
其他	42932.4	6017.8	1842	423
三、按登记注册类型分组				
内资企业	24715.6	3895.6	1223	261
国有企业	0	0	0	0
集体企业	0	0	0	0
股份合作企业	144.2	0	0	0
联营企业	0	0	0	0
国有联营企业				
集体联营企业	0	0	0	0
国有与集体联营企业				
其他联营企业				
有限责任公司	6085.5	1190	97	44
国有独资公司				
其他有限责任公司	5283.5	1190	89	41

续表 1

五、研发产出及相关情况					
2.有效发明专利数（件）	3.专利所有权转让及许可数（件）	4.专利所有权转让及许可收入（万元）	2.拥有注册商标（件）	其中：境外注册（件）	3.形成国家或行业标准（项）
本年	本年	本年	本年	本年	本年
491	**19**	**37.5**	**82**	**0**	**31**
24	0	0	31	0	0
228	1	35	16	0	21
239	18	2.5	35	0	10
0	0	0	0	0	0
9	0	0	0	0	0
0	0	0	0	0	0
0	0	0	0	0	0
1	0	0	0	0	0
481	19	37.5	82	0	31
305	19	37.5	23	0	24
0	0	0	0	0	0
0	0	0	0	0	0
0	0	0	0	0	0
0	0	0	0	0	0
0	0	0	0	0	0
64	0	0	4	0	7
48	0	0	4	0	7

	一、企业基本情况		
	单位数(个)	有 R&D 活动单位数(个)	有研发机构单位数(个)
	本年	本年	本年
股份有限公司	11	7	8
私营企业	336	139	99
私营独资企业	9	2	0
私营合伙企业	4	1	0
私营有限责任公司	315	129	92
私营股份有限公司	8	7	7
其他企业			
港、澳、台商投资企业	116	50	41
与港澳台商合资经营企业	29	15	9
与港澳台商合作经营企业	1	0	0
港澳台商独资经营企业	86	35	32
港澳台商投资股份有限公司			
其他港澳台投资企业			
外商投资企业	114	58	37
中外合资经营企业	40	24	15
中外合作经营企业			
外资企业	74	34	22
外商投资股份有限公司			
其他外商投资企业			
四、按国民经济行业大类分组			
采矿业			
煤炭开采和洗选业			
石油和天然气开采业			
黑色金属矿采选业			
有色金属矿采选业			
非金属矿采选业			
开采辅助活动			
其他采矿业			
制造业	645	274	204
农副食品加工业	9	5	5

续表 2

二、R&D 人员情况		三、R&D 经费支出情况		四、企业办研发机构情况		
1.R&D 人员合计（人）	2.R&D 人员折合全时当量合计（人年）	1.R&D 经费内部支出合计（万元）	2.R&D 经费外部支出合计（万元）	1.机构数（个）	3.机构人员合计（人）	4.机构经费支出（万元）
本年	本年	本年	本年	本年	本年	本年
489	421.7	6466.9	119.2	9	389	3693
2799	2459.8	103804.7	1067.4	103	2748	70374
25	24	721.8	0	0	0	0
9	8.8	168	0	0	0	0
2587	2278.5	97406.9	947.4	96	2608	68236
178	148.4	5508	120	7	140	2138
1238	1013.4	68868.5	421.8	42	1402	25126.4
358	211.5	12271.5	151.8	10	352	10861.6
		0		0	0	0
880	801.9	56597	270	32	1050	14264.8
1426	1216.8	42379.5	307	41	1192	29462.1
755	588.9	19282.5	50	18	585	11863.2
671	627.8	23097	257	23	607	17598.9
6686	5561.3	237089.8	2130.8	219	6386	136955.4
163	157.5	3634.7	0	5	250	1965

	四、企业办研发机构情况		五、研发产出及相关情况	
	5.机构仪器和设备原价(万元)	其中:进口(万元)	1.专利申请数(件)	其中:发明专利(件)
	本年	本年	本年	本年
股份有限公司	1745.9	1204.9	16	4
私营企业	16740	1500.7	1110	213
私营独资企业	0	0	0	0
私营合伙企业	0	0	0	0
私营有限责任公司	15652.6	1500.7	1097	210
私营股份有限公司	1087.4	0	13	3
其他企业				
港、澳、台商投资企业	8530.8	2044	318	70
与港澳台商合资经营企业	3306.6	1855	243	35
与港澳台商合作经营企业	0	0	0	0
港澳台商独资经营企业	5224.2	189	75	35
港澳台商投资股份有限公司				
其他港澳台投资企业				
外商投资企业	10372.3	78.2	306	97
中外合资经营企业	6755.1	0	48	26
中外合作经营企业				
外资企业	3617.2	78.2	258	71
外商投资股份有限公司				
其他外商投资企业				
四、按国民经济行业大类分组				
采矿业				
煤炭开采和洗选业				
石油和天然气开采业				
黑色金属矿采选业				
有色金属矿采选业				
非金属矿采选业				
开采辅助活动				
其他采矿业				
制造业	43592.7	6017.8	1847	428
农副食品加工业	758.5	0	41	12

续表 3

五、研发产出及相关情况					
2.有效发明专利数(件)	3.专利所有权转让及许可数(件)	4.专利所有权转让及许可收入(万元)	2.拥有注册商标(件)	其中:境外注册(件)	3.形成国家或行业标准(项)
本年	本年	本年	本年	本年	本年
59	1	0	4	0	10
182	18	37.5	15	0	7
0	0	0	0	0	0
0	0	0	0	0	0
177	18	37.5	15	0	7
5	0	0	0	0	0
67	0	0	47	0	1
17	0	0	44	0	0
0	0	0	0	0	0
50	0	0	3	0	1
119	0	0	12	0	6
43	0	0	4	0	5
76	0	0	8	0	1
491	19	37.5	82	0	31
6	0	0	0	0	0

	一、企业基本情况		
	单位数(个)	有 R&D 活动单位数(个)	有研发机构单位数(个)
	本年	本年	本年
食品制造业	5	2	1
酒、饮料和精制茶制造业			
烟草制品业			
纺织业	125	22	14
纺织服装、服饰业	28	8	7
皮革、毛皮、羽毛及其制品和制鞋业	16	7	5
木材加工和木、竹、藤、棕、草制品业	1	0	0
家具制造业	1	0	0
造纸和纸制品业	5	2	2
印刷和记录媒介复制业	5	1	0
文教、工美、体育和娱乐用品制造业	53	24	7
石油加工、炼焦和核燃料加工业			
化学原料和化学制品制造业	51	25	23
医药制造业	13	12	9
化学纤维制造业	1	1	0
橡胶和塑料制品业	31	10	7
非金属矿物制品业	46	17	11
黑色金属冶炼和压延加工业	15	10	10
有色金属冶炼和压延加工业	22	13	8
金属制品业	38	16	13
通用设备制造业	67	28	27
专用设备制造业	24	17	12
汽车制造业	5	1	2
铁路、船舶、航空航天和其他运输设备制造业	9	4	2
电气机械和器材制造业	53	34	30
计算机、通信和其他电子设备制造业	16	10	6
仪器仪表制造业	5	5	3
其他制造业			
废弃资源综合利用业			
金属制品、机械和设备修理业	1	0	0

续表 4

二、R&D 人员情况		三、R&D 经费支出情况		四、企业办研发机构情况		
1.R&D 人员合计（人）	2.R&D 人员折合全时当量合计（人年）	1.R&D 经费内部支出合计（万元）	2.R&D 经费外部支出合计（万元）	1.机构数（个）	3.机构人员合计（人）	4.机构经费支出（万元）
本年	本年	本年	本年	本年	本年	本年
81	63.8	639.3	0	1	42	850
525	498.1	9733.6	0	14	507	6236
194	190.1	1861.3	0	7	284	2604.6
206	185.8	2417.5	0	5	130	1543
		0		0	0	0
		0		0	0	0
17	14.6	757	0	2	17	161.5
11	8	840	0	0	0	0
310	285.5	8008	0	7	179	3555.6
812	693	32665.7	168.5	23	789	20449.3
804	469.3	13620.6	562.7	14	463	10091.7
10	9.4	320	0	0	0	0
160	145.2	3018.8	62.7	8	226	2716.1
275	262.9	6512.9	233	11	247	3765
239	206.6	6928.1	90	13	326	7492.4
241	213.9	11621.3	290	9	195	5617
355	248	18285.2	0	14	454	19516.6
518	484	14658.1	170	27	659	12470.3
649	645.1	54912.5	55.3	12	707	12017.6
9	9	577.7	0	2	30	682
118	61.5	2047.7	0	2	38	1110
647	406.9	25311	441.2	31	582	11313.6
220	185.9	7010.4	0	9	137	3198.1
122	117.2	11708.4	57.4	3	124	9600
		0		0	0	0

	四、企业办研发机构情况		五、研发产出及相关情况	
	5.机构仪器和设备原价(万元)	其中:进口(万元)	1.专利申请数(件)	其中:发明专利(件)
	本年	本年	本年	本年
食品制造业	12	0	6	3
酒、饮料和精制茶制造业				
烟草制品业				
纺织业	3282.2	1125	15	6
纺织服装、服饰业	397.5	0	9	5
皮革、毛皮、羽毛及其制品和制鞋业	694.3	0	200	56
木材加工和木、竹、藤、棕、草制品业	0	0	0	0
家具制造业	0	0	0	0
造纸和纸制品业	16.5	0	0	0
印刷和记录媒介复制业	0	0	0	0
文教、工美、体育和娱乐用品制造业	487.7	0	747	27
石油加工、炼焦和核燃料加工业				
化学原料和化学制品制造业	5587.3	553.3	118	71
医药制造业	3736.4	85.3	35	29
化学纤维制造业	0	0	0	0
橡胶和塑料制品业	2805	1859.7	43	12
非金属矿物制品业	642.7	25.6	40	13
黑色金属冶炼和压延加工业	3943.8	800	72	6
有色金属冶炼和压延加工业	2006	0	40	25
金属制品业	2143.3	240	52	16
通用设备制造业	4099.9	289	66	26
专用设备制造业	3633.6	523	104	51
汽车制造业	212.2	0	8	3
铁路、船舶、航空航天和其他运输设备制造业	630	0	9	3
电气机械和器材制造业	4840.4	516.9	203	46
计算机、通信和其他电子设备制造业	2925.3	0	25	9
仪器仪表制造业	738.1	0	14	9
其他制造业				
废弃资源综合利用业				
金属制品、机械和设备修理业	0	0	0	0

续表 5

五、研发产出及相关情况					
2.有效发明专利数(件)	3.专利所有权转让及许可数(件)	4.专利所有权转让及许可收入(万元)	2.拥有注册商标(件)	其中:境外注册(件)	3.形成国家或行业标准(项)
本年	本年	本年	本年	本年	本年
1	0	0	0	0	0
54	7	2.5	3	0	10
0	0	0	0	0	0
51	0	0	2	0	1
0	0	0	0	0	0
0	0	0	0	0	0
0	0	0	0	0	0
0	0	0	0	0	0
21	0	35	5	0	2
89	0	0	12	0	6
65	1	0	4	0	2
0	0	0	0	0	0
14	0	0	32	0	1
9	0	0	1	0	1
5	0	0	3	0	5
28	0	0	2	0	1
22	0	0	1	0	1
16	11	0	12	0	0
26	0	0	0	0	0
2	0	0	0	0	0
2	0	0	0	0	0
58	0	0	5	0	1
14	0	0	0	0	0
8	0	0	0	0	0
0	0	0	0	0	0

	一、企业基本情况		
	单位数(个)	有 R&D 活动单位数(个)	有研发机构单位数(个)
	本年	本年	本年
电力、热力、燃气及水生产和供应业	5	2	1
电力、热力生产和供应业	3	2	1
燃气生产和供应业			
水的生产和供应业	2	0	0
五、按经济成分分组			
公有经济	17	6	6
非公有经济	633	270	199
六、按企业控股情况分组			
国有控股	9	6	5
集体控股	8	0	1
私人控股	415	171	126
港澳台商控股	110	46	40
外商控股	94	44	26
其他	14	9	7
七、按地区分组			
海门开发区	136	37	43
海门工业园区	118	37	4
海门港新区	79	41	41
临江新区	33	12	8
海门高新区	57	20	16
三厂工业园区	43	24	24
常乐镇	32	20	20
悦来镇	50	35	24
四甲镇	22	16	6
余东镇	32	18	10
正余镇	45	15	9
海永镇	1	0	0
江心沙农场	1	0	0
中兴街道	1	1	0

续表 6

二、R&D 人员情况		三、R&D 经费支出情况		四、企业办研发机构情况		
1.R&D 人员合计（人）	2.R&D 人员折合全时当量合计（人年）	1.R&D 经费内部支出合计（万元）	2.R&D 经费外部支出合计（万元）	1.机构数（个）	3.机构人员合计（人）	4.机构经费支出（万元）
本年	本年	本年	本年	本年	本年	本年
15	13.5	687.5	0	1	7	100
15	13.5	687.5	0	1	7	100
		0		0	0	0
394	123.2	5057.8	0	6	241	2041.5
6307	5451.7	232719.5	2130.8	214	6152	135013.9
394	123.2	5057.8	0	5	191	1488.5
0		0	0	1	50	553
4030	3513.9	127411.1	1402	136	3859	92828.6
1044	920.2	63690.1	421.8	41	1295	17696.4
870	807.9	30427.7	307	27	697	20267.4
363	209.6	11190.6	0	10	301	4221.5
1048	840.1	58530.3	438.5	46	1511	15662.1
437	406.7	21039.9	0	5	100	12864.1
1120	1054.2	29276.3	0	41	1658	26216.5
413	208.3	13697.7	128.5	8	165	2310.7
424	318.5	17056.3	60	16	184	3515.3
858	575.9	22573	158	32	721	21698.9
604	604.9	29684.7	0	20	558	23098
1044	1031.4	17599.2	0	27	1162	23630
277	111.7	9066.3	55.3	6	119	1818.8
221	215.2	12242.1	0	10	173	2762
172	170.6	5714.5	1290.5	9	42	3479
		0		0	0	0
		0		0	0	0
83	37.4	1297	0	0	0	0

	四、企业办研发机构情况		五、研发产出及相关情况	
	5.机构仪器和设备原价(万元)	其中:进口(万元)	1.专利申请数(件)	其中:发明专利(件)
	本年	本年	本年	本年
电力、热力、燃气及水生产和供应业	26	0	0	0
电力、热力生产和供应业	26	0	0	0
燃气生产和供应业				
水的生产和供应业	0	0	0	0
五、按经济成分分组				
公有经济	1127	0	29	14
非公有经济	42491.7	6017.8	1818	414
六、按企业控股情况分组				
国有控股	1012	0	28	14
集体控股	115	0	1	0
私人控股	26200.2	3715.6	1258	277
港澳台商控股	8158.7	2044	267	49
外商控股	4347.7	78.2	266	73
其他	3785.1	180	27	15
七、按地区分组				
海门开发区	7042.7	2017.3	151	45
海门工业园区	221.3	0	700	0
海门港新区	4993.5	0	93	59
临江新区	2147	130	69	47
海门高新区	2077	290	28	4
三厂工业园区	11114.9	2306	94	56
常乐镇	6849	0	67	18
悦来镇	6887	1000	41	25
四甲镇	460	0	293	52
余东镇	1527	0	261	107
正余镇	299.3	274.5	43	12
海永镇	0	0	0	0
江心沙农场	0	0	0	0
中兴街道	0	0	7	3

续表 7

五、研发产出及相关情况					
2.有效发明专利数(件)	3.专利所有权转让及许可数(件)	4.专利所有权转让及许可收入(万元)	2.拥有注册商标(件)	其中:境外注册(件)	3.形成国家或行业标准(项)
本年	本年	本年	本年	本年	本年
0	0	0	0	0	0
0	0	0	0	0	0
0	0	0	0	0	0
25	0	0	0	0	0
466	19	37.5	82	0	31
25	0	0	0	0	0
0	0	0	0	0	0
293	19	37.5	24	0	24
56	0	0	46	0	1
88	0	0	9	0	2
29	0	0	3	0	4
95	0	0	36	0	1
13	7	2.5	0	0	0
24	0	0	1	0	0
51	0	0	3	0	0
9	12	0	0	0	0
65	0	0	27	0	15
48	0	0	0	0	0
50	0	0	3	0	10
21	0	0	2	0	1
103	0	35	10	0	4
12	0	0	0	0	0
0	0	0	0	0	0
0	0	0	0	0	0
0	0	0	0	0	0

15-13　科技计划项目及实施情况(2016年)

指标	项目名称	实施单位
省重点研发计划(新增)	基于物联网的蜂巢式电商物流仓储系统的研发	江苏高科物流科技股份有限公司
	电源用质子膜燃料电池多孔电极	海门市东大能源科技有限公司
	成型网的高耐磨技术	江苏金呢工程织物股份有限公司
	大型高精度高性能铝合金铸件生产关键技术研究	南通爱尔思轻合金精密成型有限公司
	节能型集成装配房屋关键技术开发与应用	江苏中南建筑产业集团有限责任公司
省科技重大民果转化项目	氟喹酮新兽药马波沙星的研发及产业化	海门慧聚药业有限公司
省级工程技术研究中心	江苏省钻进平台工程技术研究中心	招商局重工(江苏)有限公司
	江苏省装配建筑工程技术研究中心	江苏中南建筑产业集团有限责任公司
	江苏省智能物流仓储装备工程技术研究中心	江苏高科物流科技股份有限公司
	江苏省高端仿制原料药物合成工程技术研究中心	上海现代制药海门有限公司
省公共服务平台	玲珑湾创客中心	海门临江生物医药科技创业园有限公司
	江苏农村科技服务超市海门主要农作物产业分店	南京苏诺农化有限公司海门分公司
	江苏农村科技服务超市岸角主要农作物产业便利店	南京苏诺农化有限公司海门分公司
	江苏农村科技服务超市卫东闸主要农作物产业便利店	南京苏诺农化有限公司海门分公司
	江苏农村科技服务超市悦来特色畜禽产业便利店	江苏京海禽业集团有限公司

15-14 历年大中型工业企业研发活动情况

年份	研究与发展活动企业数(个)	研究与发展人员数(个)	研究与发展经费支出总额(个)	新产品开发项目数(个)	科技开发机构数(个)	科技开发机构人员数(个)	技术改造支出(万元)	技术引进支出(万元)
1995				15	3	9	22	
1996				20	11	73	935	352
1997				9	9	64	1065	40
1998	6	91	152	37	4	56	14	215
1999	4	100	350	42	3	58	229	185
2000	7	93	1021	11	2	50	550	175
2001	14	180	2292	39	7	163	8693	164
2002	8	191	2467	33	7	169	5187	587
2003	18	418	6640	57	9	427	5119	1007
2004		278	10585	28	11	343	13378	
2005	15	459	13034	57	11	448	15318	100
2006	18	633	24159	76	14	511	9875	20
2007	21	1182	34913	69	17	659	16789	3200
2008	16	907	48836	43	11	410	32232	7100
2009	15	780	25744	54	15	577	21362	5273
2010	20	850	36295	102	23	898	33749	12426
2011	19	1256	38272	97	26	979	42782	18900
2012	23	1724	52321	175	53	2504	14363	2738
2013	40	2113	70657	236	58	3707	11238	12335
2014	52	2268	80429	230	80	4814	7260	—
2015	55	2908	111099	242	68	3127	—	—
2016	65	3136	128615	212	55	2743		

主要统计指标解释

科技活动 指在自然科学、农业科学、医药科学、工程与技术科学、人文对社会科学领域(简称科学技术领域)中，与科技知识的产生、发展、传播和应用密切相关的有组织的活动。为核算科技投入的需要，科技活动可分为科学研究与试验发展(R&D)、科学研究与试验发展成果应用及相关的科技服务三类活动。本报表制度规定，工业企业只统计科学研究与试验发展(R&D)及其成果应用两类活动，即通常讲的技术开发活动。

科学研究与试验发展 指在科学技术领域，为增加知识总量、以及运用这些知识去创造新的应用进行的系统的创造性的活动，包括基础研究、应用研究、试验发展三类活动。在工业企业开展的科学研究与试验发展(R&D)活动中，较为普遍的和大量的活动属于试验发展活动。

基础研究 指为了获得关于现象和可观察事实的基本原理的新知识(揭示客观事物的本质、运动规律，获得新发展、新学说)而进行的实验性或理论性研究，它不以任何专门或特定的应用或使用为目的。其成果以科学论文和科学著作为主要形式。

应用研究 指为获得新知识而进行的创造性研究，主要针对某一特定的目的或目标。应用研究是为了确定基础研究成果可能的用途，或是为达到预定的目标探索应采取的新方法(原理性)或新途径。其成果形式以科学论文、专著、原理性模型或发明专利为主。

试验发展 指利用从基础研究、应用研究和实际经验所获得的现有知识，为产生新的产品、材料和装置，建立新的工艺、系统和服务，以及对已产生和建立的上述各项作实质性的改进而进行的系统性工作。其成果形式主要是专利、专有技术、新产品原型或样机样件等。

科学研究与试验发展成果应用 指为使试验发展阶段产生的新产品、材料和装置，建立的新工艺、系统和服务以及实质性改进后的上述各项能够投人生产或实际应用，解决所存在的技术问题而进行的系统性的工作。这类活动的成果形式大多是可供生产和实际操作的带有技术和工艺参数的图纸、技术标准和操作规范。

微电子控制机器设备原价 指企业在年末拥有的、利用微电子技术(包括电子计算机、集成电路等)对生产过程进行控制、观察测量、测试等生产机器设备的原价。

科技活动人员 指工业企业在报告年度直接从事(或参与)科技活动、以及专门从事科技活动管理和为科技活动提供直接服务的人员。累计从事科技活动的时间占制度工作时间 10%(不含)以下的人员不统计在内。

科技活动全时人员 指企业科技活动人员中在报告年度实际从事科技活动的时间占制度工作时间 90%以上(含 90%)的人员。在企业科技管理部门(科研管理处、部、科等)专职从事科技管理工作的人员、企业所属常年有开发任务的科技机构中专职从事科技活动及其管理和直接服务的人员，以及上述人员以外在报告年度实际从事科技活动开发的人员可视作科技活动全时人员。

科技活动非全时人员 指企业科技活动人员中在报告年度实际从事科技活动的时间占制度工作时间在 10%(含 10%)-90%(不含)的人员。科技活动非全时人员一般指在报告年度兼职或部分时间从事科技活动的人员。

科技活动经费筹集总额 指企业在报告年度从各种渠道筹集到的计划用于科技活动的经费，包括企业资金、金融机构贷款、政府资金、事业单位资金、国外资金、其他资金等。

科技活动经费支出总额 指企业在报告年度实际支出的费用，包括列入技术开发的经费支出以及技措技改等资金实际用于科技活动的支出。不包括生产性支出和归还贷款支出。科技活动经费支出总额分为内部支出和外部支出。

科技活动经费内部支出 指企业在报告年度用于内部开展科技活动实际支出的费用，包括外协加工费。不包括委托研制或合作研制而支付外单位的经费。科技活动经费内部支出按用途分为科技活动人员劳务费、原材料费、购买与自制设备支出、其他支出。

新产品开发经费支出 指报告年度内企业用于新产品研究开发的的经费支出。包括研究、设计、模型研制、测试、试验等费用支出。

科技活动经费外部支出 指企业在报告年度委托其他单位或与其合作开展科技活动而支付给其他单位的经费。不包括外协加工费。

用于科研的基建经费支出 指企业报告年度为改善科研条件，提高研制开发能力，使用基本建设资金、技措技改等资金进行新建、改建、扩建、购置、安装科研用固定资产、以及进行科研设备改造及大修理等的实际支出。科研与生产共用的基建项目，按企业计划和生产使用安排进行分摊。

科研土建工程支出 指企业用于科研的基建经费支出中购置土地、建造科研楼、中试车间和试验场地，或对有科研用房和固定设施进行更新改造等的经费支出。

全部科技项目数 指企业在报告年度当年立项并开展研制工作、以前年份立项仍继续进行研制的科技项目数，包括当年完成和年内研制已告失败的科技项目，但不包括委托外单位进行研制的科技项目。

新产品开发项目数 指企业在报告年度进行的全部科技项目中，属于新产品研制开发的项目数。

研究与试验发展项目数 指企业在报告年度进行的全部科技项目中，属于研究与试验发展的项目数。

科技项目参加人员合计 指企业在报告年度编人各个科技项目组的人员总数。报告年度一人参加两个及以上科技项目的人员，只能按一个人统计，不能重复计算。

专利申请数 指企业在报告年度内向专利行政部门提出专利申请并被受理的件数。

发明专利申请数 指企业在报告年度内向专利行政部门提出发明专利申请并受理的件数。

拥有发明专利数 指企业作为专利权人在报告年度拥有的、经国内外专利行政部门授权且在有效期内的发明专利件数。

技术改进 指企业在坚持科技进步的前提下，将科技成果应用于生产的各个领域(产品、设备、工艺等)，用先进技术改造落后技术，用先进工艺代替落后工艺、设备，实现以内涵为主的扩大再生产，从而提高产品质量、促进产品更新换代、节约能源、降低消耗，全面提高综合经济效益。

技术改造经费支出 指本企业在报告年度进行技术改造而发生的费用支出。在技术改造经费支出中，属于研究与试验发展的经费支出，除了包含在技术改造经费支出中，还要计人企业研究与试验发展经费支出中。

技术引进经费支出 指企业在报告年度用于购买国外技术，包括产品设计、工艺流程、图纸、配方、专利等技术资料的费用支出，以及购买关键设备、仪器、样机和样件等的费用支出。

引进技术资料及关键设备等的支出 指企业在报告年度用于购买国外产品设计、工艺流程、图纸、配方、专利、技术诀窍及关键设备的费用支出。

消化吸收的经费支出 指本企业在报告年度对国外引进项目进行消化吸收所支付的经费总额。包括：人员培训费、测绘费、参加消化吸收人员的工资、工装、工艺开发费、必备的配套设备费、翻版费等。引进技术的消化吸收指对引进技术的掌握、应用、复制而开展的工作，以及在此基础上的创新。通过消化吸收国外技术，达到掌握引进技术，提高自我创新能力的目的。

第十六篇

文化　卫生　体育

Chapter 16

Culture and Health , Sport

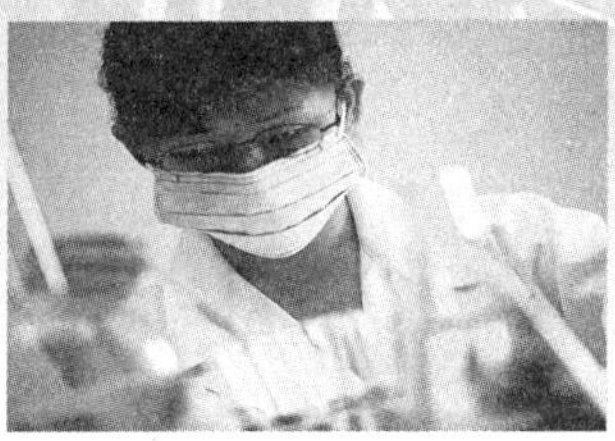

责任编辑:卢　静

16-1 文化部门主要文化产业基本情况

指标	单位	2016	2015	2014
一、文化事业				
1、机构总数	个	13	13	13
# 文化馆	个	1	1	1
文化站	个	12	12	12
2、职工人数	人	44	42	41
# 文化馆	人	20	18	18
文化站	人	24	24	23
3、举办展览会数	个	125	109	96
# 文化馆	个	23	18	15
文化站	个	102	91	81
4、组织文艺活动次数	次	701	652	488
# 文化馆	次	47	42	38
文化站	次	654	610	450
5、举办训练班次	次	202	186	157
# 文化馆	次	62	61	52
文化站	次	140	125	105
6、训练班结业人次	人次	11100	9300	7300
# 文化馆	人次	2600	2100	1200
文化站	人次	8500	7200	6100
7、藏书	万册	84.8	65.6	49.5
# 文化馆	万册	4.8	4.6	4.5
文化站	万册	80	61	45
二、艺术表演及场所				
1、艺术团体				
剧团数	个	1	1	1
# 山歌剧团	个	1	1	1
评弹团	个	0	0	0

16-1 续表

指标	单位	2016	2015	2014
演出员工数	人	65	45	38
本年上演剧目	个	7	10	4
演出场次	场	300	300	250
观众人数	千人次	300	250	205
2、艺术表演场所				
剧场数	个	1	1	1
职工人数	人	22	22	25
座席数	个	999	999	1066
演出场次	场	11835	10816	9022
观众人次	千人次	250	200	130
公用房屋建筑面积	平方米	4000	4000	4000
3、剧场、影剧院数	个	10	5	5
三、公共图书				
机构数	个	1	1	1
职工人数	人	14	14	13
图书总藏量	册	1017745	598332	551400
# 古书	册	4650	4650	4650
图书	册	1013095	588522	517870
报刊	册	4643	5160	4000
外文书刊	册	0	0	0
发放借书证数	个	15543	6024	1803
总流通人次	千人次	297	267	219
书刊外借册次	千册次	220	181	174
公用房屋建筑面积	平方米	3032	3032	3032
# 书库	平方米	1000	1000	1000
阅览室	平方米	12000	1200	1200
阅览室座席数	个	180	180	180
# 少儿阅览室座席数	个	50	50	50

16-2 电视台及电台制作情况

指标	单位	2016	2015	2014
电视台数	**座**	**1**	**1**	**1**
节目	套	1	1	1
平均每周播出时间	时、分	119 时	117 时 30 分	117 时 30 分
电视人口覆盖率	%	100	100	100
全年制作节目时间	时、分	6110 时	6110 时	6110 时
全年自制节目时间	时、分	2834 时	2834 时	2834 时
# 新闻	时、分	754 时	754 时	754 时
文艺	时、分	180 时	180 时	180 时
其他	时、分	1900 时	1900 时	1900 时
广播				
无线广播				
电台数	座	1	1	1
节目	套	1	1	1
平均每日播音时间	时、分	18 小时	20 小时	16 小时
广播覆盖率	%	100	100	100
全年制作广播时间	时、分	5660 小时	5000 小时	2670 小时
# 新闻	时、分	912 小时	300 小时	150 时
文艺	时、分	2800 小时	2800 小时	1080 时
教育	时、分	1948 小时	1900 小时	1440 时
有线广播				
平均每日播音时间	时、分	8 小时	8 小时	7 时 30 分
自办节目	时、分	7 小时 30 分	7 小时 30 分	6 时
# 新闻	时、分	1 小时 30 分	1 小时 30 分	20 分
其他	时、分	6 小时	6 小时	5 时 40 分
电视宣传	时、分			

16-3 电视广播设备情况

指标	单位	2016	2015	2014
电视台电视发射机	台/千瓦	2/2	4/4	4/4
调频立体声广播发射机	台/千瓦	1/0.3	2/2	2/2
卫星广播地面站(单机)	座			
有线广播设备情况				
乡镇广播站	个	12	12	21
村广播室	个	239	239	239
广播喇叭	万只	16	16	16
有线广播传输情况	-			
市至镇传输杆线	杆公里	255	255	360.1
镇以下传输杆线	杆公里	2111.2	2111.2	2111.2
有线电视				
WDT-450 卫星电视地面站	座	0	0	2
开通有线电视频道	套	202	201	170
联网入户终端总数	万户	22.6	25.7	39.77
# 城区	万户	5.1	6.4	13.2
镇(乡)	万户	17.5	19.3	22.2
架设光缆总长度	公里	6619	6269	3609
# 城区	公里	512	438	170
镇(乡)	公里	6107	5831	3439

16-4 历年卫生机构、人员数

年 份	机构数（个）	医院卫生院	卫生技术人员数（人）	医 生	床位数（张）
1981	42	39	1562	871	2047
1982	42	39	1629	889	2054
1983	42	39	1751	899	2003
1984	42	37	1834	795	2048
1985	43	38	1916	815	2068
1986	43	38	1994	847	2026
1987	43	38	2075	836	2082
1988	43	38	2084	798	2151
1989	42	37	2099	1000	2116
1990	42	36	2240	1012	2141
1991	42	36	2358	1071	2199
1992	43	37	2344	1007	2195
1993	43	37	2534	1173	2356
1994	47	41	2648	1279	2356
1995	47	41	2767	1315	2296
1996	47	41	2499	1158	2296
1997	47	41	2598	1186	2296
1998	47	41	2614	1278	2296
1999	47	41	2662	1301	2271
2000	44	38	2659	1293	2271
2001	43	38	2643	1229	2271
2002	42	36	2615	1295	2271
2003	187	36	2883	1486	2261
2004	194	36	2763	1394	2191
2005	219	36	2779	1372	2257
2006	219	36	3239	1803	2974
2007	460	38	3371	1765	3032
2008	209	39	3265	1322	3060
2009	237	38	3344	1507	3095
2010	237	38	3367	1469	3095
2011	423	30	3285	1530	3195
2012	419	32	3495	1607	3383
2013	412	24	3648	1569	3410
2014	405	24	3800	1673	3480
2015	384	25	4039	1687	3539
2016	376	23	4681	1753	3694

16-5 卫生事业基本情况(2016年)

指标	机构数(个)	床位数(张)	卫生工作人员(人)	卫生技术人员	医生	其他技术人员	管理人员	工勤人员
总计	**376**	**3694**	**5382**	**4681**	**1753**	**181**	**158**	**362**
医院	**23**	**3414**	**4091**	**3488**	**1294**	**171**	**127**	**305**
县(市)及县以下医院	9	1810	2295	1932	703	124	81	158
# 综合医院	7	1218	1558	1285	434	97	78	98
中医院	1	520	714	629	260	27	2	56
仁济医院	1	72	23	18	9	0	1	4
卫生院	14	1604	1796	1556	591	47	46	147
# 中心卫生院	5	897	1163	1005	342	31	30	97
乡镇卫生院	9	707	633	551	249	16	16	50
门诊部	**1**	**0**	**15**	**14**	**10**	**0**	**0**	**1**
疾病预防控制中心	**1**	**0**	**48**	**40**	**25**	**0**	**2**	**6**
妇幼保健站	**2**	**0**	**59**	**38**	**23**	**0**	**17**	**4**
卫生监督所	**1**	**0**	**43**	**40**	**0**	**0**	**0**	**3**
医学在职培训机构	**1**	**0**	**21**	**11**	**7**	**0**	**4**	**6**
社区卫生服务中心	**5**	**280**	**329**	**281**	**148**	**10**	**8**	**30**
村卫生室	**220**	**0**	**609**	**609**	**117**	**0**	**0**	**0**
诊所卫生所医务室	**111**	**0**	**167**	**160**	**129**	**0**	**0**	**7**
社区服务站	**11**	**0**	**0**	**0**	**0**	**0**	**0**	**0**

16-6 卫生机构诊治情况(2016年)

指标	单位	县(市)及县以下医院	卫生院
诊疗人次数	人次	1133350	1955593
# 门、急诊人次数	人次	1115905	1814592
观察室收容病人数	人	1121	0
健康检查人数	人	123189	88293
出院人数	人	78528	62454
入院人数	人	78503	62615
住院病人手术人次数	人次	18856	0
实有床位数	张	1810	1884
实际开放总床日数	日	649850	679410
平均开放病床数	张	1810	1884
实际占用床日数	日	650237	448542
出院者占用总床日数	日	640362	442755
病床周转次数	次	43.39	33.15
病床使用率	%	100.06	65.17

16-7 前十位疾病

疾病名称	合计		
	死亡数	死亡率(1/10 万)	顺位
恶性肿瘤	2753	275.03	1
脑血管病	1775	177.33	2
呼吸系统病	1260	125.88	3
心脏病	1049	104.80	4
损伤和中毒	533	53.25	5
内分泌营养病	330	32.97	6
消化系统病	201	20.08	7
精神障碍	145	14.49	8
神经系统疾病	113	11.29	9
泌尿生殖系疾病	99	9.89	10
十种死因合计	**8258**	**825.93**	

死因(2016年)

单位:人,%

男			女		
死亡数	死亡率(1/10万)	顺位	死亡数	死亡率(1/10万)	顺位
1746	354.54	1	1007	198.03	1
864	175.44	2	911	179.15	2
614	124.68	3	646	127.04	3
446	90.57	4	603	118.58	4
324	65.79	5	209	41.10	5
144	29.24	6	186	36.58	6
102	20.71	7	99	19.47	7
60	12.18	9	85	16.72	8
51	10.36	10	62	12.19	9
64	13.00	8	35	6.88	10
4415	**897.54**		**3843**	**756.59**	

16-8 全市居民平均

年龄组	平均人口数（人）	实际死亡人数（人）	死亡率
0 岁–	6084	17	0.002794
1 岁–	27084	13	0.000480
5 岁–	37343	5	0.000134
10 岁–	46976	5	0.000106
15 岁–	65613	7	0.000107
20 岁–	51703	14	0.000271
25 岁–	48985	24	0.000490
30 岁–	57702	29	0.000503
35 岁–	68118	35	0.000514
40 岁–	93317	83	0.000889
45 岁–	90260	186	0.002061
50 岁–	80287	315	0.003923
55 岁–	86358	359	0.004157
60 岁–	70080	556	0.007934
65 岁–	53337	677	0.012693
70 岁–	42755	814	0.019039
75 岁–	35115	1170	0.033319
80 岁–	22973	1619	0.070474
85 岁–	16487	2913	0.176685

期望寿命(2016年)

死亡概率	生存人数(人)	死亡人数(人)	生存人年数(人年)	生存总人年数(人年)	期望寿命(岁)
0.002794	100000	279	99762	8075563	80.76
0.001918	99721	191	398500	7975800	79.98
0.000669	99529	67	497480	7577300	76.13
0.000532	99463	53	497181	7079820	71.18
0.000533	99410	53	496916	6582639	66.22
0.001353	99357	134	496448	6085723	61.25
0.002447	99222	243	495505	5589275	56.33
0.002510	98980	248	494277	5093770	51.46
0.002566	98731	253	493022	4599494	46.59
0.004437	98478	437	491297	4106471	41.70
0.010251	98041	1005	487692	3615174	36.87
0.019427	97036	1885	480467	3127483	32.23
0.020572	95151	1957	470860	2647016	27.82
0.038897	93193	3625	456904	2176156	23.35
0.061512	89568	5510	434068	1719251	19.19
0.090868	84059	7638	401198	1285183	15.29
0.153785	76421	11752	352722	883985	11.57
0.299587	64668	19374	274906	531264	8.22
1.000000	45294	45294	256357	256357	5.66

16-9 全市男性居民

年龄组	平均人口数（人）	实际死亡人数（人）	死亡率
0岁–	3141	11	0.003502
1岁–	14692	8	0.000545
5岁–	20621	5	0.000242
10岁–	25414	1	0.000039
15岁–	34444	4	0.000116
20岁–	24917	13	0.000522
25岁–	23792	14	0.000588
30岁–	27058	18	0.000665
35岁–	31528	17	0.000539
40岁–	42715	52	0.001217
45岁–	41621	128	0.003075
50岁–	38125	195	0.005115
55岁–	43434	230	0.005295
60岁–	36633	368	0.010046
65岁–	28805	483	0.016768
70岁–	22403	536	0.023925
75岁–	17047	697	0.040887
80岁–	9911	819	0.082635
85岁–	5762	1080	0.187435

平均期望寿命（2016 年）

死亡概率	生存人数（人）	死亡人数（人）	生存人年数（人年）	生存总人年数（人年）	期望寿命（岁）
0.003502	100000	350	99702	7867469	78.67
0.002176	99650	217	398166	7767767	77.95
0.001212	99433	120	496864	7369602	74.12
0.000197	99313	20	496514	6872738	69.20
0.000580	99293	58	496321	6376224	64.22
0.002605	99235	259	495530	5879903	59.25
0.002938	98977	291	494157	5384373	54.40
0.003321	98686	328	492611	4890216	49.55
0.002692	98358	265	491130	4397605	44.71
0.006068	98094	595	488979	3906475	39.82
0.015260	97498	1488	483772	3417496	35.05
0.025251	96010	2424	473991	2933724	30.56
0.026131	93586	2446	461817	2459733	26.28
0.048997	91141	4466	444539	1997916	21.92
0.080466	86675	6974	415939	1553377	17.92
0.112875	79701	8996	376012	1137439	14.27
0.185476	70704	13114	320737	761427	10.77
0.342434	57590	19721	238649	440690	7.65
1.000000	37869	37869	202040	202040	5.34

16-10 全市女性居民

年龄组	平均人口数 （人）	实际死亡人数 （人）	死亡率
0 岁–	2943	6	0.002039
1 岁–	12392	5	0.000403
5 岁–	16722	0	0.000000
10 岁–	21562	4	0.000186
15 岁–	31169	3	0.000096
20 岁–	26786	1	0.000037
25 岁–	25193	10	0.000397
30 岁–	30644	11	0.000359
35 岁–	36590	18	0.000492
40 岁–	50602	31	0.000613
45 岁–	48639	58	0.001192
50 岁–	42162	120	0.002846
55 岁–	42924	129	0.003005
60 岁–	33447	188	0.005621
65 岁–	24532	194	0.007908
70 岁–	20352	278	0.013660
75 岁–	18068	473	0.026179
80 岁–	13062	800	0.061246
85 岁–	10725	1833	0.170909

平均期望寿命（2016 年）

死亡概率	生存人数（人）	死亡人数（人）	生存人年数（人年）	生存总人年数（人年）	期望寿命（岁）
0.002039	100000	204	99827	8299377	82.99
0.001613	99796	161	398863	8199550	82.16
0.000000	99635	0	498176	7800687	78.29
0.000927	99635	92	497945	7302511	73.29
0.000481	99543	48	497594	6804566	68.36
0.000187	99495	19	497428	6306972	63.39
0.001983	99476	197	496889	5809544	58.40
0.001793	99279	178	495951	5312655	53.51
0.002457	99101	243	494897	4816705	48.60
0.003058	98858	302	493532	4321808	43.72
0.005945	98555	586	491312	3828276	38.84
0.014130	97969	1384	486386	3336964	34.06
0.014915	96585	1441	479324	2850578	29.51
0.027715	95145	2637	469131	2371253	24.92
0.038774	92508	3587	453571	1902123	20.56
0.066043	88921	5873	429923	1448552	16.29
0.122854	83048	10203	389734	1018629	12.27
0.265569	72845	19345	315863	628895	8.63
1.000000	53500	53500	313032	313032	5.85

16-11 体育事业

指标	单位	2016	2015 年	2014 年
体育事业				
体育场地数	**个**	**103**	**102**	**100**
体委系统场地数	个	3	3	3
# 体育场	个	2	2	2
体育馆	个	1	1	1
其他系统场地数	个	100	99	97
体育场地使用情况	**场次**	**107**	**97**	**85**
体委系统场地使用情况	场次			
# 体育场	场次	80	71	63
文体馆	场次			
其他系统场地使用情况	场次	27	26	22
市举办运动会次数	**次**	**52**	**45**	**39**
体委系统	次	20	18	15
其他系统	次	20	15	12
乡镇	次	12	12	12
参加运动会运动员人次	**人次**			
体委系统	人次	5100	4700	4650
其他系统	人次	3210	3000	2760
乡镇	人次	4100	3900	3880
等级运动员、裁判员	人			
全市举办竞赛次数	**次**	**28**	**20**	**18**
体委举办	次	28	20	18
参加运动员人数	**人**			
体委组织参赛人数	人次	10500	6835	6520

16-11 续表

指标	单位	2016 年	2015 年	2014 年
全市等级运动员	**人**	**33**	**25**	**42**
少年级	人			23
一级	人			
二级	人	18	18	11
三级	人	15	7	8
全市等级裁判员	**人**	**117**	**83**	**26**
一级以上	人	5	2	
二级	人	36	47	7
三级	人	76	34	19
参加市以上比赛获奖牌数	**块**			
金牌	块	37	31	35
银牌	块	46	38	37
铜牌	块	22	21	30
破南通市记录人数	**人**			
破本市记录人数	**人**	**1**	**5**	**1**
全市输出体育人数	**人**	**22**	**19**	**27**
国民体质监测	**场次**	**18**	**15**	**15**
乡镇体检人数	人次	3837	3000	3155
体育培训				
培训体育指导员人数	人次	628	420	216
培训基层体育活动辅导员人数	人次	750	650	75
举办大型全民健身演示会	**人次**	**25**	**20**	**15**
健身活动				
全民健身工程	人次	2100	1800	1720
健身点	人次	386500	351000	6200
晨练点、广场	人次	101000	91000	82550
参加健身活动	人次	193000	172000	154650
参加人数	人次	300000	300000	160000

第十七篇 17

其他社会事业 Chapter

Other Social Activities

责任编辑:卢　静

17–1　社会福利及服务单位情况

指标	单位	2012	2013	2014	2015	2016
社会福利						
养老服务机构	个	82	71	36	41	42
已登记养老服务机构	个	20	25	36	41	42
未登记养老服务机构	个	62	46			
年末职工人数	人	550	523	421	434	448
已登记养老服务机构	人	167	322	421	434	448
未登记养老服务机构	人	383	201			
在年末职工数中医务人员数	人					
已登记养老服务机构	人					
未登记养老服务机构	人					
年末床位数	张	6266	6093	5566	5952	7012
已登记养老服务机构	张	1580	3838	5566	5952	7012
未登记养老服务机构	张	4686	2255			
在年末床位中光荣间床位	张					
已登记养老服务机构	张					
未登记养老服务机构	张					
年在院总人天数	人天	966200	912450	1566835	1595455	1648645
已登记养老服务机构	人天	314100	691000	1566835	1595455	1648645
未登记养老服务机构	人天	652100	221450			
年末在院人数	人	3229	3044	3479	2532	2744
已登记养老服务机构	人	807	2236	3479	2532	2744
未登记养老服务机构	人	2422	808			
在年末在院人数中女性人数		833	776	676	702	845
在院人员按性质分	人					
优抚对象	人	31	29	23	23	23
已登记养老服务机构	人		23	23	23	23
未登记养老服务机构	人	31	6			
“三无”对象	人	1216	1097	1195	1007	1019

17-1 续表

指标	单位	2012	2013	2014	2015	2016
已登记养老服务机构	人	56	942	1195	1007	1019
未登记养老服务机构	人	1160	155			
自费人员	人	1982	1918	2261	1487	1537
已登记养老服务机构	人	751	1271	2261	1487	1537
未登记养老服务机构	人	1231	647			
在院人员按年龄分	-					
老人	人	3106	2952	3414	2467	2636
已登记养老服务机构	人	779	2152	3414	2467	2636
未登记养老服务机构	人	2327	800			
青壮年	人	100	84	57	57	89
已登记养老服务机构	人	13	76	57	57	89
未登记养老服务机构	人	87	8			
儿童	人	23	8	8	8	19
已登记养老服务机构	人	15	8	8	8	19
未登记养老服务机构	人	8				
烈士纪念建筑物	**-**					
烈士陵园	个	1	1	1	1	1
年末职工人数	人	7	7	7	9	9
管理单位占地面积	平方米	12000	12000	12000	12000	12000
纪念馆面积	平方米	2038	2038	2038	2038	2038
烈士纪念建筑物数	处	1	1	1	1	1
殡仪服务单位	**个**	**2**	**2**	**2**	**2**	**4**
年末职工人数	人	33	33	34	33	84
火化炉数	个	12	12	12	12	12
集体福利企业单位	**个**	**21**	**22**	**22**	**21**	**22**
年末职工人数	人	3023	2976	2948	2850	2763
# 残疾职工	人	902	882	882	852	837
销售(营业)收入	万元	110234	72827	96672	121215	97219
利润总额	万元	8280	2880	8158	9355	7538

17-2 社会优抚安置工作情况表

指标	单位	2012	2013	2014	2015	2016
优扶对象优待抚恤						
享受伤残保险金人数	人					
# 特等	人					
一等	人					
二等甲	人					
二等乙	人					
三等甲	人					
三等乙	人					
享受伤残抚恤金人数	人		578	571	552	544
# 特等	人					
一等	人					
二等甲	人					
二等乙	人					
三等甲	人					
三等乙	人					
十级	人					
享受定期抚恤金人数	人	210	195	185	159	146
# 烈士家属	人	108	97	92	73	65
牺牲军人家属	人	36	35	30	27	25
病故军人家属	人	66	63	63	59	56
享受定期补助人员	人	8423	8495	8541	8571	8701
# 在乡复员军人	人	739	671	593	490	442
带病回乡退伍军人	人	1316	630	626	598	536
60 岁的农村籍退伍军人	人		5182	5290	5532	5787

17-2 续表

指标	单位	2012	2013	2014	2015	2016
老复员军遗孀	人					
其他定期补助人员	人		2012	2032	1951	1936
优待优抚对象户数	户	9218	9276	9317	9282	8607
# 优待军属户数	户	878	1121	817	806	770
优待总金额	万元	1600	1668	1750	2384	3645
# 优待军属金额	万元	1156	1079	1287	1382	1440
烈士褒扬						
本年批准烈士人数	人		1			
零散烈士纪念建筑物数	处	358	358	358	358	358
安置退役士兵、复员干部总人数	人					
退伍义务兵	人	343	424	381	378	323
# 城镇	人	43				
志愿兵转业、复员士官	人	75	84	18	12	51
复员干部	人		2			
离退休、退职人员						
本年直接发放人员	人	133	101	93	95	91
# 军队离退休干部(含地方)	人	72	37	36	37	37
# 离休	人	4	4	4	4	4
军队无军籍职工	人	50	51	49	49	41
军队退休士官	人	7	9	8	9	9
本年接收人员	人		4	2	2	1
# 军队离退休干部	人		1	1	1	
军队无军籍职工	人		1	1		
军队退休士官	人		2		1	1
地方人员	人					

17-3 社会救济与捐赠情况

指标	单位	2016	2015	2014
社会救济总人数				
城镇居民最低生活保障人数	**人**	**448**	**550**	**921**
# 老年人	人	94	109	330
在职人员	人	8	12	20
灵活就业	人	38	43	67
登记失业	人	65	85	137
未登记失业	人	157	195	241
未成年人	人	86	106	126
城镇居民最低生活保障家庭数	户	261	310	590
城镇临时救济人数	人次	300	1500	1000
城镇低保资金	万元	295	290	412
农民居民最低生活保障人数	**人**	**6848**	**7068**	**9768**
# 女性	人	1325	1427	2328
老年人	人	4427	4619	5954
未成年人	人	279	272	391
残疾人		567	587	761
农村居民最低生活保障家庭数	户	5193	5298	6820
农村临时救济人次数	人次	1000	9500	7000
农村低保资金	万元	3573	2947	3080
城市“三无”救助	**人**	**32**	**53**	**52**
城市五保供养	**人**	**1334**	**1395**	**1517**
集中供养人数	人	1001	1013	1058

17-3 续表

指标	单位	2016	2015	2014
分散供养人数	人	333	382	459
五保供养资金	万元	1112	1138	1132
传统救济	**人**	**525**	**525**	**532**
医疗救助	**人次**			
民政部门资助参保人数	人次		488	1952
民政部门资助参合人数	人次	12049	13280	24505
民政部门直接救助人次数	人次	130924	134795	125000
# 住院救助人次	人次	38378	34817	19000
门诊救助人次	人次	92546	99978	106000
社会捐赠				
直接接收捐赠情况				
捐赠物数额	万元			1099
捐赠衣被合计	万件			
# 棉衣被	万件			
捐赠其他物资价值	万元			
间接接收捐赠情况				
捐赠物数额	万元			
捐赠衣被合计	万件			
# 棉衣被	万件			
捐赠其他物资价值	万元			
受益人次数	**万次**			
社会捐赠接收工作站、点数	**个**		**12**	**13**
社会捐赠接收工作站数	个		1	1

17-4 婚姻和弃婴收养登记情况表

指标	单位	2016	2015	2014
结婚登记	**对**	**7398**	**8003**	**8372**
内地居民登记结婚	对	7398	8003	8372
# 初婚人数	人	11893	13143	13688
再婚人数	人	2903	2863	3056
# 男性	人	1374	1491	1465
# 恢复结婚	对	136	85	31
涉外及华侨、港澳台居民登记结婚	对			
离婚登记				
内地居民登记离婚	对	1872	1648	1573
离婚率	%	25.0	20.1	18.8
华侨、港澳台居民登记离婚	对			
收养人				
被收养人	人	14	11	64
# 社会福利机构抚养弃婴	人	13	11	64
社会弃婴	人			
父母无力抚养的儿童	人	1		
协议解除收养关系登记	件			
其他	件			

17-5 分区镇人口与

单 位	计划生育率%	女性初婚情况			育龄妇女人数		现家庭只有一个孩子的妇女人数
		总数	19周岁及以下	23周岁及以上		已婚育龄妇女人数	
合计	**99.9**	**3808**	**63**	**2823**	**207436**	**145190**	**116481**
海门开发区	100.0	430	1	365	19135	13296	9222
海门工业园区	99.5	376	8	254	18788	13471	11020
海门港新区	100.0	624	23	405	30171	21438	16285
临江新区	100.0	190	1	130	10241	7170	6053
海门高新区	99.9	567	3	478	35281	24183	20399
三厂工业园区	100.0	220	3	176	10957	7365	6335
常乐镇	100.0	276	8	208	14549	10316	8771
悦来镇	99.9	458	9	328	21186	15267	12999
四甲镇	100.0	174	3	122	17200	11645	9006
余东镇	100.0	246	1	184	13107	8998	7273
正余镇	100.0	206	3	143	14383	10190	7613
海永镇	100.0	19	0	13	1209	914	699
江心沙农场	100.0	22	0	17	1229	937	806

计划生育情况(2016年)

单位:人

有效领证人数	领证率(%)	节育率(%)	一孩				二孩			
			总数	女性数	其中计划外		总数	女性数	其中计划外	
					总数	女性数			总数	女性数
14650	**10.1**	**91.4**	**4063**	**1926**	**1**	**0**	**1610**	**783**	**0**	**0**
1238	9.3	87.9	476	211	0	0	165	84	0	0
897	6.7	93.5	362	188	0	0	169	81	0	0
1617	7.5	91.6	597	292	0	0	336	153	0	0
1260	17.6	91.9	191	90	0	0	52	29	0	0
3481	14.4	89.8	818	395	1	0	277	150	0	0
947	12.9	91.3	233	116	0	0	71	27	0	0
787	7.6	93.6	261	122	0	0	68	30	0	0
2507	16.4	93.6	483	230	0	0	147	76	0	0
528	4.5	92.2	194	86	0	0	89	48	0	0
747	8.3	92.5	239	96	0	0	98	41	0	0
341	3.4	90.5	174	83	0	0	125	57	0	0
101	11.1	84.8	8	5	0	0	7	5	0	0
199	21.2	82.1	27	12	0	0	6	2	0	0

单位	应落实措施人数	落实措施人数				
		男扎期末	女扎期末	上环期末	皮下埋填	口服及注射避孕药
合计	**133066**	**2**	**202**	**71686**	**172**	**1032**
海门开发区	11837	0	3	6438	20	334
海门工业园区	12601	0	25	6229	6	17
海门港新区	19655	1	33	10855	22	134
临江新区	6610	0	6	3551	9	33
海门高新区	21732	0	12	11628	33	32
三厂工业园区	6730	0	8	3216	3	14
常乐镇	9662	0	15	5488	9	80
悦来镇	14293	1	47	7869	2	25
四甲镇	10807	0	18	5720	31	131
余东镇	8338	0	12	4249	32	77
正余镇	9237	0	22	5556	5	129
海永镇	776	0	0	362	0	17
江心沙农场	788	0	1	525	0	9

续表

落实措施人数			本期采用节育手术例数					
避孕套	外用药物	其他	男扎本期	女扎本期	放节育环人数	取节育环人数	皮下埋填	人工流产
58794	**463**	**365**	**0**	**1**	**150**	**367**	**0**	**23**
4870	11	11	0	0	0	25	0	4
6245	6	61	0	0	0	24	0	0
8498	38	59	0	1	1	104	0	0
2741	209	43	0	0	0	19	0	0
9997	9	6	0	0	0	54	0	0
3445	34	4	0	0	1	20	0	0
4042	22	2	0	0	13	23	0	6
6321	20	0	0	0	26	29	0	1
4774	52	9	0	0	7	14	0	7
3894	29	34	0	0	0	21	0	4
3340	30	136	0	0	87	33	0	1
395	1	0	0	0	15	1	0	0
232	2	0	0	0	0	0	0	0

17-6　道路交通事故情况

指标	单位	2016 年	2015 年
全市交通事故发生数	**起**	**14893**	**14897**
# 特大事故	起		
重大事故	起	44	45
一般事故	起	235	236
机动车事故发生数	**起**	**11730**	**11728**
# 汽车	起	9258	9259
摩托车	起	2207	2208
拖拉机	起	248	248
非机动车事故发生数	**起**	**2886**	**2887**
# 自行车	起	1884	1885
行人乘车人事故发生数	**起**	**267**	**268**
全市交通事故死亡人数	**人**	**44**	**45**
# 特大事故	人		
重大事故	人	44	45
一般事故	人		
机动车死亡人数	**人**	**8**	**9**
# 汽车	人	3	2
摩托车	人	6	7
拖拉机	人	1	1
非机动车死亡人数	**人**	**15**	**16**
# 自行车	人	8	9
行人乘车人死亡人数	**人**	**17**	**18**

17-6 续表

指标	单位	2016 年	2015 年
全市交通事故受伤人数	**人**	**872**	**873**
# 特大事故	人		
重大事故	人	4	4
一般事故	人	247	248
机动车受伤人数	**人**	**763**	**764**
# 汽车	人	241	242
摩托车	人	502	503
拖拉机	人	17	17
非机动车受伤人数	**人**	**89**	**90**
# 自行车	人	68	69
行人乘车人受伤人数	**人**	**16**	**17**
全市交通事故受损失折金额	**万元**	**208.8**	**208.9**
# 特大事故	万元		
重大事故	万元	91.8	91.9
一般事故	万元	32.5	31.9
机动车损失折金额	**万元**	**126.7**	**125.8**
# 汽车	万元	79.2	78.4
摩托车	万元	40.6	43.9
拖拉机	万元	2.8	3.5
非机动车损失折金额	**万元**	**45.8**	**42.8**
# 自行车	万元	24.7	26.5
行人乘车损失折金额	**万元**	**40.2**	**39.6**

17-7 火灾事故发生情况

指标	单位	2016	2015	2014
全市火灾事故发生数	**起**	**848**	**667**	**791**
# 特大	起	0	0	0
重大	起	0	0	0
较大	起	0	0	1
一般	起	848	667	790
全市火灾事故死亡人数	**人**	**3**	**2**	**5**
# 特大	人	0	0	0
重大	人	0	0	0
较大	人	0	0	4
一般	人	3	2	1
全市火灾事故受伤人数	**人**	**4**	**0**	**3**
# 特大	人	0	0	0
重大	人	0	0	0
较大	人	0	0	0
一般	人	4	0	3
全市火灾事故遭受损失折金额	**万元**	**2250**	**2205**	**2101**
# 特大	万元	0	0	0
重大	万元	0	0	0
较大	万元	0	0	0
一般	万元	2250	2205	2101
平均每起事故损失金额	**元**	**26533**	**33065**	**26566**
# 特大	元	0	0	0
重大	元	0	0	0
较大	元	0	0	0
一般	元	26533	33065	26566

注：自 2007 年起，事故分成一般、较大、重大、特大四类；一般：1—3 人；较大：4—10 人；重大：11—30 人；特大：30 人以上

17-8 律师工作情况

指标	单位	2016	2015	2014
律师事务所	个	8	8	8
律师工作人员	人	67	65	62
# 专职律师	人	65	63	60
兼职律师	人	2	2	2
女律师	人	20	20	19
担任法律顾问	处	291	255	278
民事诉讼代理	件	2301	1678	1314
经济诉讼代理	件	678	109	31
刑事辩护	件	83	95	72
行政诉讼代理	件	57	12	13
非诉讼法律事务	件	719	104	36
解答法律询问	件	9732	1952	2056
代写法律事务文书	件	2468	321	78

17-9 公证工作情况

指标	单位	2016	2015	2014
公证处	**个**	**1**	**1**	**1**
公证处人员	人	7	7	8
# 公证员	人	4	4	3
办理公证总数	**件**	**4957**	**6195**	**4681**
国内公证	件	2220	1944	1726
# 经济类	件	804	656	729
民事类	件	1416	1288	997
涉外及涉港澳台	件	2737	4251	2955

17-10 基层人民调解工作情况

指标	单位	2016	2015	2014
人民调解委员会	个	362	346	440
专职司法所长、干事	人	51	42	46
其他调解人员数	人	1437	1416	1587
调解民间纠纷总数	件	4401	4653	3491
调解民间纠纷成功数	件	4401	4653	3491
# 婚姻家庭	件	554	705	594
# 防止民间纠纷引起自杀	件	0	0	0
# 防止民间纠纷转化为刑事案件	件	1	2	0
制止群众械斗	件	0	0	0
制止群众上访	件/人	1/15	8/267	2/48

17-11 基层法律服务所工作情况

指标	单位	2016	2015	2014
基层法律服务所	家	20	20	20
基层法律工作者	人	70	54	68
民事诉讼代理	件	1628	1523	1856
民事非诉讼代理	件	137	132	216
担任法律顾问	家	312	303	443
见证	件	1087	1168	1271
避免挽救经济损失	万元	3890	3633	3540

17-12 法律援助工作情况

指标	单位	2016	2015	2014
法律援助中心	个	1	1	1
民事法律援助	起	1541	2188	1766
刑事法律援助	起	121	125	94
接待来访咨询	件	4018	3048	4071
“148”来电接待	件	1438	1400	813

17-13 公安机关立案的刑事案件及受理的治安案件分类情况

指标	单位	2016	2015	2014
立案的刑事案件数	**起**	**4472**	**4269**	**4246**
# 杀人	起	4	5	8
伤害	起	30	21	32
抢劫	起	5	9	4
强奸	起	7	12	6
拐卖人口	起			
盗窃	起	3208	2953	3100
诈骗	起	935	1038	840
走私	起			
持有使用假货币	起			
其他	起	283	231	256
治安案件				
受理的治安案件数	**起**	**6645**	**6537**	**6144**
查处的治安案件数	**起**	**6312**	**6256**	**5840**
扰乱工作、扰乱公共秩序				
受理案件数	起	59	53	33
查处案件数	起	59	53	33
结伙斗殴、寻衅滋事				
受理案件数	起	23	23	16
查处案件数	起	23	23	16
侮辱妇女及其他流氓活动				
受理案件数	起			
查处案件数	起			
阻碍国家工作人员执行任务				
受理案件数	起	29	15	14
查处案件数	起	29	15	14
殴打他人				
受理案件数	起	1720	1478	1503
查处案件数	起	1720	1478	1503
偷窃财物				
受理案件数	起	2123	2252	1995
查处案件数	起	2123	2252	1995
骗取、掠夺、敲诈勒索财物				
受理案件数	起	195	158	143
查处案件数	起	195	158	143
哄抢公私财物				

17-13 续表

指标	单位	2016	2015	2014
受理案件数	起			
查处案件数	起			
故意损坏公共财物				
受理案件数	起	1491	1645	1433
查处案件数	起	1491	1645	1433
伪造倒卖票卷、证件				
受理案件数	起			
查处案件数	起			
利用迷信扰乱秩序或骗财				
受理案件数	起			
查处案件数	起			
卖淫、嫖娼				
受理案件数	起	21	55	79
查处案件数	起	21	55	79
赌博				
受理案件数	起	133	160	141
查处案件数	起	133	160	141
违反枪支管理规定				
受理案件数	起	27	10	12
查处案件数	起	27	10	12
违反户口、居民身份证管理				
受理案件数	起			
查处案件数	起			
其它				
受理案件数	起	824	688	775
查处案件数	起	824	407	471
民事案件发案数	**起**			
刑事案件破案率				
破获拐卖妇女儿童案件数	起			
破获组织、强迫、容留妇女卖淫案件数	起			
犯罪人数				
刑事犯罪被害人中妇女所占比重	%	47.6	13.2	38.1
刑事犯罪被害人中18岁以下青少年所占比重	%	1.3	0.7	0.2
家庭暴力投诉案件数	**起**			
# 受理案件数	起			

17-14 检察机关审批决定逮捕犯罪嫌疑人和提起公诉被告人情况

指标	单位	2016	2015	2014
审批决定起诉案件数	**件/人**	**680/931**	**621/822**	**644/831**
公安、安全、监狱提请案件数	**件/人**	**663/906**	**607/806**	**624/811**
# 危害国家安全案	件/人	0/0	0/0	0/0
危害公共安全案	件/人	193/193	197/200	226/226
破坏社会主义市场经济秩序案	件/人	27/46	24/45	24/41
侵犯公民人身民主权利案	件/人	46/89	39/45	42/48
侵犯财产案	件/人	253/332	224/284	222/306
妨碍社会管理秩序案	件/人	144/246	123/232	110/190
直接立案侦查案件数	**件/人**	**17/25**	**14/16**	**20/20**
# 贪污贿赂案	件/人	14/22	10/12	17/17
渎职案	件/人	3/3	4/4	3/3
其他	件/人	0/0	0/0	0/0
审批决定逮捕案件数	**件/人**	**225/277**	**208/295**	**180/231**
公安、安全、监狱提请案件数	**件/人**	**225/277**	**208/295**	**180/231**
# 危害国家安全案	件/人	0/0	0/0	0/0
危害公共安全案	件/人	21/21	10/10	19/19
破坏社会主义市场经济秩序案	件/人	11/15	10/17	8/10
侵犯公民人身民主权利案	件/人	32/43	23/31	22/25
侵犯财产案	件/人	90/111	95/124	95/128
妨碍社会管理秩序案	件/人	71/87	70/113	36/49
直接立案侦查案件数	**件/人**	**0/0**	**0/0**	**0/0**
# 贪污贿赂案	件/人	0/0	0/0	0/0
渎职案	件/人	0/0	0/0	0/0
其他	件/人	0/0	0/0	0/0
处理申诉案件	**件**	**3**	**2**	**4**
受理案件数	**件**	**3**	**2**	**4**
# 不服刑事拘留	件	0	0	0

17-14 续表

指标	单位	2016	2015	2014
不服不定案(不立案)	件	0	0	0
不服逮捕	件	0	0	0
不服不批捕	件	0	0	0
不服撤案(不起诉)	件	0	0	0
不服原免予起诉	件	0	0	0
不服刑事判决	件	3	2	4
不服劳改	件	0	0	0
其他	件	0	0	0
立案复查案件数	**件**	**0**	**0**	**1**
# 不服刑事拘留	件	0	0	0
不服不定案(不立案)	件	0	0	0
不服逮捕	件	0	0	0
不服不批捕	件	0	0	0
不服撤案(不起诉)	件	0	0	0
不服原免予起诉	件	0	0	0
不服刑事判决	件	0	0	1
不服劳改	件	0	0	0
其他	件	0	0	0
结案案件数	**件**	**3**	**2**	**3**
# 不服刑事拘留	件	0	0	0
不服不定案(不立案)	件	0	0	0
不服逮捕	件	0	0	0
不服不批捕	件	0	0	0
不服撤案(不起诉)	件	0	0	0
不服刑事判决	件	3	2	3
不服劳改	件	0	0	0
其他	件	0	0	0

17-15　人民法院主要案件收结案情况

指标	单位	2016	2015	2014
一、刑事一审案件				
1. 上年末存案数	件	65	25	22
2. 本年发案数	件	780	657	667
3. 本年收案数	件	715	632	645
# 危害国家安全罪	件	—	—	—
危害公共安全罪	件	195	203	217
破坏社会主义市场经济秩序罪	件	27	22	23
侵犯公民人身权利、民主权利罪	件	64	57	56
侵犯财产罪	件	261	226	219
妨碍社会管理秩序罪	件	149	112	110
危害国防利益罪	件	—	—	—
贪污贿赂罪	件	15	9	17
渎职罪	件	4	3	3
军人违反职责罪	件	—	—	—
4、本年结案数	件	741	592	642
# 危害国家安全罪	件	—	—	—
危害公共安全罪	件	205	192	216
破坏社会主义市场经济秩序罪	件	26	22	21
侵犯公民人身权利、民主权利罪	件	62	54	58
侵犯财产罪	件	274	214	217
妨碍社会管理秩序罪	件	153	105	108
贪污贿赂罪	件	15	3	19
渎职罪	件	6	2	3
军人违反职责罪	件	—	—	—
5、本年末未结案数	件	39	65	25

17-15 续表1

指标	单位	2016	2015	2014
二、民事一审案件				
1、上年末存案数	件	974	616	207
2、本年发案数	件	6505	5816	4479
3、本年末收案数	件	5531	5162	4272
# 婚姻家庭	件	1668	1626	1549
继承	件	54	47	62
房屋	件	79	101	119
土地等不动产	件	9	16	2
相邻关系	件	17	14	12
赔偿	件	97	126	149
知识产权	件	—	—	—
人身权	件	1558	1699	1994
特别程序	件	172	145	252
债	件	1728	1259	4
其他	件	149	129	129
4、本年结案数	件	5726	4798	4047
# 婚姻家庭	件	1708	1553	1462
继承	件	54	45	60
房屋	件	101	73	116
土地等不动产	件	11	13	1
相邻关系	件	25	4	12
赔偿	件	111	124	133
知识产权	件	—	—	—
人身权	件	1648	1650	1901
特别程序	件	185	127	242
债	件	1729	1103	4

17-15 续表 2

指标	单位	2016	2015	2014
其他	件	154	106	116
5、本年末未结案数	件	779	987	432
三、经济纠纷一审案件				
1、上年末存案数	件	469	311	250
2、本年案发数	件	2920	2148	2658
3、本年收案数	件	2451	1837	2408
# 经济合同	件	2186	1690	2266
损害赔偿	件	84	59	40
经济权属	件	29	38	31
企业破产	件	—	—	—
铁路运输	件	—	—	—
航空运输	件	—	—	—
公路运输	件	24	16	21
水路运输	件	—	—	—
海事海商	件	—	—	—
其他	件	128	34	50
4、本年结案数	件	2482	1681	2165
# 经济合同	件	2219	1556	2038
损害赔偿	件	69	48	41
经济权属	件	33	31	29
企业破产	件	—	—	—
铁路运输	件	—	—	—
航空运输	件	—	—	—
公路运输	件	21	16	21
水路运输	件	—	—	—
海事海商	件	—	—	—

17-15 续表 3

指标	单位	2016	2015	2014
其他	件	140	30	36
5、本年末未结案数	件	438	467	493
四、行政一审案件				
1、上年末存案数	件	44	45	40
2、本年案发数	件	278	325	162
3、本年收案数	件	234	280	122
# 公安	件	23	35	25
工商	件	6	4	19
土地	件	19	22	10
林业	件	—	—	—
城建	件	43	29	28
交通运输	件	3	3	—
税务	件	2	—	1
其他	件	138	187	39
4、本年结案数	件	228	281	137
# 公安	件	22	36	24
工商	件	6	9	17
土地	件	14	23	14
林业	件	—	—	—
城建	件	39	38	19
交通运输	件	3	3	1
税务	件	2	—	1
其他	件	142	172	61
5、本年末未结案数	件	50	44	25
五、犯罪人数	**人**	**984**	**724**	**826**
# 青少年(25 岁以下)	人	91	59	59

17–16 社区服务中心情况

指标	单位	2016	2015
社区服务单位数	个	13	14
# 服务设施数	个	6	5
年末职工人数	人	30	33
业务活动	次	160	150
# 老年人活动项目	个	45	40
残疾人活动项目	个	15	15
家务劳动服务项目	个	75	70
其他社区服务项目	个	25	25
活动人次数	人次	12200	12000
# 老人	人次	10000	10000
资产合计	万元	200	200
# 固定资产原值	万元	68	80
净资产合计	万元	800	800
收入合计	万元	53	130
# 财政补助收入	万元		
事业收入	万元		
支出合计	万元	53	130
城镇社区居委会依法自治达标率	%	100.0	100.0
农村村委会依法自治达标率	%	100.0	100.0
农村社会保障服务网络覆盖率	%	100.0	100.0

注:服务设施数以独立核算单位为口径。

17-17 社团组织管理和社区建设情况

指标	单位	2016	2015	2014
社团管理				
上年末实有社团数	个	260	369	173
本年批准登记社团数	个	16	20	196
# 学术性团体	个			
行业性团体	个			
专业性团体	个			
联合性团体	个			
基金会团体	个			
本年注撤销社团总数	个	60	129	
按活动区域分	-			
# 省级社团	个			
地级社团	个			
县级社团	个			
按性质分	-			
# 学术性团体	个			
行业性团体	个			
专业性团体	个			
联合性团体	个			
基金会团体	个			
社团负责人	人	711	968	991
# 女性	人	36	50	52
民办非企业单位年末实有数	个	456	562	454
社团服务与农村服务网络				
社区服务设施数	个			
从业人员数	人			
# 安置下岗人员数	人			
城镇便民、利民服务网点数	个			
社区服务志愿者组织数	个			
社会服务志愿者人数	人			
农村社会保障网络数	个			

17-18 劳动争议处理情况(2016年)

指标	合计	国有企业	集体企业	民营企业	外商及港澳台投资企业	私营企业	联营及股份制企业	个体工商户	机关社团事业单位	其他
本期发生数										
# 与女性有关劳动争议案件数										
上期末未结案数	55									
案件受理情况										
案件数	600			589				11		
# 与女性有关劳动争议案件数										
用人单位申诉案件数										
劳动者申诉案件数	600			589				11		
劳动者当事人人数	1433			1405				28		
争议原因										
执行劳动合同	428			418				10		
# 劳动报酬	222			222						
保险福利	206			196				10		
劳动保护										
职业培训										
变更劳动合同										
解除劳动合同										
终止劳动合同										
其他	172			171				1		
案件处理情况										
结案案件数	620			610				10		
处理方式										
仲裁调解	531			521				10		
促裁裁决	62			62						
其他方式	27			27						
处理结果										
用人单位胜诉	7			7						
劳动者胜诉	19			18				1		
双方部分胜诉	594			584				10		
本期末未结案数	35									

17-19 工会基本情况

指标	单位	2016	2015	2014
工会基层组织数	个	2635	2496	2389
全市建工会组织的基层单位职工与会员人数	人			
职工人数	人	298931	287330	269299
# 女职工	人	124134	119971	111913
会员人数	人	298801	286982	268870
# 女会员	人	124109	119933	111836
工会专职人员数	人	48	71	26
工会兼职人员数	人	8728	7891	7871
建立职工代表大会制度的单位	个	2077	2633	2902
建立劳动争议调解委员会的单位	个	1762	1705	1862
建立工会劳动保障监督检查委员会的单位	个	2645	1766	1911
建立工会劳动法律监督检查组织的单位	个	1792	1667	1889
开展扶贫帮困送温暖活动的单位	个	508	619	352
开展合理化建议活动的单位	个	1700	1689	1650
开展劳动竞赛的单位	个	922	1026	896

17-20 妇联基本情况

指标	单位	2016 年	2015 年	2014 年
妇联基层组织数	个	289	174	171
全市已建妇联组织及基层单位职工与会员人数	人	295	174	171
妇联专职人员数	人	6	6	6
妇联兼职人员数	人	289	168	165
各类家长学校数	个	89	88	88
家长学校当年培训学员人次	万人次	10.1	9.9	9.9
0—18 岁儿童家长家庭教育知识普及率	%	99.7	99.6	99.6
妇女权益联席会议制度覆盖率	%	100.0	100.0	100.0
妇女权益法律援助制度覆盖率	%	100.0	100.0	100.0
妇女干部特邀陪审员制度覆盖率	%	100.0	100.0	100.0
乡级以上表彰“五好文明家庭”数	个	640	610	610

17-21 档案馆基本情况

指标	单位	2016	2015	2014
档案机构数	个	5	5	5
档案人员数	人	30	29	30
# 专业人员	人	16	16	21
# 高级	人	2	2	2
中级	人	6	6	7
初级	人	4	4	5
市档案馆(局)				
机构数	个	1	1	1
人员数	人	11	11	12
# 专业人员	人	11	11	12
# 高级	人			
中级	人	4	4	5
初级	人	3	3	3
专门档案馆(室)				
机构数	个	2	2	2
人员数	人	5	5	6
# 专业人员	人	5	5	6
# 高级	人	2	2	2
中级	人	2	2	2
初级	人	1	1	2
城建档案馆				
机构数	个	1	1	1
人员数	人	4	4	5
# 专业人员	人	4	4	5
# 高级	人	1	1	1

17-21 续表

指标	单位	2016	2015	2014
中级	人	2	2	2
初级	人	1	1	2
农业科技档案室				
机构数	个	1	1	1
人员数	人	1	1	1
# 专业人员	人	1	1	1
# 高级	人	1	1	1
中级	人			
初级	人			
部门档案馆				
机构数	个	2	2	2
人员数	人	14	13	12
开发区档案室				
机构数	个	1	1	1
人员数	人	1	1	1
房地产档案室				
机构数	个	1	1	1
人员数	人	13	12	11
中型企业档案室				
机构数	个			
人员数	人			
# 专业人员	人			
# 高级	人			
中级	人			
初级	人			

17-22 档案馆藏及利用情况

指标	单位	2016	2015	2014
全市保存档案全宗	个	187	175	171
全市保存档案案卷	卷	812899	505775	463876
	件	248896	80325	73948
底图	张	6458	6939	6926
全市开放档案	卷	580502	420058	387291
全市利用档案人次	人	27113	28185	31011
卷次	卷	14598	17284	32782
一、档案馆(局)				
(一)保存档案全宗	个	183	171	167
保存档案案卷	卷	253678	98805	92632
	件	246331	78804	73522
录音录像照片	张	2054	1945	1945
底图	张			
(二)开放档案	卷	24744	16125	16125
(三)利用档案人次	人	4161	3433	3084
卷次	卷	7490	6179	3233
二、专门档案馆				
(一)保存档案全宗	个	2	2	2
保存档案案卷	卷	90793	82474	72402
录音录像照片	张	4651	4119	3592
底图	张	5833	6034	6034
(二)开放档案	卷	90793	82474	72402
(三)利用档案人次	人	665	677	746
卷次	卷	1289	1233	1339
1、城建档案馆				
①保存档案全宗	个	1	1	1
保存档案案卷	卷	88303	80026	70040
录音录像照片	张	4054	3522	2995
底图	张	5772	5973	5973
②开放档案	卷	88303	80026	70040
③利用档案人次	人	347	356	426
卷次	卷	876	817	927
2、农业科技档案室				
①保存档案全宗	个	1	1	1
保存档案案卷	卷	2490	2448	2362
录音录像照片	张	597	597	597
底图	张	61	61	61

17-22 续表

指标	单位	2016	2015	2014
①开放档案	卷	2490	2448	2362
②利用档案人次	人	318	321	320
卷次	卷	413	416	412
三、部门档案馆(室)				
(一)保存档案全宗	个	2	2	2
保存档案案卷	卷	468428	324496	301771
	件	2565	1520	1410
录音录像照片	张	676	2034	2027
底图	张	625	905	888
(二)开放档案	卷	464965	321459	298764
(三)利用档案人次	人	22287	24075	27181
卷次	卷	5307	9872	28210
件次	件	512	635	426
1、开发区档案室				
①保存档案全宗	个	1	1	1
保存档案案卷	件	2565	1520	1410
录音录像照片	张	519	658	658
底图	张	625	905	888
②开放档案	卷			
③利用档案人次	人	89	120	79
	件	512	635	426
2、房地产档案室				
①保存档案全宗	个	1	1	1
保存档案案卷	卷	468428	324496	301771
录音录像照片	张	157	1376	1369
底图	张			
②开放档案	张	464965	321459	298764
③利用档案人次	人	22198	23955	27102
卷次	卷	5307	9872	28210
四、中型企业档案室				
(一)保存档案全宗	个			
保存档案案卷	卷			
录音录像照片	张			
底图	张			
(二)开放档案	卷			
(三)利用档案人次	人			
卷次	卷			

第十八篇

城市建设 Chapter 18

Urban Construction

责任编辑:卢　静

18-1 城区建设基本情况

指标	单位	2016	2015
城市总户数	**万户**		
城市人口	**万人**	**32.31**	**29.40**
# 非农业人口	万人		
城市维护建设资金支出	万元		
一、城区建设用地面积			
1.城区面积	平方公里	60	60
2.建成区面积	平方公里	27.68	25.43
3.城区建设用地	平方公里	27.68	25.43
# 居住用地	平方公里	10.82	9.59
公共管理及公共服务设施用地	平方公里	1.40	1.27
商业服务业设施用地	平方公里	1.98	1.87
工业用地	平方公里	4.72	4.42
物流仓储用地	平方公里	0.35	0.33
交通设施用地	平方公里	0.48	0.30
公共设施用地	平方公里	3.72	3.56
绿化用地	平方公里	4.21	4.09
二、城区设施水平			
1.城区人口密度	人/平方公里	5385	4900
2.人均日生活用水量	升	156.31	167.16
3.城区人口用水普及率	%	100.0	100.0
4.每万人拥有公交车辆	标台	12.5	12.6
5.煤气及液化气率	%	100.0	100.0
6.人均拥有道路面积	平方米	19.28	20.61
7.排水管道密度	公里/平方公里	15.92	16.01
8.污水处理率	%	93.2	
9.人均公共绿地面积	平方米	10.57	10.93
10.建城区绿化覆盖率	%	39.6	40.9
11.生活垃圾无害化处理率	%	100.0	100.0
12.垃圾粪便无害化处理率	%	100.0	100.0
13.水冲厕所比率	%	100.0	100.0

18-1 续表1

指标	单位	2016	2015
三、城区设施情况			
1.实有道路长度	公里	200.02	194.64
2.实有道路面积	平方公里	623.08	605.95
# 人行道面积	平方公里	87.55	80.78
3.桥梁数	座	61	60
4.路灯盏数	盏	27264	26841
5.排水管道长度	公里	440.64	407.07
6.污水排放量	万立方米	3093	
7.污水处理厂	个	1	1
8.污水日处理能力	万立方米/日	12	12
9.污水处理总量	万立方米	2884	
10.防洪堤长度	公里		
四、园林绿化			
1.绿化覆盖面积	公顷	1338.43	1216.33
# 建成区	公顷	1096.09	1040.63
2.绿地面积	公顷	1279.02	1161.62
# 建成区	公顷	1041.20	987.87
3.公共绿化面积	公顷	341.58	321.25
4.公园	个	6	6
5.公园面积	公顷	43.23	43.23
6.人均公园绿地面积	平方米	10.57	10.93
五、城区供水情况			
1.年末自来水综合生产能力	万立方米/日	10	10
2.年末供水管道长度	公里	1149.55	1039.15
3.全年供水总量	万立方米	3524.89	
# 生产用水	万立方米	974.78	
公共服务用水	万立方米	101.12	
家庭用水	万立方米	1742.22	
消防及其他用水	万立方米	73.57	
4.售水量	万立方米	2891.69	

18-1 续表 2

指标	单位	2016	2015
5.免费供水量	万立方米	105	
6.用水户数	户	146150	
7.用水人口	万人	32.31	29.40
六、城区供气情况			
1.液化气储气能力	吨		370
2.管道长度	公里		180
3.外购气量	吨		
4.煤气(天然气)供气总量	万立方米	2705	1502
# 家庭用量	万立方米	800	780
5.煤气(天然气)用气人口	人	32.31	15.64
6.液化气供气量	吨		4985
# 家庭用量	吨		4983
7.液化气用气人口	人		13.76
8.用气普及率	%	100.0	100.0
七、城区环境卫生情况			
1.实际清扫保洁面积	万平方米	451	390
# 机械清扫	万平方米	332	332
2.生活垃圾清运量	万吨	9.50	9.06
3.粪便清运量	万吨	0.85	0.84
4.垃圾无害化处理厂	座	1	1
5.无害化处理能力	吨/日	0	0
6.年无害化处理量	万吨	9.50	9.90
7.公共厕所	座	80	80
# 水冲厕所	座	80	80
8.环卫机械车	辆	155	155
# 垃圾车	辆	79	87
粪便车	辆	5	5
扫路车	辆	47	35
9 污水处理率	%	93.24	
# 污水集中处理率	%	85.61	
10.年末职工人数	人	969	872

主要统计指标解释

年底自来水生产能力 指年底城建部门管理的自来水厂和自备水源的社会单位取水、净化、送水、出厂输水干管等环节的实际生产能力。

年底供水管理长度 指从送水泵到用户水表之间所有的管道的长度。

全年供水总量 指公用自来水厂和自备水源的社会单位全年的供水总量,包括有效供水量及损失水量。

生活用水量 指居民日常生活与公共福利设施的用水量。包括居民、饮食店、旅馆、医院、理发店、浴池、洗衣店、游泳池、商店、学校、机关、部队等单位的用水量。

城市人口用水普及率 指城市用水的非农业人口数(不包括临时人口和流动人口)与城市非农业人口总数之比。

计算公式:$用水普及率=\frac{城市用水的非农业人口数}{城市非农业人口数}\times 100\%$

人工煤气生产能力 指城市煤气制气、净化、输送等环节的综合实际生产能力。

输气管道长度 指由压缩机、鼓风机、储气罐的出口到用户立管之间的全部管道长度。

全年供气总量 指全年售给各类用户的全部煤气量。包括工业用量、家庭用量和其他用量、

城市用气普及率 指使用煤气(包括人工煤气、液化石油气、天然气)的城市非农业人口数(不包括临时人口和流动人口)与城市非农业人口总数之比。

计算公式:$城市用气普及率=\frac{城市用气的非农业人口数}{城市非农业人口数}\times 100\%$

年底实有铺装道路长度 指除土路外,路面经过铺装宽度在3.5米以上的道路,包括高级、次高等级路和普通道路。

城市桥梁 指城市范围内,修建在河道上的桥梁和道路与道路立交、道路跨越路的立交桥,以及人行天桥。包括永久性桥和半永久性桥,不包括临时性、铁路桥、涵洞。

城市下水道总长度 指所有排水总管、干管、支管及暗渠、检查井、连接井进出水口等长度之和。

城市污水日处理能力 指污水处理厂每昼夜处理污水量的设计能力。

年末实有公共汽(电)车 指年底可参加营运的全部车辆数,包括年底运营车辆和和库存查封未参加营运的车辆,不包括非营运车辆,如架线车、油罐车、工程车、货车及其他专用车辆和借入的客运车辆。

营运的线路长度 指设置的固定营运的线路长度,包括郊区营运线路长度。不包括临时行驶的线路长度。

城市园林绿地面积 指城市公共绿地、专用绿地、生产绿地、防护绿地、郊区风景名胜区的全部面积。

公共绿地 指供游览休息的各种公园、动物园、植物园、陵园以及花园、游园和供游览休息用的林荫绿地、广场绿地。不包括一般栽植的行道树及林荫道的面积。

废水排放总量 包括生产废水和生活污水。生产废水指企事业单位在生产、科研过程中向外排放的所有排放口的废水量总和。生活污水指城镇居民区和企、事业单位职工集中居住区的排放的污水量。

工业废水排放总量 指经过工业企业厂区所有排放口排到企业外部的工业废水量,包括外排的直接冷却水、超标排放的矿井地下水和与工业废水混排的厂区生活污水,不包括外排的间接冷却水(清污不分流的间接冷却水应计算在内)。

工业废水排放达标量 指全面达到国家、地方排放标准的外排工业废水量,包括经过处理后达标外排的和未经过处理达标外排的两部分工业废水。国家排放标准见国标(GB8978-88)。

工业废水处理量 指经过各种水处理装置净化处理后的外排工业废水量(包括虽经处理仍未达到国家或地方标准的外排工业废水量)。

废气排放总量 指燃料燃烧和生产工艺过程中排放的各种废气总量,以标准状态下每年万标立方米表示。

燃料燃烧过程废气排放量 指燃煤、燃油、燃气锅炉、烘干炉、锻造加热炉、退火炉和其他工业炉窑在燃烧过程(燃料和物料不混合的纯加热过程)中所排废气的总量。它可根据烟气计算公式或经验计算公式求得。

经过消烟除尘的燃料废气量 指燃料燃烧过程中排放的废气经过消烟除尘装置处理的量。

经过净化处理的生产工艺废气量 指生产工艺过程中排放的废气经过各种净化处理装置净化、处理的量。

工业粉尘排放量 指工业企业在生产工艺过程中排放的固体微粒总重量。如钢铁企业的耐火材料粉尘、焦化企业的筛焦系统粉尘、烧结机的粉尘、石灰窑的粉尘、建材企业的水泥粉尘等,不包括电厂排放大气的烟尘。

工业粉尘回收量 批经生产工艺废气净化处理装置处理回收的粉尘和尘泥量(包括干法和湿法)。不包括电厂的烟尘。通常情况下:工业粉尘产生量=工业粉尘排放量+工业粉尘回收量

工业固定废物产生量 指工业企业在生产过程中产生的固体状、半固体状和高浓度液体状废弃物的总量,包括冶炼为渣、粉煤灰、炉渣、煤矸石、化工废渣、尾矿、放射性废渣和其它废渣等;不包括矿山开采的剥离废石和掘进废石(煤矸石和呈酸性或碱性的废石除外)。酸性或碱性废石是指采掘的废石其流经水、雨淋水 PH 值小于 4 或 PH 值大于 10.5 者。

工业固体废物处理量 指以符合环境保护要求的方式将固体废物放置在不再回收的场所的固体废物量,如填埋、焚烧、经封场处理的专业贮存场(库)、深层罐注、回填矿井等(包括当年处置往年的堆存量)。

工业固体废物综合利用量 指已用作农业肥料、造田、生产建筑材料、筑路以及其他方式综合利用的固体废物量(包括当年利用往年的工业固体废物堆存量)。综合利用量由原产同体废物的单位统计。

"三废"综合利用产品产值 指工业企业回收利用"三废"作为主要原料生产的产品产值。按国发(1985)117 号文规定执行。

"三废"综合利用产品利润 指工业企业回收利用"三废"用为主要原料生产的产品自用或出售后所得的利润额。

第十九篇 县域交流

Chapter 19

Inter-County Exchanges

责任编辑:卢　静

19-1 南通市九县市区

指标		崇川区	港闸区	开发区
地区生产总值(亿元)	总量	682.69	337.27	525.26
	增幅	9.0	9.0	9.5
服务业增加值占 GDP 比重(%)	占比	75.01	42.93	30.11
规模以上工业增加值(亿元)	总量	85.30	122.10	409.84
	增幅	2.7	8.0	10.0
高新技术产业产值(亿元)	总量	139.33	234.70	784.46
	增幅	6.6	21.8	12.1
高新技术产业产值占比(%)	占比	45.21	42.42	43.58
新兴产业产值(亿元)	总量	103.28	212.87	585.83
	增幅	-14.3	28.1	3.9
新兴产业产值占比(%)	占比	33.51	38.47	32.55
固定资产投资(亿元)	总量	332.24	309.30	532.68
	增幅	-20.3	12.1	12.0
工业投资(亿元)	总量	62.82	70.88	197.45
	增幅	-0.3	23.2	10.0
第三产业投资(亿元)	总量	269.42	237.83	335.23
	增幅	-23.9	8.9	13.2
进出口总额(亿美元)	总量	54.78	27.09	53.09
	增幅	-21.0	-17.5	-0.6
出口总额(亿美元)	总量	34.11	20.63	30.67
	增幅	-29.8	-18.1	3.2
社会消费品零售总额(亿元)	总量	398.30	134.36	155.35
	增幅	10.1	10.8	10.6
限额以上社消零(亿元)	总量	202.28	85.74	100.52
	增幅	4.0	8.1	4.4
一般公共预算收入(亿元)	总量	72.53	38.29	45.22
	增幅	-7.6	-6.2	-6.0
全社会用电量(亿千瓦时)	总量	33.36	16.40	49.18
	增幅	5.7	4.1	7.6
工业用电量(亿千瓦时)	总量	13.36	11.03	42.77
	增幅	0.7	-0.4	5.0
本外币存款余额(亿元)	总量	-	-	-
	增幅	-	-	-
本外币贷款余额(亿元)	总量	-	-	-
	增幅	-	-	-
城镇居民人均可支配收入(元)	总量	-	-	-
	增幅	-	-	-
农村居民人均可支配收入(元)	总量	-	-	-
	增幅	-	-	-

主要指标(2016年)

通州区	海安	如东	启东	如皋	海门
1026.66	755.29	746.69	881.85	904.27	1005.06
9.3	9.6	9.2	9.5	9.6	9.4
45.09	45.70	45.30	44.50	45.00	44.50
496.21	516.94	431.85	386.64	438.83	463.28
10.0	10.2	9.7	10.3	10.2	10.0
1004.58	1073.01	792.47	904.59	946.96	1003.01
14.7	11.7	−0.4	18.4	17.6	12.7
46.52	48.58	40.08	48.56	47.44	48.06
783.72	819.63	421.64	802.86	617.08	727.33
13.1	14.5	−5.7	17.5	18.1	16.1
36.29	37.11	21.32	43.10	30.91	34.85
681.49	584.46	545.42	614.84	575.25	613.19
14.0	14.6	12.0	14.1	14.3	8.5
369.59	343.41	329.24	352.69	312.19	367.53
9.1	8.2	8.6	7.1	7.3	6.9
308.19	239.76	213.64	261.87	262.03	245.66
21.4	25.3	16.6	25.0	24.1	11.1
37.33	16.55	25.10	30.22	25.29	39.14
4.2	9.1	2.6	−1.5	−17.2	73.7
33.69	14.05	14.51	26.51	20.15	35.79
6.7	9.7	0.7	6.8	−22.8	152.3
341.12	273.74	318.62	324.57	342.21	344.60
10.9	10.7	10.9	10.8	10.8	10.8
69.10	75.67	133.58	100.19	121.64	117.23
9.9	13.5	9.5	10.4	10.7	12.3
72.22	57.58	54.41	71.03	71.21	72.41
−7.6	−7.2	−7.1	−7.6	−7.6	−7.6
52.87	46.72	49.12	31.02	50.31	38.60
5.7	8.1	8.0	9.4	8.4	7.1
38.32	36.31	36.11	19.07	34.49	25.91
3.8	7.1	6.6	5.4	5.0	3.6
1420.34	1299.01	1027.54	1248.54	1150.27	1379.13
13.5	16.6	19.6	15.2	15.9	17.4
748.88	799.89	495.49	712.78	715.80	825.88
10.4	6.0	17.6	9.4	17.3	19.1
40741	37297	37133	37390	36590	40509
8.2	8.3	8.1	8.2	8.3	8.3
19929	17978	17119	19875	16883	20608
8.5	8.6	8.2	8.7	8.7	8.5

19-2 江苏省各县(市)

指标名称	年末户籍人口(万人)	年末常住人口(万人)	建成区面积(平方公里)	就业人员			
					第一产业	第二产业	第三产业
南京市	**662.79**	**827.00**	**774**	**456.00**	**46.00**	**148.90**	**261.10**
无锡市	**486.20**	**652.90**	**538**	**387.00**	**17.10**	**214.90**	**155.00**
江阴市	124.80	164.15	125	98.99	4.86	61.03	33.10
宜兴市	108.34	125.44	81	73.92	8.62	40.36	24.94
徐州市	**1042.40**	**871.00**	**455**	**483.40**	**144.30**	**159.90**	**179.20**
丰县	121.43	94.89	31	55.78	19.58	5.87	17.18
沛县	124.93	111.68	47	64.77	22.09	19.02	20.60
睢宁县	144.16	102.59	34	62.89	22.33	22.09	19.31
新沂市	113.56	91.09	36	55.35	17.82	21.26	18.65
邳州市	193.87	143.86	46	87.79	29.14	18.87	28.88
常州市	**374.90**	**470.83**	**290**	**281.40**	**30.00**	**142.20**	**109.20**
溧阳市	79.95	76.16	29	49.84	11.56	25.47	12.81
苏州市	**678.20**	**1064.74**	**733**	**691.30**	**23.50**	**412.10**	**255.70**
常熟市	106.87	151.26	98	104.55	3.95	64.17	36.43
张家港市	92.66	125.55	51	77.27	4.41	46.51	26.35
昆山市	82.35	165.70	72	116.27	1.73	74.40	40.14
太仓市	48.30	71.20	51	45.80	2.60	26.81	16.39
南通市	**766.66**	**730.20**	**370**	**458.00**	**96.00**	**213.00**	**149.00**
海安县	93.83	86.60	32	54.20	11.30	28.55	14.35
如东县	103.54	98.18	25	62.00	13.35	30.70	17.95
启东市	111.95	95.20	30	67.00	18.30	29.20	19.50
如皋市	143.68	125.00	39	74.30	19.30	34.60	20.40
海门市	100.10	90.50	28	64.70	16.50	31.20	17.00
连云港市	**533.99**	**449.64**	**297**	**250.50**	**78.60**	**80.70**	**91.20**
东海县	123.45	96.84	29	56.59	18.63	17.81	20.15
灌云县	105.21	80.51	28	47.87	18.49	12.92	16.46
灌南县	82.64	63.51	27	36.44	15.09	10.96	10.39

主要指标(2016年)

地区生产总值	第一产业	第二产业	#工业	第三产业	人均地区生产总值(元)	农林牧渔业总产值	工业总产值
10503.02	**252.54**	**4117.32**	**3581.72**	**6133.16**	**127264**	**451.16**	**12945.02**
9210.02	**135.19**	**4346.78**	**3977.58**	**4728.05**	**141258**	**249.98**	**14352.96**
3083.26	44.34	1680.99	1612.25	1357.93	188101	87.83	5376.01
1377.74	48.74	709.51	608.05	619.49	109881	86.58	2588.86
5808.52	**542.88**	**2513.85**	**2122.58**	**2751.79**	**66845**	**1046.76**	**13644.36**
405.19	74.81	171.60	132.52	158.78	42739	147.91	715.31
665.03	91.29	305.05	234.93	268.69	59604	173.84	1738.40
497.38	84.09	207.65	163.98	205.64	48556	158.62	1084.38
562.06	64.91	232.17	198.89	264.98	61765	136.09	1812.43
804.14	111.92	347.27	303.07	344.95	55960	223.30	2592.57
5773.86	**152.67**	**2682.46**	**2428.84**	**2938.73**	**122721**	**283.97**	**12096.82**
801.26	48.29	392.29	334.26	360.68	105256	89.72	1363.42
15475.09	**221.81**	**7277.46**	**6709.02**	**7975.82**	**145556**	**424.67**	**30713.99**
2112.39	42.76	1082.43	1026.16	987.20	139768	79.80	3684.89
2317.24	31.34	1214.70	1155.30	1071.21	184744	61.14	4571.66
3160.29	30.07	1708.82	1608.39	1421.40	191058	54.51	8383.24
1155.13	36.76	583.87	547.67	534.50	162523	69.48	2027.67
6768.20	**366.66**	**3170.30**	**2633.06**	**3231.24**	**92702**	**691.55**	**14525.72**
755.29	55.97	354.15	290.67	345.17	87201	113.29	2204.77
746.69	67.87	340.57	286.80	338.25	76045	139.88	1896.41
881.85	66.58	422.85	336.94	392.42	92534	131.73	1829.18
904.27	62.99	434.36	364.30	406.92	72255	108.88	1985.12
1005.06	53.28	504.53	420.99	447.25	111100	94.12	2053.24
2376.48	**301.56**	**1049.90**	**851.82**	**1025.02**	**52987**	**589.42**	**5974.81**
433.43	67.28	186.57	163.08	179.58	44871	130.31	1124.94
328.66	64.10	143.12	109.30	121.44	40926	128.00	762.14
306.80	51.51	144.78	125.92	110.51	48429	97.07	671.18

指标名称	年末户籍人口（万人）	年末常住人口（万人）	建成区面积（平方公里）	就业人员	第一产业	第二产业	第三产业
淮安市	**567.56**	**489.00**	**275**	**283.60**	**78.30**	**89.60**	**115.70**
涟水县	115.38	84.80	36	48.92	17.17	11.86	19.89
盱眙县	80.47	65.35	37	38.48	11.72	12.86	13.90
金湖县	35.96	33.18	24	19.27	5.53	6.65	7.09
盐城市	**830.53**	**723.50**	**336**	**446.00**	**110.20**	**159.80**	**176.00**
响水县	62.49	50.10	22	28.74	8.21	9.97	10.56
滨海县	123.00	93.45	34	56.40	16.85	18.77	20.78
阜宁县	112.95	83.17	45	51.42	15.46	17.33	18.63
射阳县	96.23	88.45	25	57.01	16.04	19.55	21.42
建湖县	80.06	73.07	27	44.18	10.86	17.04	16.28
东台市	112.46	98.04	36	65.17	16.32	23.13	25.72
扬州市	**461.67**	**449.14**	**248**	**263.40**	**46.20**	**116.40**	**100.80**
宝应县	91.25	75.68	33	41.56	12.12	17.24	12.20
仪征市	59.62	56.57	39	39.18	8.62	18.02	12.54
高邮市	81.48	74.14	27	45.52	12.29	19.11	14.12
镇江市	**271.98**	**318.13**	**214**	**194.30**	**22.20**	**88.10**	**84.00**
丹阳市	81.15	98.16	34	63.56	5.80	33.76	24.00
扬中市	28.20	34.26	14	21.72	1.33	11.73	8.66
句容市	59.21	62.58	27	39.30	9.58	15.60	14.12
泰州市	**508.21**	**464.58**	**216**	**278.10**	**60.10**	**112.80**	**105.20**
兴化市	158.25	125.53	38	75.10	22.80	26.10	26.20
靖江市	66.67	68.71	34	41.10	6.90	20.60	13.60
泰兴市	119.31	107.74	29	64.40	16.10	26.40	21.90
宿迁市	**591.60**	**487.94**	**224**	**283.20**	**89.30**	**106.80**	**87.10**
沭阳县	197.06	154.88	65	93.80	28.44	37.73	27.63
泗阳县	107.34	84.09	37	49.49	18.90	16.91	13.68
泗洪县	111.06	89.23	36	48.46	17.34	16.72	14.40

续表 1

地区生产总值	第一产业	第二产业	# 工业	第三产业	人均地区生产总值(元)	农林牧渔业总产值	工业总产值
3048.00	**324.61**	**1268.15**	**1071.99**	**1455.24**	**62446**	**602.72**	**6951.32**
387.09	56.64	147.51	121.88	182.94	45680	109.49	808.17
356.70	54.20	140.30	113.46	162.20	54625	100.75	1038.08
241.88	33.11	90.31	79.90	118.46	72987	62.56	547.97
4576.08	**533.91**	**2050.02**	**1771.68**	**1992.15**	**63278**	**1104.93**	**9180.84**
270.64	41.42	126.77	113.66	102.45	53971	75.13	924.82
391.61	57.99	156.72	132.74	176.90	41761	110.69	705.15
394.40	54.60	169.15	126.96	170.65	47236	110.41	804.18
441.65	81.01	155.78	142.01	204.86	49749	181.07	751.19
466.13	46.73	197.59	168.82	221.81	63514	92.99	876.09
727.01	91.47	292.03	255.73	343.51	73902	203.11	1186.59
4449.38	**251.39**	**2197.63**	**1925.92**	**2000.36**	**99151**	**477.95**	**9661.65**
506.30	66.44	226.31	187.64	213.55	66962	124.99	1075.78
557.05	23.36	294.27	262.33	239.42	98558	45.84	1616.84
537.50	69.59	237.86	194.85	230.05	72562	135.64	1218.35
3833.84	**137.78**	**1870.40**	**1728.00**	**1825.66**	**120603**	**240.71**	**8722.84**
1136.04	52.31	567.57	544.57	516.16	115816	86.64	2529.31
504.73	12.96	261.44	250.74	230.33	147431	25.53	1372.66
493.20	43.11	231.90	206.81	218.19	78862	73.32	1399.25
4101.78	**240.00**	**1933.89**	**1679.83**	**1927.89**	**88330**	**415.96**	**12170.80**
748.85	102.59	289.85	251.07	356.41	59662	179.94	1790.42
801.75	22.51	391.95	351.39	387.29	116703	39.81	1888.79
832.91	53.95	388.52	340.07	390.44	77315	91.76	3002.02
2351.12	**275.23**	**1139.97**	**976.89**	**935.92**	**48311**	**517.24**	**4096.70**
697.31	91.27	317.95	284.04	288.09	45107	172.56	1375.83
402.75	57.85	199.21	166.95	145.69	48006	106.53	708.99
401.14	61.13	168.93	142.09	171.08	45039	121.89	744.10

指标名称	主营业务收入	利润总额	公路里程（公里）	公路客运量（万人）	公路货运量（万吨）	民用汽车拥有量(万辆)	邮电业务总量(亿元)
南　京　市	**12442.36**	**959.35**	**11211**	**8490**	**12463**	**221.68**	**525.27**
无　锡　市	**14120.24**	**968.02**	**7695**	**5785**	**13225**	**160.01**	**368.86**
江　阴　市	5393.26	337.84	2373	420	2947	40.40	35.26
宜　兴　市	2446.33	137.10	2388	564	1683	24.96	22.11
徐　州　市	**13947.04**	**1108.89**	**16277**	**13217**	**17586**	**101.61**	**246.69**
丰　　县	713.22	57.40	1834	554	1408	8.92	19.39
沛　　县	1734.65	104.09	2328	862	1527	8.96	22.26
睢　宁　县	1072.23	114.94	2396	1074	1763	9.92	26.96
新　沂　市	1861.13	138.29	2719	889	1510	7.32	24.94
邳　州　市	2676.86	206.01	3118	744	1954	11.71	29.92
常　州　市	**12435.86**	**725.27**	**9031**	**5423**	**11095**	**109.80**	**231.95**
溧　阳　市	1349.51	79.08	2557	946	2029	13.24	8.34
苏　州　市	**30380.18**	**1772.74**	**12681**	**31589**	**12287**	**312.60**	**789.21**
常　熟　市	3633.14	235.76	3120	3528	1275	39.14	67.71
张　家　港　市	4683.67	177.08	1617	3129	1599	33.65	26.71
昆　山　市	8369.39	446.81	1893	4048	1339	49.88	63.96
太　仓　市	1968.23	154.73	1304	2796	1302	19.66	17.26
南　通　市	**14650.80**	**1118.27**	**18427**	**8204**	**11535**	**134.95**	**261.92**
海　安　县	2213.06	159.99	2374	544	1794	12.89	24.60
如　东　县	1883.91	147.18	2691	679	1335	15.03	21.27
启　东　市	1839.18	130.52	3595	1198	548	16.03	26.32
如　皋　市	2009.77	128.77	3270	548	2137	20.78	27.93
海　门　市	2072.14	220.61	2521	482	780	16.39	27.05
连　云　港　市	**5946.41**	**496.53**	**12027**	**4654**	**8378**	**47.85**	**119.96**
东　海　县	1109.15	74.33	2999	497	1805	10.98	10.01
灌　云　县	715.77	44.99	2649	439	873	7.29	7.00
灌　南　县	666.61	46.83	1921	359	694	4.97	4.37

续表 2

国际互联网用户(万户)	全年用电量(亿千瓦时)	#工业用电	固定资产投资	房地产开发投资	商品房屋销售建筑面积(万平方米)	社会消费品零售总额(亿元)	进出口总额(亿美元)
373.66	**524.79**	**310.81**	**5533.56**	**1845.60**	**1558.18**	**5088.20**	**502.14**
269.95	**638.67**	**493.73**	**4793.69**	**1033.62**	**1276.41**	**3119.56**	**698.05**
65.05	244.93	214.41	1133.03	281.10	233.05	776.05	198.77
49.15	92.25	70.35	537.31	88.70	135.13	556.37	37.00
223.61	**353.91**	**250.22**	**4797.33**	**549.13**	**1071.43**	**2659.39**	**62.42**
17.93	21.27	12.31	251.10	32.62	98.33	151.04	1.46
21.63	35.85	25.85	560.35	24.68	92.78	245.59	3.09
22.13	25.04	14.61	320.49	43.53	119.52	179.58	7.52
21.32	39.27	30.97	550.05	49.08	134.35	174.56	4.58
26.48	28.40	15.88	763.12	72.83	142.49	253.41	10.32
195.15	**429.93**	**334.78**	**3605.08**	**446.70**	**933.20**	**2202.83**	**275.84**
29.47	72.75	60.36	486.55	44.06	75.55	303.03	8.30
471.80	**1382.58**	**1116.30**	**5648.49**	**2163.24**	**2494.05**	**4936.79**	**2737.58**
63.03	172.33	144.18	544.91	143.71	213.15	740.78	198.53
50.99	288.81	264.91	724.77	163.81	196.62	535.16	274.17
87.66	217.51	171.12	757.42	379.80	633.43	815.04	722.66
31.15	96.93	81.30	465.00	94.73	178.09	287.31	109.64
225.34	**374.79**	**265.65**	**4811.95**	**584.14**	**1200.80**	**2632.87**	**308.59**
92.00	46.72	5.30	584.46	52.44	101.25	273.74	16.55
91.45	49.12	6.29	545.42	22.24	39.78	318.62	25.10
105.29	31.02	6.79	614.84	55.63	155.93	324.57	30.22
130.76	50.31	8.86	575.25	52.68	120.26	342.21	25.29
108.28	38.60	6.48	613.19	49.77	107.02	344.60	39.14
114.94	**166.15**	**110.00**	**2385.16**	**235.41**	**524.44**	**933.31**	**70.40**
24.37	23.22	13.69	330.59	19.77	88.42	175.89	4.58
15.87	12.83	6.05	272.19	27.26	47.78	119.45	2.33
12.44	31.48	24.87	218.06	22.51	43.61	93.52	2.25

指标名称	主营业务收入	利润总额	公路里程（公里）	公路客运量（万人）	公路货运量（万吨）	民用汽车拥有量(万辆)	邮电业务总量(亿元)
淮 安 市	**7014.24**	**404.81**	**13351**	**7226**	**5663**	**45.27**	**126.06**
涟 水 县	762.17	37.32	2554	1510	1531	6.61	5.17
盱 眙 县	1085.70	42.86	2724	1157	1438	3.85	4.35
金 湖 县	542.75	22.96	1499	686	228	2.31	2.83
盐 城 市	**8870.47**	**475.83**	**19568**	**8283**	**5076**	**75.57**	**173.17**
响 水 县	922.06	53.93	1806	426	359	4.08	3.43
滨 海 县	685.29	35.01	2158	900	1052	7.67	6.66
阜 宁 县	757.17	31.82	1932	636	225	6.53	6.18
射 阳 县	731.74	32.58	2498	796	672	8.06	6.54
建 湖 县	836.04	54.23	1805	811	250	5.55	6.24
东 台 市	1145.78	65.96	3264	890	868	9.64	8.55
扬 州 市	**9502.36**	**593.15**	**9546**	**3840**	**6546**	**63.53**	**155.88**
宝 应 县	1022.58	59.59	1932	601	542	4.90	29.43
仪 征 市	1558.76	137.14	1510	451	914	7.80	27.03
高 邮 市	1180.87	62.28	2134	820	830	7.68	31.52
镇 江 市	**8632.13**	**582.17**	**7354**	**3574**	**6950**	**49.20**	**109.87**
丹 阳 市	2521.56	159.66	2189	761	1583	16.05	27.76
扬 中 市	1365.95	94.16	1031	360	423	5.70	10.31
句 容 市	1388.50	71.56	2498	637	1043	4.51	14.36
泰 州 市	**12139.45**	**938.67**	**9635**	**7300**	**2577**	**61.91**	**131.20**
兴 化 市	1789.33	105.72	2753	1623	441	10.92	20.27
靖 江 市	1865.42	147.87	1327	1046	342	12.00	20.14
泰 兴 市	3090.49	278.07	2191	1716	496	12.48	25.53
宿 迁 市	**3896.33**	**391.93**	**10500**	**5909**	**3785**	**48.67**	**130.21**
沭 阳 县	1356.37	119.92	3299	1649	1981	14.53	26.89
泗 阳 县	693.26	51.22	1647	1085	472	7.54	8.47
泗 洪 县	660.92	64.41	2300	2007	459	6.63	7.76

续表 3

国际互联网用户(万户)	全年用电量(亿千瓦时)	#工业用电	固定资产投资	房地产开发投资	商品房屋销售建筑面积(万平方米)	社会消费品零售总额(亿元)	进出口总额(亿美元)
111.15	**163.20**	**106.70**	**2535.19**	**321.41**	**869.80**	**1083.83**	**35.04**
27.88	16.69	8.94	335.29	23.83	118.43	130.03	3.71
13.64	17.51	10.26	350.65	45.66	108.17	123.89	1.88
7.55	10.78	6.86	195.54	11.88	39.98	90.76	3.47
174.43	**289.29**	**201.37**	**3882.83**	**358.57**	**842.55**	**1630.88**	**79.51**
10.19	42.08	36.08	287.25	11.07	42.83	66.52	4.86
15.87	26.26	17.22	377.87	21.34	67.76	110.46	3.77
15.98	29.06	20.65	320.52	28.29	72.21	130.29	2.77
17.37	21.64	12.42	300.16	26.21	56.55	167.90	2.84
15.67	22.13	14.32	357.70	13.61	52.41	171.98	3.03
22.02	41.10	30.12	581.03	48.68	114.96	253.53	7.37
146.95	**225.37**	**156.60**	**3288.68**	**410.18**	**734.76**	**1358.80**	**96.25**
9.07	19.76	11.70	372.72	40.58	98.67	150.34	10.59
9.87	41.10	34.40	471.00	22.11	87.52	109.75	10.83
11.73	31.78	22.38	455.62	31.64	99.50	170.10	4.75
107.69	**232.41**	**173.77**	**2873.43**	**448.64**	**996.50**	**1236.78**	**103.17**
29.81	71.50	55.67	514.01	71.73	150.23	315.61	25.44
12.70	18.26	12.96	305.10	24.86	54.94	140.92	5.73
18.21	26.09	15.93	360.81	112.46	461.40	142.02	5.93
134.75	**239.55**	**176.20**	**3155.87**	**249.96**	**694.87**	**1118.34**	**103.81**
26.78	63.38	50.46	419.66	22.49	93.01	171.24	5.24
21.80	37.47	26.43	500.00	35.08	80.99	176.24	27.18
28.62	54.57	42.46	687.46	67.69	146.47	213.95	25.75
105.72	**168.83**	**115.81**	**2059.58**	**309.76**	**765.10**	**705.54**	**24.22**
33.71	47.97	32.62	515.03	74.81	182.22	197.68	6.39
18.22	24.53	15.30	379.23	64.29	138.20	100.47	3.53
19.12	17.97	8.82	380.41	49.86	158.00	105.40	1.66

指标名称	出口	实际使用外资（亿美元）	一般公共预算收入	# 税收收入	一般公共预算支出	年末金融机构存款余额	# 住户存款
南 京 市	**295.94**	**34.79**	**1142.60**	**956.62**	**1173.84**	**27633.55**	**5894.47**
无 锡 市	**429.10**	**34.13**	**875.00**	**706.04**	**867.36**	**14101.40**	**4867.43**
江 阴 市	119.22	10.55	229.91	191.20	226.26	3509.40	1079.72
宜 兴 市	30.17	1.58	108.65	91.21	117.42	1903.25	958.60
徐 州 市	**52.48**	**15.06**	**516.06**	**390.30**	**797.99**	**5495.31**	**3090.21**
丰 县	1.26	0.41	35.00	25.03	70.90	354.14	251.75
沛 县	2.94	1.30	57.68	45.08	94.86	454.10	324.35
睢 宁 县	6.35	1.11	42.52	32.97	80.21	401.90	285.67
新 沂 市	2.98	1.00	49.91	37.71	91.82	386.97	217.87
邳 州 市	9.16	1.83	62.40	48.10	110.08	525.34	361.35
常 州 市	**208.60**	**25.00**	**480.29**	**383.19**	**508.11**	**8540.82**	**3366.85**
溧 阳 市	7.46	3.36	59.00	46.74	69.44	994.82	478.51
苏 州 市	**1639.41**	**60.03**	**1730.04**	**1505.82**	**1617.11**	**25864.26**	**7913.85**
常 熟 市	133.56	6.30	173.58	145.54	158.74	2692.88	1192.75
张 家 港 市	142.02	6.04	190.00	160.11	184.81	2508.27	1018.23
昆 山 市	463.21	8.96	318.92	284.07	269.00	3562.27	1155.13
太 仓 市	54.30	5.61	127.71	110.52	115.84	1395.41	522.74
南 通 市	**230.11**	**23.87**	**590.18**	**456.77**	**749.22**	**11097.74**	**5554.89**
海 安 县	14.05	2.96	57.58	48.16	81.35	1286.53	696.77
如 东 县	14.51	2.94	54.41	44.44	102.16	1010.55	601.62
启 东 市	26.51	2.84	71.03	54.95	89.03	1232.03	767.24
如 皋 市	20.15	2.77	71.21	54.26	96.38	1135.62	716.86
海 门 市	35.79	2.40	72.41	53.23	85.76	1368.55	766.55
连 云 港 市	**36.84**	**5.50**	**211.47**	**170.80**	**373.12**	**2501.84**	**1168.71**
东 海 县	3.68	0.94	22.61	18.59	58.09	317.38	161.78
灌 云 县	2.03	0.24	21.52	17.64	49.64	260.88	82.62
灌 南 县	1.70	0.03	22.43	19.33	48.04	179.88	77.90

续表 4

年末金融机构贷款余额	公共图书馆图书藏量(千册)	卫生机构床位数(张)	卫生技术人员(人)	城镇常住居民人均可支配收入(元)	城镇常住居民人均生活消费支出(元)	城镇常住居民人均住房建筑面积(平方米)	农村常住居民人均可支配收入(元)	农村常住居民人均生活消费支出(元)	农村常住居民人均住房建筑面积(平方米)
21681.28	**6240**	**49857**	**70687**	**49997**	**29772**	**36.7**	**21156**	**15773**	**56.6**
10382.93	**7100**	**39732**	**47549**	**48628**	**31438**	**46.7**	**26158**	**18463**	**56.4**
2689.91	2528	8080	9405	54631	28775	54.0	28181	18791	47.8
1392.03	815	5320	7887	46092	28767	47.5	23709	16771	71.5
3620.21	**3300**	**52247**	**55523**	**28421**	**17255**	**41.4**	**15274**	**11059**	**53.3**
177.31	220	4053	4635	22971	16711	40.9	14026	9277	48.5
222.60	353	4876	5398	27277	17050	42.8	15791	10573	47.9
224.39	412	4540	4900	23403	13185	46.5	13822	9064	54.4
246.38	190	3549	4848	24928	16382	46.0	14526	10101	49.1
366.13	493	5678	7203	28546	15765	64.3	15321	9699	67.3
6043.16	**4520**	**25370**	**31194**	**46058**	**27080**	**44.3**	**23780**	**16567**	**64.7**
798.94	415	2956	4189	42063	21550	39.0	21899	16895	58.3
21924.44	**18780**	**63241**	**72166**	**54341**	**33305**	**43.3**	**27691**	**18820**	**65.6**
2139.49	2533	7882	9114	54411	31520	50.0	27956	21024	72.6
1994.40	2170	9601	9288	54602	31590	60.1	27849	18687	66.4
2552.22	2433	7148	11070	54728	32578	36.2	28178	18890	44.8
1245.07	1150	3853	4520	54099	33721	57.7	27766	19589	77.5
6835.46	**5000**	**39147**	**43570**	**39247**	**25217**	**47.8**	**18741**	**13440**	**61.5**
798.77	467	4974	4815	37297	22949	51.6	17978	15120	60.7
494.56	431	3599	4311	37133	21470	54.0	17119	13314	60.5
705.13	493	4094	4185	37390	29629	45.4	19875	14615	64.1
709.99	960	5988	6181	36590	21810	55.4	16883	12526	62.1
824.32	564	3694	4154	40509	25928	47.5	20608	14570	63.0
2046.93	**2650**	**23281**	**26152**	**27853**	**18344**	**46.1**	**13932**	**10113**	**48.7**
248.71	748	3902	4054	27391	18633	45.5	14487	10194	56.9
183.80	249	3368	3350	22979	13980	42.5	12969	9140	41.9
134.05	183	3400	3562	24494	15734	51.8	12430	8978	54.3

指标名称	出口	实际使用外资（亿美元）	一般公共预算收入	#税收收入	一般公共预算支出	年末金融机构存款余额	#住户存款
淮　安　市	**26.98**	**11.61**	**315.51**	**235.15**	**483.47**	**3066.00**	**1360.51**
涟　水　县	3.30	1.41	28.98	23.49	64.11	330.06	187.51
盱　眙　县	1.34	1.20	30.78	23.02	54.65	278.07	161.88
金　湖　县	3.42	1.20	22.00	19.19	41.84	221.07	129.57
盐　城　市	**47.38**	**7.07**	**415.18**	**324.67**	**730.33**	**5255.06**	**2682.46**
响　水　县	4.70	0.29	29.60	20.39	50.13	178.13	93.58
滨　海　县	3.08	0.53	34.07	25.08	70.89	308.75	176.66
阜　宁　县	2.22	0.12	36.24	26.87	76.55	392.18	266.81
射　阳　县	1.95	0.45	21.58	17.40	64.60	413.98	277.99
建　湖　县	2.92	0.55	35.01	27.30	73.22	409.79	284.50
东　台　市	7.07	0.62	60.26	50.70	95.58	715.99	510.70
扬　州　市	**72.59**	**12.04**	**345.30**	**267.16**	**478.97**	**5361.55**	**2560.98**
宝　应　县	8.43	0.50	30.81	26.60	64.38	478.68	286.71
仪　征　市	4.64	1.29	44.74	38.57	50.95	606.06	295.73
高　邮　市	4.33	0.50	34.12	28.54	56.93	552.73	345.62
镇　江　市	**69.52**	**13.51**	**293.01**	**231.40**	**362.94**	**4705.99**	**1879.10**
丹　阳　市	21.40	3.22	65.55	54.23	79.01	1040.33	566.31
扬　中　市	4.54	1.18	32.50	26.72	38.66	578.31	276.78
句　容　市	4.71	2.21	40.48	36.38	53.54	629.87	287.82
泰　州　市	**66.74**	**13.44**	**321.18**	**257.62**	**448.93**	**5275.62**	**2474.71**
兴　化　市	4.90	1.83	37.06	30.07	85.00	681.08	483.63
靖　江　市	19.36	0.23	58.93	48.08	64.15	940.16	472.16
泰　兴　市	12.33	3.53	57.20	47.16	76.38	912.30	465.34
宿　迁　市	**18.71**	**4.50**	**238.08**	**186.27**	**424.57**	**2207.43**	**1086.33**
沭　阳　县	5.12	0.80	71.75	54.48	117.29	461.62	323.19
泗　阳　县	3.43	0.51	33.34	25.46	70.29	320.87	194.68
泗　洪　县	1.34	0.33	31.75	25.43	66.59	299.28	192.89

续表 5

年末金融机构贷款余额	公共图书馆图书藏量(千册)	卫生机构床位数(张)	卫生技术人员(人)	城镇常住居民人均可支配收入(元)	城镇常住居民人均生活消费支出(元)	城镇常住居民人均住房建筑面积(平方米)	农村常住居民人均可支配收入(元)	农村常住居民人均生活消费支出(元)	农村常住居民人均住房建筑面积(平方米)
2304.22	**2860**	**27529**	**31524**	**30335**	**16912**	**44.2**	**14319**	**9633**	**51.2**
197.10	133	4110	4539	25230	15768	52.1	13372	8324	62.0
222.34	316	3607	3600	30684	16234	49.2	14495	7938	53.2
171.67	238	1557	1855	30799	19833	41.9	15683	13385	60.6
3699.32	**3350**	**38663**	**39472**	**30496**	**17546**	**43.1**	**17172**	**13145**	**50.9**
139.77	89	2616	2871	25564	11190	36.2	14299	9651	48.1
249.46	208	4940	4293	26543	15922	31.8	14931	11225	43.7
240.78	304	4203	3828	25543	20603	34.8	15439	8275	43.8
264.42	256	3941	4314	26509	21882	41.4	16536	8161	36.9
301.49	263	3638	3503	29637	16084	43.7	17083	10989	45.8
394.75	284	5109	4649	32686	17641	57.6	19727	12771	58.0
3508.13	**3540**	**20683**	**25273**	**35659**	**21064**	**46.4**	**18057**	**13722**	**54.2**
294.60	182	2313	3125	26842	16263	40.3	16856	12145	50.7
343.07	389	2376	2840	36523	20710	46.3	17516	16390	66.7
322.23	254	2646	3292	31430	20610	45.3	16952	13280	45.8
3444.36	**3150**	**14585**	**19449**	**41794**	**24388**	**44.7**	**20922**	**15925**	**57.7**
964.49	629	3232	4622	41653	22452	44.8	21706	18791	55.6
431.43	337	1100	1733	45842	24103	54.7	23855	16574	61.2
561.03	254	1759	2698	40582	22893	42.3	18893	14484	49.3
3656.79	**2710**	**23324**	**26094**	**36828**	**22480**	**49.0**	**17861**	**13250**	**64.0**
428.41	251	4783	5730	33614	19029	37.4	16915	11691	51.9
694.02	606	4275	4484	39713	26570	56.7	19605	16958	74.1
581.39	325	4371	4628	36521	22891	50.0	17842	11935	69.0
1960.37	**1440**	**25441**	**28412**	**24086**	**15521**	**46.7**	**13929**	**9395**	**47.8**
403.49	167	7318	10276	23933	15802	45.8	14107	10044	49.9
314.93	313	4770	6898	23535	15028	50.7	13952	10599	46.2
288.55	100	4591	7140	22953	15146	46.1	13625	7777	45.7